Inhaltsverzeichnis

Vorwort

Die vorliegende Schrift gehört in die Kategorie der *Selbsthilfe-Bücher*. Hierbei handelt es sich um Publikationen, in denen sich Fachleute nicht an andere Experten innerhalb der helfenden Berufe, sondern unmittelbar an problembeladene Menschen richten, wobei sie bewußt auf fachliche Argumentation und wissenschaftliche Begrifflichkeit verzichten. Ihnen ist dabei durchaus bewußt, daß nicht *alle* Klienten ihre Nöte ausschließlich mit Hilfe von Büchern wirksam angehen können. Sie glauben jedoch, daß einerseits eine Therapie durch hilfreiche Lektüre erleichtert wird, daß andererseits Ratsuchende in manchen Fällen durch die fragliche Art von Publikationen Antworten auf ihre Probleme finden.

Leser, die dieses Buch gekauft haben, um für sich selber weiterzukommen, kann man nur – wieder und wieder – ermutigen, seine Prinzipien *anzuwenden*. Es gibt im Bereich der schwierigeren seelsorgerlichen Fragen keine Rolltreppen, die uns ohne eigene Mühen rasch aus der Tiefe unserer Nöte »nach oben« bringen. Seelsorge ist, um es durchaus mißverständlich zu sagen, »Treppensteigen«: kein anderer kann uns die Schritte abnehmen, die wir schließlich selber zu tun haben. Dies gilt auch im unmittelbaren Gegenüber zu einem begnadeten Seelsorger. Also: Sobald Sie Ihre Probleme identifiziert haben, arbeiten Sie daran! Die Autoren erklären Ihnen, wie dies geschehen kann. Sie haben die Autorität des biblischen Wortes und die ermutigenden Ratschläge und Erfahrungen von William Backus und Marie Chapian auf Ihrer Seite. Nicht nur für die individuelle Nutzung, sondern auch für *Gruppenarbeit* bietet sich das Buch an. Wo seine Grundsätze verinnerlicht werden, entsteht ein neues Bewußtsein, das uns dabei hilft, immer mehr Probleme anzugehen.

An Kritik gegenüber dieser Schrift wird es nicht fehlen. Viele werden erklären, die Dinge seien nun wirklich nicht »so einfach«, wie sie den Lesern präsentiert würden. Gebildete Deutsche wehren sich besonders gegen alle Arten von unzulässigen Simplifikationen.

Mit Recht! Wie aber, wenn wir beim dritten oder vierten Lesen feststellen, daß die Autoren unsere Einwände bereits aufgenommen hatten? Noch genauere Lektüre und monatelange praktische Nutzung der Schrift lassen zahlreiche Kritikpunkte hinfällig werden.

Der *professionelle* Seelsorger wird nach dem Gesamtkonzept der Verfasser fragen. Welche Sicht psychischer Probleme, welches Verständnis von Seelsorge, welche Methodik steht hinter dieser Veröffentlichung? Lehnen sich die Autoren an ein säkulares therapeutisches Konzept an? Die kognitive Seelsorge vollzieht sich zweifellos in Anlehnung an die *kog-*

nitive Psychotherapie. Die Autoren des vorliegenden Buches betonen diese Wurzel ihrer Tätigkeit nicht besonders. Sie unterstreichen stärker die biblische Verankerung ihrer Thesen. Das entspricht ihrer geistlichen Zugehörigkeit zur Charismatischen Erneuerung. Immerhin weisen sie bereits in ihrer Einführung auf Namen wie A. Ellis, A. T. Beck, M. J. Mahoney, D. Meichenbaum und A. Lazarus hin. Dazu ist zu sagen, daß Albert Ellis und Aaron T. Beck, beide ehemals praktizierende Psychoanalytiker, unabhängig voneinander ihren zwar nicht identischen, aber weithin vergleichbaren neuen Weg begannen. Ellis nennt seine Praxis »rational-emotive Therapie«, Beck »Kognitive Therapie«. Mahoney, Meichenbaum und Lazarus sind Verhaltenstherapeuten, die sich von den klassischen Theoremen und Vorgehensweisen der Verhaltenstherapie durch die Integration des kognitiven Ansatzes wesentlich unterscheiden.

In der Tat: zu einem tieferen Verständnis der kognitiven Seelsorge, noch mehr zu ihrer Handhabung gegenüber Hilfesuchenden ist die Kenntnis der wissenschaftlichen Grundannahmen und der praktischen Vorgehensweise der kognitiven Therapien unerläßlich. Hier soll allerdings kein Versuch gemacht werden, eine Darstellung der kognitiven Therapieformen »in Grundzügen« zu geben. Dazu ist ein Vorwort nicht ausreichend. Es geht mir vielmehr darum, einerseits dem Leser, der weder Zeit noch Interesse hat, sich in Fachfragen einzuarbeiten, ein gutes Gewissen zu geben. Er soll wissen, daß er sich auf eine seriöse Sache einläßt, was den Hintergrund der Aussagen von Backus und Chapian angeht: »Kognitive Therapie stellt eine der neuesten und vielversprechendsten Entwicklungen im Bereich der Psychotherapie dar . . . Eine wachsende Anzahl von Erfolgsuntersuchungen zeigen, daß kognitive Methoden bei vielen Störungen wirksam sind, und es ist abzusehen, daß sie eine immer größere Rolle in der Praxis psychologischer Therapie spielen werden . . . Die Wirksamkeit kognitiver Therapien bei einer relativ breiten Palette von Störungen wird in Analogieuntersuchungen, in kontrollierten Einzelfallstudien und in Kontrollgruppenexperimenten belegt . . . (N. Hoffmann in: N. Hoffmann (Hrsg.) 1979, S. 5.19). Der professionelle Seelsorger andererseits soll kurz auf Gemeinsamkeiten und Unterschiede zwischen kognitiver Therapie und Seelsorge hingewiesen werden. Was die *Gemeinsamkeit* betrifft, so nenne ich folgende Gesichtspunkte:
1. Alle Menschen führen ein *inneres Selbstgespräch.* Das, was ich mir selber sage, ist prinzipiell der Wahrnehmung zugänglich. Es vollzieht sich in Form sogenannter Kognitionen. Nach A. T. Beck läßt sich eine Kognition als ein »Gedanke oder eine visuelle Vorstellung« definieren, »der Sie sich nicht besonders gut bewußt sind, es sei denn, Sie richten Ihre Aufmerksamkeit gezielt darauf«.
2. Unser *Fühlen* und *Verhalten* ist abhängig von unseren Kognitionen.

Diese stellen zwar nicht den einzigen, aber den wichtigsten Bestimmungs-faktor unserer Emotionen und Aktivitäten dar.

3. Während unsere persönlichen *Probleme* im Bereich unserer Gefühle und/oder Verhaltensweisen zutage treten, können sie nur *gelöst* oder gelindert werden *durch Veränderung unseres Denkens.*

4. Kognitive Veränderung darf *nicht mit rein intellektueller Einsicht gleichgesetzt werden.* Sie ist erst dann wirklich eingetreten, wenn sie zu Änderungen in emotionalen, motivationalen und Verhaltensabläufen geführt hat.

5. Da unsere Kognitionen aus unseren Grundüberzeugungen (belief systems) erwachsen, läuft ein Therapie-Erfolg auf einen *Glaubenswechsel* hinaus.

6. Wir sind nicht hilflose Opfer unserer Vergangenheit; vielmehr stabilisieren wir unser seelisches Leiden durch die unwahren Dinge, die wir uns heute sagen. Demgemäß ist die Übernahme der *Selbstverantwortung* für unser Leben wesentlicher Teil des Heilungsprozesses.

Während, wie gezeigt, die theoretische Sicht psychischer Prozesse, neurotischer Störungen, therapeutischen Vorgehens gleich oder ähnlich ist, unterscheiden sich kognitive Therapie und kognitive Seelsorge auf der metatheoretischen Ebene. Der Ausdruck »Metatheorie« meint eine Theorie, die wegen ihres übergreifenden Erklärungs- bzw. Begründungsanspruchs den *psychologischen* Gegenstandsbereich überschreitet. Zu ihren »Komponenten« gehören etwa Grundannahmen über psychische Gesundheit oder ethische Normen, Vorstellungen und Angaben über das oberste Ziel des Handelns. Hier geht es um eine grundlegende Orientierung und letzte Begründung für das therapeutische Tun (Van Quekelberghe 1979a, S. 288 f.). Besonders Albert Ellis hat seine Therapie mit einem starken philosophischen Unterbau verbunden. Ellis ist erklärter Atheist. In mehreren Artikeln hat er die Ansicht vertreten, daß Religion im Sinne eines dogmatischen Glaubens ein Hauptgrund psychischer Störungen sei. Daraus ergeben sich folgende *Differenzen:*

1. Während die kognitiven Therapien nur die *Autorität der Erfahrung oder die der Wissenschaft* anerkennen, rechnet die kognitive Seelsorge mit der Autorität der göttlichen Offenbarung, wie sie ihren Niederschlag in der Heiligen Schrift gefunden hat. Die *Autorität der Offenbarung* nimmt die Erfahrung ernst und ermutigt auch den Seelsorgesuchenden, sich immer wieder der Realität seines Lebens zu stellen, ist aber mehr als sie. Mit dem Ernstnehmen der Offenbarung kommt eine letzte Instanz zur Geltung, der gegenüber alles andere nur vorletzte Gültigkeit besitzt.

2. Während das Kriterium für lebensförderliche Kognitionen für Albert Ellis darin liegt, wieweit sie *rational* sind, fragt kognitive Seelsorge danach, ob das *wahr* ist, was wir uns sagen. Auch wenn das Kriterium der *Wahrheit*

in vielen Fällen das einschließt, was Ellis rational nennt, ist es doch letztlich unverrückbar *an die Person und das Wort Jesu Christi gebunden.*

3. Während die kognitiven Therapien nicht mit der Wirklichkeit Gottes rechnen und folglich nur eine *humanistische Ethik* kennen, bleiben für die kognitive Seelsorge die *göttlichen Gebote,* wie sie Jesus ausgelegt und wie die Apostel sie überliefert haben, verbindlich.

4. Während der Wandlungsprozeß, den Menschen mit psychischen Problemen benötigen, innerhalb der kognitiven Therapien im Rahmen der Interaktion zwischen Klient und Therapeut geschieht, rechnet kognitive Seelsorge darüber hinaus *mit der erneuernden Macht des Heiligen Geistes* und ist daher ohne Gebet undenkbar.

Zum Schluß: von den kognitiven Therapien her ergibt sich ein sachgemäßerer Ansatz für eine therapeutische Seelsorge als von jedem anderen therapeutischen Konzept, auf das die kirchliche Seelsorge bisher zurückgegriffen hat (ich nenne beispielhaft die Namen von Schulhäuptern wie Freud, Adler, Jung, Rogers, Ruth Cohn, Berne, Perls). Kognitive Therapeuten analysieren und modifizieren das Denken, genauer gesagt die Glaubensüberzeugungen, mit denen Menschen faktisch leben. Damit entsprechen sie strukturell in hohem Maße der biblischen Betonung des Glaubens. Von daher wird es wieder möglich, Therapie und Seelsorge innerhalb *eines* Deutungskontinuums zu betreiben. Dafür, wie dies geschehen kann, ist das vorliegende Buch exemplarisch. Es bleibt zu hoffen, daß andere Konkretionen kognitiver Seelsorge folgen.

Wolfram Kopfermann
Pastor an der Hauptkirche St. Petri, Hamburg

Einführung

Dieses Buch wurde geschrieben, um Ihnen das Zusammenleben mit dem einen Menschen zu erleichtern, bei dem Sie Ihr Leben lang ausharren müssen – mit sich selbst. Die hier gegebenen Richtlinien sind durchaus nicht neu. Sie sind bereits seit den Zeiten König Salomos, ja schon vorher bekannt. Menschen werden glücklich und zufrieden, indem sie lernen, die in diesem Buch beschriebene Lebensweise zu praktizieren.

Die Veröffentlichungen kognitiver Therapeuten wie beispielsweise Albert Ellis, A. T. Beck, M. J. Mahoney, D. Meichenbaum und Arnold Lazarus und deren wissenschaftlicher Standpunkt, sowie die Schriften der Philosophen Titus und Marcus Aurelius, die Entdeckungen psychologischer Forscher und die Untersuchungen bekannter Historiker führen letztlich auf die Wahrheiten der Heiligen Schrift zurück und somit auf die Prinzipien, die wir in diesem Buch vorstellen möchten. Diese Prinzipien sind leicht in die Praxis umzusetzen und seit langem erprobt. Sie spiegeln die Methode Gottes wider, die Festungen des Bösen in den Gedanken der Menschen zu zerstören. Es ist erstaunlich, daß dieses Gebiet der Mehrheit der Leser noch vollkommen unbekannt ist.

Die meisten von uns möchten anständige, glückliche Menschen sein, die ihr Leben fest in der Hand haben und sehr wohl wissen, wie sie trotz der sich ständig verschlimmernden Umstände um sie herum in vollster Zufriedenheit leben können. Paradoxerweise greifen wir bei der Suche nach Glück zu Methoden, die uns *unglücklich* machen. Wir arbeiten für ein Ziel und strecken uns nach etwas aus, das wir letztlich doch nicht erreichen können.

Was bedeutet es überhaupt, glücklich zu sein? Wir könnten Glück als ein anhaltendes Wohlbefinden definieren, als einen Zustand der permanenten Zufriedenheit mit dem Leben, mit anderen und mit sich selbst. Wir könnten Glück ebenso einen Zustand nennen, dem geistiges und seelisches Unwohlsein sowie Schmerzen unbekannt sind. Die Bibel bezeichnet »glücklich sein« als »wohl sein«.

Wohl dem, der nicht wandelt im Rat der Gottlosen noch tritt auf den Weg der Sünder noch sitzt, wo die Spötter sitzen, sondern hat Lust am Gesetz des Herrn und sinnt über seinem Gesetz Tag und Nacht! (Psalm 1, 1–2)

In der Bergpredigt spricht Jesus von Menschen, die »selig« beziehungsweise »glücklich« sind. Dies sind Menschen, denen es geistlich sehr gut geht (d. h., sie finden die Freude ihres Lebens und volle Zufriedenheit in der Güte Gottes und seiner Errettung, unabhängig von allen äußeren Umständen. (Vgl. Matth. 5, 3)

Wie lautet Ihre Definition von Glück? Bevor Sie diese Frage beantworten, möchten wir Ihnen versichern, daß es tatsächlich möglich ist, glücklich zu sein, richtig glücklich, bis in die tiefsten Tiefen Ihres Innern, und auch glücklich zu bleiben. Sie brauchen kein Opfer der Umstände, der Ereignisse oder der zwischenmenschlichen Beziehungen zu sein. Sie brauchen auch nicht im Gefängnis einer ständig verwundeten Gefühlswelt zu leben.

Dieses Buch wurde in der Absicht geschrieben, Ihnen zu helfen, das Glück zu finden, das Sie suchen und zu dem Menschen zu werden, der Sie sein möchten. Es wird Ihnen möglich sein, mit sich selbst in glücklichem Einklang zu stehen, und auf Ihre Umwelt werden Sie aufgrund dieser Tatsache einen tiefen Eindruck machen.

Die »Therapie des Irrglaubens«, wie wir unseren *modus operandi* nennen wollen, hat zur Folge, daß wir die Wahrheit in unsere Wertsysteme, Lebensphilosophien, Forderungen, Erwartungen, moralischen Vorstellungen, Gefühle und Selbstgespräche einlassen. Die Bibel sagt, daß die Wahrheit den Menschen freimacht. Jesus Christus ist die lebendige Wahrheit. Wenn wir die Wahrheit in unsere Gedankenwelt injizieren, einen »therapeutischen Besen« nehmen und mit diesem Lüge und Irrglauben, deren Sklaven wir waren, ausfegen, dann werden wir sehen, daß sich unser Leben radikal verändert und sich der Weg für ein neues Glück öffnet.

Wir hoffen, daß noch weitere Fachleute sich der atemberaubenden Entdeckung anschließen, daß die Wahrheit, wie wir sie in Jesus finden, einen lehrbaren Lebensweg darstellt, der uns zur ganzheitlichen Gesundung, zur vollen Funktionsfähigkeit und zur Befreiung von Neurosen führt.

Wir bitten unsere fachlich ausgebildeten Leser um Nachsicht wegen des Verzichts auf wissenschaftliche Terminologie. Wir haben absichtlich von der Benutzung der psychologischen Fachsprache abgesehen, um den Leser vor unnötigen Schwierigkeiten zu bewahren.

Vor kurzem haben wir ein Forschungsprojekt abgeschlossen, das sich mit sechsmonatigen Nachuntersuchungen bei Patienten des Zentrums für Christliche Psychologie befaßt. Mit diesem Projekt beabsichtigten wir herauszufinden, inwieweit sich die »Therapie des Irrglaubens« tatsächlich im Leben der Patienten ausgewirkt hat. Die Ergebnisse waren zufriedenstellend. Der Zustand von 95% der bei uns behandelten Patienten hatte sich verbessert. Diese Patienten waren sogar in der Lage, bestimmte Verhaltensweisen zu nennen, bei denen eine deutliche Besserung eingetreten war. Sie waren begeistert von der ihnen zuteilgewordenen Behandlung und von den praktischen Ergebnissen in ihrem persönlichen Leben. Aus diesem Grunde möchten wir Ihnen raten, dieses Buch nicht nur zu lesen, sondern auch die vorgegebenen Schritte zu praktizieren, damit in Ihrem Leben eine echte Veränderung stattfinden kann. Sie werden Fähigkeiten erlernen, die Sie später unter keinen Umständen mehr missen möchten.

ERSTES KAPITEL

Was bedeutet Irrglaube?

»Warum bin ich in dieser mißlichen Lage?« So oder ähnlich spricht ein Mensch, der unglücklich ist. Typischerweise sucht er die Schuld bei anderen Menschen oder Situationen. »Es liegt alles an meiner Frau. Sie ist schuld daran, daß es mir so schlecht geht.« Oder im umgekehrten Fall heißt es: »Die Schuld liegt bei meinem Mann.« – »Mein Beruf füllt mich überhaupt nicht aus.« Oder: »Meine Freunde haben mich enttäuscht.« – »Meine Kinder enttäuschen mich so.« Wieder andere Menschen suchen die Wurzel ihrer Probleme in der Gemeinde. Sie sehen bei ihrem Pastor viele Fehler, sie beklagen sich darüber, daß die Leute alle so unfreundlich oder die übrigen Gemeindeglieder alle Heuchler sind.

Jeder von uns wird wenigstens einen Punkt in seinem Leben finden, den er am liebsten verändern würde. Niemals werden alle Umstände vollkommen sein. Doch auf welche Art und Weise *reden* wir *mit uns selbst*, wenn wir über die Umstände nachdenken?

Jerry – wie wir ihn nennen wollen – war noch vor wenigen Jahren ein völlig zerrütteter Mensch. Er war Christ und hatte die meiste Zeit seines Lebens an Gott geglaubt. Nach fünfzehn Ehejahren sah er sich plötzlich gezwungen, von seiner Familie getrennt zu leben. Er stand vor einer Scheidung, die er nicht hatte herbeiführen wollen. Er dachte, sein Ende sei gekommen. Es ging ihm sehr schlecht. Manch einen Abend verbrachte er damit, seinen Schmerz mit Alkohol zu betäuben. Er war so unglücklich, daß er nur noch den Wunsch hatte zu sterben, weil er keinen anderen Ausweg aus seiner Lage sah.

Nach längerer Zeit entschloß er sich, einen christlichen Therapeuten aufzusuchen. Im Verlauf der Therapie erkannte er, daß es doch noch Hoffnung für sein Leben gab. Er wandte sich entschieden von dem Gedanken des Selbstmordes ab, und sein Glaube begann zu wachsen. Er fing an, Gott als den Geber alles Guten zu sehen und lernte ihn in einer ganz neuen Dimension kennen. Nach und nach wurde der Wandel in seinem Leben sichtbar.

Er erklärte diesen Vorgang folgendermaßen: »Eines Tages grübelte ich über meine Sorgen nach und ertappte mich dabei, wie ich meinen eigenen Selbstgesprächen zuhörte: ›Was soll das alles? Ich bin ja doch allein. Mich liebt keiner, niemand kümmert sich um mich. Alle haben mich allein gelassen. Ich werde abgelehnt und bin zu nichts nütze . . .‹ Ich war schockiert und dachte: ›Was erzähl' ich mir da eigentlich?‹«

Jerry begann, seine Selbstgespräche in Frage zu stellen. Ihm wurde klar, daß irgend etwas falsch lief und daß der Grund seiner Depressionen nicht in der drohend bevorstehenden Scheidung, sondern vielmehr in seiner Einstellung zu den Umständen zu suchen sei.

Daraufhin begann er, seine Selbstgespräche zu ändern, was von ihm feste Entschlußkraft und harten Arbeitseinsatz forderte. Anfangs war es nicht leicht. Doch er wollte kein Opfer der selbstzerstörerischen Lüge sein. Er unterwies sich selbst im bewußten Bekennen der Wahrheit. Statt an seinen irrigen Überzeugungen festzuhalten, übte er sich nun in einer neuen Denkweise:

FRÜHER:

Ich bin ein Versager und zu nichts nütze.

Ich bin so einsam und unglücklich.

Ich lebe von meiner Familie getrennt. Für mich gibt es keine Freude mehr.

JETZT:

Meine Ehe ist in die Brüche gegangen, aber ich weiß mich von Gott geliebt. Aus diesem Grunde bin ich ein wertvoller Mensch.

Ich bin allein, aber ich bin nicht einsam.

Ich lebe von meiner Familie getrennt. Das ist sehr schmerzhaft. Doch bin ich trotz des Schmerzes handlungsfähig.

Jerry gab das Trinken auf. Er verbannte jede destruktive Einstellung aus seinem Innern und sagte stattdessen: »Wenn ich allein bin, bedeutet das noch lange nicht, daß ich einsam bin. Er sagte sich selbst die *Wahrheit* und nutzte die Situation als Gelegenheit zum Feiern, zum Freuen und Ausgelassensein in der Gegenwart Jesu Christi.

Seine Lebensumstände hatten sich nicht verändert. Wohl aber hatte sich seine Einstellung zu den Umständen verändert. Er erkannte, daß alle Lüge direkt vom Bösen stammt.

Im Folgenden weisen wir auf drei Schritte hin, die es Ihnen ermöglichen, so glücklich zu werden, wie Sie sein sollen:

1. **Stellen Sie fest, wo in Ihrem Leben irrige Überzeugungen vorhanden sind.** (Jerry erkannte, daß er sich selbst etwas vorlog.)
2. **Beseitigen Sie diese irrigen Überzeugungen.** (Jerry wandte sich gegen seinen Irrglauben und sagte sich: »*Ich bin nicht einsam*«.)
3. **Ersetzen Sie Ihren Irrglauben durch die Wahrheit.** (»Es ist sinnlos, mir einzureden, ich sei ungeliebt und zu nichts nütze. Ich werde von dem Gott, der das Universum geschaffen hat, bedingungslos geliebt. Durch Gott habe ich Begabungen bekommen, bin funktionsfähig und in seinen Augen unendlich wertvoll.«)

Jerry erkannte, daß er in seinem Alleinsein aufregende Erfahrungen mit Jesus machen konnte. Hätte er noch länger an seiner falschen Überzeugung festgehalten, wäre er sicherlich aufgrund von Schwermut und Trübsal langsam zugrundegegangen. Er hat sich jedoch glücklicherweise ganz von seinem alten Zustand erholt und führt heute ein schönes und erfülltes Leben. Er wird niemehr an der selbstzerstörerischen Qual leiden, die ihn einst so völlig im Griff hatte. Er hat nicht nur gelernt, die Wahrheit über sich selbst zu erkennen, er hat auch gelernt, sich von den Lügen zu trennen, die ihm sonst zum Fallstrick geworden wären.

Was bedeutet Wahrheit?

Der Begriff »Wahrheit«, die Definition der Wahrheit und ihre Auswirkung auf das menschliche Leben hat bereits manche Philosophen und Denker im Laufe der Jahrhunderte fasziniert.

Einer von ihnen war René Descartes, ein engagierter Katholik zu Beginn des Siebzehnten Jahrhunderts. Er wurde bekannt durch seinen Versuch, die eindeutige, unzweifelhafte Wahrheit zu entdecken.

Er war der ständigen Diskussion unter den Philosophen überdrüssig und beschloß, ihrer Uneinigkeit ein für allemal ein Ende zu setzen.

Um eine absolut unbestreitbare Wahrheit zu finden, an der niemand mehr zweifeln könne, entschloß sich Descartes, mit seinen eigenen Zweifeln zu beginnen. Systematisch fing er an, alles in Zweifel zu ziehen, was irgend bezweifelt werden kann. Indem er alles zu bezweifeln begann, was im Rahmen des Vorstellbaren lag, sagte er sich, daß er *denke*. Er folgerte daraus, daß er, indem er denke, auch *sei*.

Auf diese Weise entstand der berühmte Ausspruch: »*Ich denke, also bin ich.*« Descartes entdeckte schließlich, was er für unzweifelbare Wahrheit hielt. Er glaubte, das Wichtigste an der Wahrheit sei, zu ihr hindurchzudringen. Das Schwierige an seiner Behauptung ist jedoch, daß er uns im Unklaren läßt, wie man mit dieser Wahrheit *leben* und *glücklich sein* kann.

Ein weiterer Denker war Marcus Aurelius. Er regierte ungefähr 150 Jahre nach Christus als Kaiser von Rom. Auch er beschäftigte sich mit der Wahrheit. Marcus Aurelius war ein stoischer Herrscher, bekannt als der gewissenhafteste und großherzigste aller römischen Kaiser. Dennoch hatte er viele Schwächen. Eine seiner Schwächen war sein Christenhaß. Doch trotz dieser äußerst bedauernswerten Tatsache war er beständig auf der Suche nach *Wahrheit*. In seinem Buch *Meditationen* schreibt er von einer weltbewegenden Entdeckung, durch die unsere heutige Lebensweise weitreichende Veränderungen erfahren könnte.

Marcus Aurelius erkannte, daß die menschlichen Emotionen nicht nur ein

Produkt zufälliger Umstände sind, sondern daß sie entscheidend durch die Art *zu denken* geprägt werden.

Descartes sagte: »Ich denke, darum bin ich«. Marcus Aurelius könnte gesagt haben: »Ich denke, um so die Art meines Seins zu bestimmen«. Diese Aussage trifft den Kern der Sache.

Im biblischen Buch der Sprüche lesen wir: »Wie ein Mann in seinem Herzen denkt, so ist er«* Beim Studium dieser und ähnlicher Schriftstellen, die sich in gleicher Weise mit der Wichtigkeit der richtigen Denkart auseinandersetzen, entdecken wir, wie gründlich die Bibel uns lehrt, daß Gefühle, Leidenschaften und Verhaltensweisen des Menschen mit seiner Denkweise in unmittelbarem Zusammenhang stehen.

Marcus Aurelius hatte eine Wahrheit ans Licht gebracht, deren vollen Umfang er nur bedingt erfassen konnte: Er kannte Jesus Christus nicht, der von sich selber sagt: »*Ich bin die Wahrheit*«. (JOH. 14, 6)

Als menschliche Wesen sind wir nicht zu einer kalten, empfindungslosen und maschinell funktionierenden Existenz verdammt. Wir sind vielmehr Individuen voller geistiger, emotionaler und physischer Energie. Wenn wir alle Irrationalität und alle Lüge aus unseren Gedanken verbannen und sie durch die *Wahrheit* ersetzen, werden wir ein zufriedenes, reiches und erfülltes Gefühlsleben haben.

Es ist nicht immer einfach, diese Irrationalitäten deutlich herauszustellen. Das meiste, was in uns vorgeht, wird nicht in Worte gefaßt. Unsere Gedanken bestehen häufig nur aus Bildern oder wortlosen Eindrücken und Einstellungen. Es mag sein, daß Sie sich inmitten einer großen Menschenmenge äußerst unwohl und isoliert fühlen, ohne daß Sie dieses Empfinden je in Worte fassen würden. Es mag auch sein, daß Sie vor einer bestimmten Sache Angst haben und ihr deshalb stets aus dem Wege gehen, ohne daß Sie sich darüber bewußt sind, was wirklich in Ihnen vorgeht.

Doch wie können wir uns verändern? Wie können wir erkennen, was tatsächlich in uns vorgeht?

Wie oft kann man von verzagten Patienten hören: »Herr Doktor, ich glaube, die Wurzel meines Problems ist in meiner Kindheit zu suchen.«

In unserem von der Freud'schen Philosophie durchdrungenen Kulturbereich ist es heute beinahe selbstverständlich zu glauben, daß man psychische Heilung ohne eine gründliche Erforschung der Vergangenheit nicht erzielen kann.

In Wirklichkeit verhält es sich jedoch so, daß nicht die Ereignisse der Gegenwart oder Vergangenheit unsere Empfindungen bestimmen, sondern vielmehr *unsere Interpretation derselben*.

Unsere Empfindungen werden nicht durch die Umstände unserer längst

---

* Sprüche 23, 7

14

vergangenen Kindheit oder durch die Ereignisse der Gegenwart bedingt. *Unsere Empfindungen werden durch unsere persönliche Interpretation der Umstände geprägt*, sei es durch Worte oder durch innere Überzeugungen. Unsere Selbstgespräche können entweder Wahrheit oder Lüge zum Ausdruck bringen. Wenn Sie sich selbst die Unwahrheit sagen, sich belügen, werden Sie der Unwahrheit und der Lüge *Glauben schenken*. Wenn Sie zu sich selbst sagen, daß Sie ein elender Nichtsnutz seien, der zu nichts Ordentlichem in der Lage ist, dann werden Sie das auch glauben. Wenn Sie etwas *glauben, handeln* Sie danach. Aus diesem Grunde sind Ihr *Glaube* beziehungsweise *Irrglaube* die wichtigsten Faktoren Ihres geistigen und emotionalen Lebens.

Irrglaube

Was bedeutet Irrglaube?

Das Wort »Irrglaube« bildet einen Schlüsselbegriff. Es ist wohl die geeignetste Bezeichnung für die teilweise sogar lächerlichen Dinge, die wir uns einbilden.

Es ist schockierend, welches Leid wir uns selbst durch verletzte Gefühle und durch wahre Festungen negativer Gedanken zufügen. Der Grund für eine durcheinandergeratene Gefühlswelt, für falsche Verhaltensweisen und sogenannte »psychische Erkrankungen« sind irrige Überzeugungen. Diese irrigen Überzeugungen sind auch der Grund für bestimmte destruktive Verhaltensweisen, an denen ein Mensch – trotz besseren Wissens – beharrlich festhält. Wir brauchen hier nur an übermäßiges Essen, Rauchen, Lügen, Trinken, Diebstahl oder Ehebruch zu denken. Eine irrige Überzeugung erscheint dem Menschen durch permanente Wiederholung seiner Gedanken als Wahrheit. Ein unerfahrener Seelsorger könnte auf diese Lüge hereinfallen. Das liegt teilweise an der Tatsache, daß in jedem Irrglauben häufig ein Stückchen Wahrheit zu finden ist, teils aber auch daran, daß der Betreffende seine irrtümlichen Behauptungen niemals überprüft, geschweige denn von Grund auf in Frage gestellt hat. Doch um jegliches Mißverständnis auszuschließen, möchten wir ein für allemal klarstellen, daß aller Irrglaube direkt aus der Hölle kommt. Der Teufel selbst bietet ihn uns an und gräbt das negative Gedankengut wie tiefe Furchen in unser Inneres. Im Erfinden von irrigen Überzeugungen ist der Teufel sehr geschickt. Da er niemals entdeckt werden will, liegt ihm daran, uns seine Lügen als Wahrheit vorzugaukeln.

Aussprüche wie »was ich auch anfange, es geht immer schief« oder »ich mache immer so viele Fehler« sind deutliche Beispiele hierfür. Wenn Sie wirklich einmal einen Fehler gemacht haben, werden Sie dieser Lüge Glauben schenken. Die Aussage: »was ich auch anfange, es geht immer schief« ist eine offene Bekundung dieses Irrglaubens. Wenn Sie solche Worte für wahr halten, glauben Sie einer Lüge.

Martin Luther schrieb in seiner Erklärung zur sechsten Bitte des Vaterunsers (»und führe uns nicht in Versuchung«): »Gott versucht zwar niemand, aber wir bitten in diesem Gebet, daß uns Gott wolle behüten und erhalten, auf daß uns der Teufel, die Welt und unser Fleisch nicht betrüge, und verführe in Mißglauben, Verzweiflung und andere große Laster . . .« (Anmerkung der Übersetzerin: in der amerikanischen Übersetzung von Luthers Kleinem Katechismus findet sich an dieser Stelle das Wort »misbelief« als Wiedergabe von Luthers Begriff »Mißglauben«. Das Wort »misbelief« ist ein Schlüsselbegriff des vorliegenden Buches. Ich habe es in der Einzahl mit »Irrglaube«, in der Mehrzahl mit »irrige Überzeugungen« wiedergegeben.) In letzter Konsequenz führt der Irrglaube (Luther: »Mißglaube«) zu »Verzweiflung und anderen großen Lastern«!

Denken Sie einen Augenblick über Ihre Selbstgespräche nach. Wenn Sie sich einreden, daß Ihre Schwiegermutter Sie haßt oder daß der Junge von nebenan durch und durch verdorben sei, dann stellt sich die Frage, wovon Sie persönlich beeinflußt werden. *Sich selber werden Sie Glauben schenken.* Aufgrund dieser Tatsache wird Ihre Schwiegermutter für Sie zum Feind. Auch ihre Einstellung zum Nachbarjungen wird dementsprechend sein. Höchstwahrscheinlich haben sowohl die Schwiegermutter als auch der Nachbarjunge genügend Anlässe zu Ihrer Behauptung gegeben. Sie glauben daher, Ihre Einstellung sei gerechtfertigt. Dennoch sind Sie ein Opfer des Irrglaubens. Warum? Der Apostel Jakobus zeigt uns, aus welcher Quelle diese zerstörerischen Selbstgespräche kommen. »Das ist nicht die Weisheit, die von oben herab kommt, sondern sie ist irdisch, menschlich und teuflisch«. (JAK. 3, 15). Negative und verdrehte Äußerungen, die ein Mensch sich wiederholt einredet, kommen immer vom Bösen. Dadurch, daß unsere menschliche Natur diese Äußerungen akzeptiert, ohne sie in Frage zu stellen, können diese Worte wie das Gift verdorbener Nahrungsmittel in unsere Gefühlswelt eindringen und starken Schmerz verursachen.

Wie der Apostel Paulus bereits gesagt hat, wird uns dieses tödliche Gift umbringen. In Römer 8, Vers 6 lesen wir: »Das Trachten des Fleisches führt zum Tod.« Wenn Sie sich nun weiterhin derart verzerrten Äußerungen hingeben, werden die negativen Gefühle in Ihnen beständig wachsen. Ihre gesamte Verhaltensweise wird eine negative Prägung erhalten.

Eine permanent verletzte Gefühlswelt steht im klaren Gegensatz zum Willen Gottes. *Gott will nicht, daß seine Kinder unter Depressionen, Sorgen oder eigensüchtigem Zorn leiden.*

Ist Ihnen bewußt, daß Gott möchte, daß wir unsere Gefühle und unser Verhalten unter Kontrolle halten? Diesem Wunsch können wir entgegenkommen, indem wir unsere irrigen Überzeugungen aufgeben und beginnen, auf unsere Selbstgespräche achtzugeben.

Ein Patient namens Bob hat sich zu seiner sechsten Behandlungssitzung

16

im Therapieraum eingefunden. Während er spricht, spielt er nervös mit den Fingern. »Ich fühle mich oft so angespannt und eingeengt«, sagt er zum Therapeuten. »Ich habe deswegen bereits gebetet und weiß auch, daß in der Bibel steht, daß wir nicht nervös zu sein brauchen, aber das hilft mir nicht. Es wird immer schlimmer.«

»Empfinden Sie diese Anspannung denn fortwährend?«, fragt der Therapeut. Bob runzelt die Stirn. »Ja, eigentlich schon. Doch manchmal ist das Gefühl stärker. Auch wenn ich in die Kirche gehe, wird es nicht besser. Am letzten Sonntag morgen konnte ich es kaum noch aushalten. Ich wäre am liebsten weggelaufen.«

»Und warum sind Sie nicht aufgestanden und hinausgegangen?« Bob war über diese Frage sichtlich überrascht. »Wie sollte ich denn? Es hätten sich doch alle nach mir umgedreht.« – »Wäre es denn so schlimm gewesen, wenn alle sich umgedreht hätten?« – »Die Leute hätten entweder gedacht, ich sei verrückt geworden oder ich hätte gerade eine schwere Glaubenskrise. Ich konnte nicht einfach aus der Kirche gehen.« – »Aber Sie haben doch gesagt, daß Sie es kaum noch ausgehalten haben. Wollen Sie damit sagen, daß Sie nur wegen der Leute geblieben sind?« – »Ja, natürlich. Sie hätten gedacht, daß irgend etwas bei mir nicht stimmt, wenn ich einfach hinausgegangen wäre.« – »Wäre das denn so schlimm gewesen?« – »Nun ja, hätten die Leute denn wissen sollen, was in mir vorging? Und wenn sie nun von der Spannung und dem Unwohlsein in mir gewußt hätten? Wissen Sie, ich lebe ständig in der Angst, die Menschen könnten meine Nervosität bemerken.« – »Was würde denn passieren, wenn die Leute tatsächlich wüßten, was in Ihnen vorgeht?« – »Sie könnten mich für einen Schwächling oder einen schlechten Christen halten. Christen sollen doch immer Ruhe und Glück ausstrahlen.« –

»Ich möchte Ihnen eine Frage stellen, Bob. Nehmen wir einmal an, Sie hätten einen Freund, der unter ständiger Anspannung und Nervosität leidet. Meinen Sie, Sie würden ihn deswegen für einen Schwächling oder einen schlechten Christen halten?« – Bob rutscht auf seinem Stuhl hin und her und sieht zu Boden. »Nein, natürlich nicht.«

»Es scheint mir ganz so, als ob das, was andere über Sie denken, Ihnen viel wichtiger ist als Ihre eigenen Empfindungen.« Bob schweigt einen Augenblick und sagt dann: »Ich möchte, daß alle nur Gutes von mir denken und daß mich jeder gern hat. Ich verhalte mich so, daß ich bei den anderen angesehen bin.« – »Wir wollen das eben Gesagte überprüfen und irrige Überzeugungen aufdecken.«

Bob nickt ernsthaft und sagt: »Einen Irrglauben sehe ich ganz klar.« – »Welchen denn?« – »Daß jeder mich mögen und schätzen soll. Wenn das nicht so ist, leide ich sehr darunter.«

An diesem Tag machte Bob eine für ihn umwerfende Entdeckung. Er erkannte die Wichtigkeit der eigenen Einstellung. Um unsere irrigen Überzeugungen zu erkennen, müssen wir sehr genau auf unsere Selbstgespräche achten. Eine dieser irrigen Überzeugungen in Bobs Leben war seine Einstellung, daß ihm jedermann zugetan sein müsse. Ohne die Achtung anderer, so dachte er, gäbe es für ihn kein Glück.

Unser Irrglaube wird also durch folgende Aussagen deutlich: »Ich muß den Menschen gefallen. Mein Verhalten darf niemals Mißbilligung hervorrufen. Geschieht es dennoch, ist es für mich unerträglich.« – Die ganze Kette von irrigen Überzeugungen ruft ständig Furcht und Schmerz hervor.

Die Wahrheit lautet: Der Christ braucht nicht nach dem Gefallen seiner Umwelt zu trachten.

Bob mußte lernen, daß die Menschen, denen er so gern gefallen wollte, keine Macht haben, ihn zu verletzen, selbst dann nicht, wenn sie ihm gegenüber Mißfallen äußern. Er erkannte, daß die Menschen uns gegenüber durchaus nicht immer so negativ eingestellt sind, wie wir selber meinen. Für ihn bedeutete es eine grundlegende Wende in seinem Denken, als ihm klar wurde, daß die Folgen seines eigenen Irrglaubens für ihn weitaus schädlicher waren als die Mißbilligung anderer. Ebenso deutlich erkannte er, daß es letztlich nur darauf ankommt, in den Augen Gottes Anerkennung zu finden.

Bob war einer der glücklichen Fälle. Er brauchte nicht in eine Klinik eingeliefert zu werden und geriet auch niemals in Abhängigkeit von Medikamenten. Er lernte, sich selbst zu beherrschen.

Sie haben es selbst in der Hand, ob Sie glücklich oder unglücklich sind.

Sie werden den Weg zur Freiheit finden, wenn Sie den ersten Schritt tun und die Irrtümer in Ihrem eigenen Leben aufdecken. Lernen Sie, wie man fehlangepaßte Überzeugungen erkennt und jede Art des Irrglaubens als Angebot des Teufels entlarvt.

Die Verheißung Jesu lautet: »Ihr werdet die Wahrheit erkennen, und die Wahrheit wird euch frei machen.« (JOH. 8, 32) Lassen Sie es zu, daß die Wahrheit Irrtümer aufdeckt.

Es gibt tatsächlich einen Weg heraus aus Bitterkeit, Beklemmung, Depression, Angst, Groll, Zorn, Mißtrauen und Überempfindlichkeit. Sie haben die Möglichkeit, Selbstbeherrschung zu erlernen. Sie werden sogar Freude bei diesem Lernprozeß empfinden.

Bei der Heilung der Gefühlswelt und des Geistes steht der eigene Glaube an erster Stelle. Ihr persönlicher Glaube ist von größter Wichtigkeit. Ihr Glück ist nicht abhängig von anderen Menschen, Umständen, Ereignissen oder materiellen Dingen. Ob Sie glücklich sind oder nicht, hängt von Ihrer persönlichen Interpretation ab.

Wenn Sie bereits im voraus dem Gedanken nachgeben, wie schrecklich es doch wäre, wenn niemand Sie auf einer Abendveranstaltung anspräche, werden Sie sich sicherlich innerlich entsprechend auf den Abend einstellen. Vor Beginn der Veranstaltung schleicht sich bereits ein Gefühl der Anspannung ein, und auf dem Weg dorthin denken Sie voller Sorge über den Ablauf des Abends nach. Kaum sind Sie angekommen, fühlen Sie sich auch schon unwohl. Ihr ganzes Augenmerk richtet sich darauf, einen Gesprächspartner zu finden, möglichst im Mittelpunkt zu stehen und von anderen Anerkennung zu erlangen. Sie fragen sich, weshalb Sie so nervös sind. Vielleicht sagen Sie sich zu Ihrer Entschuldigung: »Solche Parties sind nichts für mich. Ich habe eben Kontaktschwierigkeiten.«

Verstehen Sie, warum solch ein Irrglaube uns hindert, Schönes zu erleben und den Segen Gottes in uns voll zur Wirkung kommen zu lassen?

Der Irrglaube in der oben beschriebenen Situation wird durch folgende Aussagen verdeutlicht:

1. »Es ist furchtbar für mich, wenn mich niemand auf Veranstaltungen anspricht (oder wenn ich dort niemanden kenne).« Oder:
2. »Es ist schrecklich, gehemmt und nervös zu sein.«

Die Wahrheit lautet:
1. »Ich werde mich schon amüsieren, wo ich auch hingehen mag. Dazu brauche ich keinen besonderen Gesprächspartner.«
2. »Ich werde nicht unter meinen Hemmungen leiden.«

Versuchen Sie es einfach. Sie werden den Erfolg bald sehen. Unbehagen hat noch niemanden zu Fall gebracht. Durch unsere falsche Wertung reden wir uns ein, daß jedes Unbehagen schrecklich quälend und deprimierend sei. Wenn es auch nicht gerade Freude bereitet, ist es dennoch zu ertragen.

Ihre Art zu denken bestimmt darüber, wie Sie sich fühlen und wie Sie sich verhalten.

Wir möchten das Fundament der negativen Einstellung in Ihnen so erschüttern, daß Sie schließlich selbst energisch und aktiv dagegen kämpfen werden, und zwar nicht nur einmal, sondern fortwährend.

Wenn Sie anderen als Ratgeber zur Seite stehen, können Sie ihnen Hilfe erweisen, indem Sie Formen des Irrglaubens aufdecken. Sie werden mit eigenen Augen erkennen, wie sich das Leben anderer Menschen positiv verändert, wenn sie ihren Irrglauben aufgeben und die Wahrheit in ihr Leben einströmen lassen.

Die Frage ist nur, ob wir wirklich *glücklich sein wollen.*

ZWEITES KAPITEL

Wollen wir wirklich glücklich sein?

Sehr ermutigend ist die Tatsache, daß wir die Veränderung von irrigen Überzeugungen *bereits in diesem Augenblick in Angriff nehmen können*, um so glücklich zu werden. Sie brauchen weder Monate noch Jahre auf den großen Durchbruch zu warten, sondern können sofort anfangen, resistente negative Gefühle in Ihrem Inneren zu verändern.

Sie haben den Vorteil, mit Hilfe dieses Buches vorgehen zu können. In der Psychotherapie begegnet man immer wieder der irrigen Vorstellung bei Patienten, der *Therapeut* könne aus ihnen einen anpassungsfähigen und glücklichen Menschen machen.

Manchmal erwarten wir vom Psychotherapeuten, daß er uns nach der Art eines Mediziners behandelt. Man geht in seine Praxis, beschreibt körperliche und sonstige Symptome, er stellt die Diagnose und verschreibt die richtige Behandlung. Vielleicht erwarten wir auch eine medikamentöse Behandlung oder einen operativen Eingriff. Der Eingriff erfolgt, wir nehmen unsere Medikamente ein, erholen uns und glauben, es ginge bald besser mit uns.

Doch dies ist nicht der Weg, ein glücklicher, gesunder, produktiver und für andere anziehender Mensch zu werden. Der Therapeut ist hierin überfordert. Er kann nicht einfach auf einen Knopf drücken und Sie – hokuspokus – von Ihrer Depression und Ihren Ängsten befreien.

Sie sind zur tätigen Mitarbeit an Ihrem Glück aufgefordert. Durch die »Therapie des Irrglaubens« wird der Patient sofort davon in Kenntnis gesetzt, daß die Behandlung ein großes Stück Eigenarbeit erfordert, um Lüge und Irrglauben, deren Opfer er geworden ist, ein für allemal aus seinem Leben zu verbannen.

Wenn Sie dieses Buch lediglich lesen, wird sich gar nichts ändern. Doch wenn Sie beginnen, nach diesem Buch *zu handeln*, wird eine Veränderung in Ihnen stattfinden. Wir hoffen, Sie haben für sich selbst die Schlußfolgerung gezogen, daß auch Sie ein gesunder, glücklicher Mensch werden können, unabhängig davon, was Sie in Ihrem Leben durchgemacht haben und in welchen Umständen Sie sich zur Zeit befinden.

Aber ich kann an meiner Überzeugung nichts ändern!

Manchen Patienten fällt es nicht schwer zu akzeptieren, daß ihr eigener Glaube sie in ihrer Gefühlswelt und ihrer Verhaltensweise bestimmt. Gelegentlich hört man jedoch Einwände wie diesen: »Wenn Sie als Therapeut so etwas sagen, ist das verständlich. Doch ich kann mich nicht selbst verändern!«

Die falsche Vorstellung besteht in dem Glauben, *andere* könnten glücklich sein, *andere* hätten Erlebnisse mit Gott, *andere* Menschen seien in der Lage, ihre irrigen Überzeugungen zu ändern, *andere* könnten von Ängsten, Depressionen und Zorn befreit werden, nur wir selber nicht!

Möglicherweise sind diese Menschen durch kritische und ständig Fehler findende Eltern zu solchem Lügenglauben gekommen. Vielleicht haben sie es sich auch zur Gewohnheit gemacht, sich ständig mit anderen zu vergleichen, und sie glauben nun, immer den Kürzeren zu ziehen. Es gibt viele unterschiedliche Gründe für derartige irrige Überzeugungen.

Der Drogenabhängige glaubt, er könne von seiner Droge nicht loslassen. Der unter Fettsucht Leidende glaubt nicht an die Möglichkeit, abnehmen zu können, und der unter Depressionen leidende Neurotiker sagt sich: »Ich kann mir nicht helfen.« Worte wie: »Ich kann selbst dann nicht, wenn es für andere möglich ist«, haben eine lähmende Wirkung. Doch wenn Sie Ihren Irrglauben ändern, werden sich auch Ihre Gefühle und Ihr Verhalten ändern. Sie haben durchaus Einfluß auf diesen Prozeß.

Sicherlich gibt es einiges im Leben, was nicht zu ändern ist. Vielleicht sind Sie ein schlechter Langstreckenläufer und der Weitschuß beim Fußball liegt Ihnen auch nicht. Aber was Ihren Irrglauben betrifft, können Sie in jedem Fall etwas ändern.

Möglicherweise sagen Sie sich: »Für andere mag die »Therapie des Irrglaubens« ja ganz gut sein. Aber für mich ist das nichts. Ich hab' schon alles ausprobiert, aber bei mir nutzt gar nichts.« Trifft das auf Sie zu? Dann wollen wir diesen Irrglauben gleich beheben.

Solange Sie noch davon überzeugt sind, daß sich nichts ändern wird, werden Sie es auch gar nicht erst versuchen. Viele haben bereits geglaubt, daß es keine Änderung gäbe. Dennoch sind diese Menschen zur Einsicht gekommen und haben trotz allem ihren Irrglauben aufgegeben. Das Ergebnis war eine völlige Umwandlung ihres Lebens.

Die »Therapie des Irrglaubens« wird auch bei Ihnen erfolgreich sein. Selbst wenn alles andere bisher versagt hat, wird diese Therapie nicht versagen, denn sie beruht auf grundlegenden psychologischen Prinzipien, die genauso allumfassend wirksam sind wie das Gesetz der Schwerkraft. Das Gesetz der Schwerkraft tritt in Aktion, wenn Sie einen Gegenstand fallen lassen. Es bewirkt, daß der Gegenstand unmittelbar in Richtung Erdzentrum fällt. Genauso ist es auch mit den Gesetzen, die dem Verhältnis zwischen Glaube und Verhaltensweise zugrunde liegen. Ihr Glaube hat unmittelbare Einwirkung auf Ihr Verhalten.

Unsere ersten Lebensjahre

Wir haben bereits zu einem früheren Zeitpunkt über den Irrglauben gesprochen, daß der Grund für alle unsere Probleme in unserer Kindheit zu suchen sei. Das liegt hauptsächlich an dem starken Einfluß der Freud'schen Psychoanalyse, einer großartigen und dennoch häufig unrichtigen Theorie der Persönlichkeit, die noch bis vor wenigen Jahrzehnten weithin als unumstößliches Interpretationsschema menschlichen Verhaltens galt. Doch hat die Psychoanalyse unter den Psychologen und Psychiatern weitgehend an Einfluß verloren. Viele ausgezeichnete wissenschaftliche Forschungsarbeiten haben gezeigt, daß es völlig überflüssig ist, die Kindheitserlebnisse aufzudecken, wenn man das momentane Verhalten eines Menschen ändern will.

Die Freud'sche Psychoanalyse kann einer Veränderung der Verhaltensweise tatsächlich hinderlich im Wege stehen.

Das eben Gesagte soll nicht bedeuten, daß ein Problem besser zu verstehen sei, wenn auf eine eingehende Betrachtung der vorausgegangenen Umstände verzichtet würde. Viele Therapeuten beschäftigen sich ausführlich mit der Vergangenheit eines Patienten, weil das bis zu einem gewissen Grad notwendig ist. Irgendwann in unserem Leben haben wir einmal angefangen, so zu denken, wie wir auch heute noch denken. Häufig liegt der Ursprung unserer Gedanken und Einstellungen tatsächlich in unserer Kindheit. Manche Einstellung und Verhaltensweise, die heute im Erwachsenenalter in uns unangenehme Empfindungen und Verhaltensmuster erzeugt, stammt noch aus den frühen Jahren unserer Kindheit. Vielleicht ist sie uns damals durch das Verhalten und die Worte einer für uns sehr wichtigen Person übermittelt worden. Die Eindrücke aus dem frühen Lebensalter sind von großer Bedeutung, um sowohl unsere irrigen Überzeugungen von damals als auch unser heutiges Denken über unsere Kindheit zu verändern.

Eine Erforschung der frühen Kindheit kann wichtig sein:

1. um die damals erlernten Irrtümer aufzudecken,
2. um die falsche persönliche Interpretation von Erlebnissen aus der Kindheit erkennen zu können,
3. um unsere Selbstgespräche zu beleuchten:
   Wie sahen sie damals aus?
   Wie sehen sie heute aus?

Als Kind war es für Sie sicherlich schrecklich, einen Verlust zu erleiden oder von jemandem grausam und ungerecht behandelt zu werden. Die Untersuchung Ihrer damaligen Selbstgespräche würde ein klares Licht auf manchen heute noch vorhandenen Irrglauben werfen.

Sobald dies gelungen ist, können Sie mit der Veränderung Ihres jetzigen

Verhaltens und Ihrer momentanen Gedanken beginnen. Wenn Sie sich mit der Unrichtigkeit Ihres Selbstgespräches *heute* befassen, werden Sie mit Erfolg lernen, glücklich zu werden, unabhängig von allem, was Sie in Ihrem Leben durchgemacht haben.

Welche Dinge haben Einfluß auf das momentane Empfinden?

Der biochemische Zustand Ihres Körpers hat Einfluß auf Ihr Empfinden. Es gibt verschiedene Möglichkeiten, die biochemischen Vorgänge in uns zu verändern. Eine Möglichkeit ist die Droge. Eine weitere besteht in dem Versuch, durch richtige Ernährung und einen gesund funktionierenden Körper eine gute biochemische Basis zu schaffen. Doch auch Ihre Gedanken können Einfluß nehmen auf die biochemischen Vorgänge in Ihnen. Sie haben ganz richtig gelesen: die Art und Weise, wie Sie im Augenblick denken, kann tatsächlich die biochemische Zusammensetzung Ihrer Gehirnzellen sowie die des übrigen zentralen Nervensystems verändern.

Können Sie sich vorstellen, daß Ihre Selbstgespräche die Funktion Ihrer Drüsen, Muskeln und Nerven beeinflussen? Es verhält sich tatsächlich so. Nichts anderes meinen wir, wenn wir von Emotionen sprechen.

Einige Psychologen versuchen zur Zeit den Beweis zu liefern, daß die Gedanken die Empfindungen beeinflussen. Sie sprechen dabei von einer absolut neuen Entdeckung, einer Offenbarung unserer heutigen Zeit. Doch ist diese Wahrheit bereits mehrere tausend Jahre alt. Im Buch der Sprüche lesen wir: »*Wie er in seinem Herzen denkt, so ist er*« (SPRÜCHE 23, 5), und »*die Gedanken* der Gerechten sind richtig . . .*« (SPRÜCHE 12, 5). Auch das Buch der Psalmen spricht über die Gedanken der Menschen und über das Material, mit dem der Mensch seine Gedanken füllt: »Ich überdenke meine Wege, zu deinen Vorschriften lenke ich meine Schritte.« (PSALM 119, 59, Luther)

Unsere Gedanken bestimmen unser Verhalten. Wenn wir von ›Verhalten‹ sprechen, meinen wir nicht nur unsere Handlungsweise, sondern auch unsere Empfindungen. Jesus predigte den Menschen unermüdlich, daß sie glauben und nochmals glauben sollten. Seid standhaft, habt Vertrauen und glaubt. »Wie ihr geglaubt habt, so soll es geschehen«, sagte Jesus. (MATTH. 9,29)

»Vertrauen« ist ein Substantiv, das sich auf den Vorgang des Glaubens bezieht. Jesus lehrt eindeutig, daß wir bestimmte Ereignisse in unserem Leben aufgrund unseres Glaubens einfach erwarten können.

Wie steht es nun damit, wenn Sie glauben, Ihr Leben sei hoffnungslos und Sie selber seien ein Versager? Jesus antwortet darauf: »Dir geschehe, wie Du geglaubt hast«!

Ist es nicht viel besser zu glauben, daß Sie trotz der ständigen Höhen und Tiefen in Ihrem Leben kein Versager sind noch jemals einer sein werden?

Was würde geschehen, wenn Sie glaubten, daß das Leben eine Herausforderung und gleichzeitig sehr schön ist, und daß Sie mit Christus als der Stärke Ihres Lebens Sieger in jeder nur denkbaren Situation sein könnten?

»Dir geschehe, wie Du geglaubt hast.«

Lassen Sie sich von niemandem einreden, daß Ihre Gedanken und Selbstgespräche bedeutungslos seien. Dies ist die Kernaussage Jesu.

In den Siebziger Jahren haben viele Experimente in der Psychologie gezeigt, daß die Veränderung von irrigen Überzeugungen Gefühle wie Angst und Depression beheben kann. Die Psychologen sprachen damals von »kognitiver Restrukturierung« oder von »rational-emotionaler Therapie« oder auch von der »Umgestaltung der Persönlichkeit«. Wie immer die psychologischen Fachtermini lauten mögen, es kommt nur auf die eine Entdeckung, auf die eine Tatsache an, die den Weisen der Vergangenheit und somit auch den Autoren der Heiligen Schrift schon lange bekannt war: Verändere die Überzeugung eines Menschen, und du wirst seine Emotionen und seine Verhaltensweise verändern.

Um unser Ziel sowohl in diesem Buch als auch in unserem Leben erreichen zu können, müssen wir unsere irrigen Überzeugungen zunächst systematisch aufdecken, analysieren, ernsthaft in Frage stellen und durch die Wahrheit ersetzen.

Bevor Sie jedoch damit beginnen, müssen Sie sich die Frage beantworten, ob Sie *wirklich* glücklich sein wollen.

Beantworten Sie diese Frage positiv, dann schlagen Sie bitte das nächste Kapitel dieses Buches auf. Beginnen Sie damit auch ein neues Kapitel in Ihrem Leben!

DRITTES KAPITEL

Irrglaube im Selbstgespräch

Ja, wir wollen glücklich sein! Wenn Sie es zulassen, kann der Vorgang, der notwendig ist, um Sie zu einem glücklicheren und ausgefüllteren Menschen zu machen, viel Freude bereiten. Manchmal kann es auch ein wenig schmerzhaft sein, sich über das eigene Wesen bewußt zu werden und zu sehen, daß man sich bisher so akzeptiert hat. Doch in erster Linie wird es eine Zeit der aufregenden Entdeckungen und Neuerungen sein. Hören Sie aufmerksam zu, studieren Sie die angegebenen Schriftstellen und vertrauen Sie dem Herrn, daß er Sie mit großem Erfolg hindurchführt.

Bitte nehmen Sie ein Notizbuch und einen Bleistift zur Hand, um die neuerworbenen Fähigkeiten und Kenntnisse, wie man sich von aller Zerstörung abwendet, notieren zu können. Sie werden bald Fortschritte bei sich beobachten und von den Eintragungen in Ihrem Büchlein profitieren. Das nun folgende Kapitel beginnt mit der Untersuchung unserer Selbstgespräche.

Wie wir mit uns selber reden

»Selbstgespräch« bezeichnet die Art und Weise, in der wir gedanklich mit uns selber reden. »Selbstgespräch« bezeichnet auch das, was wir uns über andere, uns selbst, über Erfahrungen und das Leben im allgemeinen sowie über Gott, Zukunft, Vergangenheit und Gegenwart sagen. Kurzum, es beinhaltet all das, was wir uns fortwährend selber sagen.

Wie sehen die Lügen und Halbwahrheiten aus, die Sie sich ständig wiederholen? Aufgrund welchen Irrglaubens sind Sie unglücklich geworden und innerlich aus dem Gleichgewicht geraten? Als erstes müssen Sie lernen, die irrigen Überzeugungen in Ihrem Leben genau zu identifizieren.

Wo beginnen Lüge und Irrglaube?

Die Antwort finden Sie in Ihren Selbstgesprächen.

Angie, eine 31-jährige Hausfrau, hatte sich die meiste Zeit ihres Lebens negative Dinge über sich selbst eingeredet. Im Erwachsenenalter verstärkte sich dieses Selbstgespräch zusehends. »Das sind doch alles nur harmlose Worte«, pflegte sie zu sagen, Worte, wie beispielsweise: »Was bin ich nur für ein Dummkopf. Es ist doch immer dasselbe mit mir, ganz typisch. Wie kann man nur.« – »Bei mir geht aber auch alles schief« und: »Mich interessiert einfach gar nichts.« Schließlich ging sie so weit zu sagen: »Ich tauge wirklich zu gar nichts. Ich verstehe nicht, wie andere noch mit mir auskommen können.«

Nach einigen Jahren derartigen Lebens sah sie ihre achtjährige Ehe in die Brüche gehen, ihre Kinder waren aus dem Gleichgewicht geraten und erwiesen sich als schwer zugänglich, die Zahl ihrer Freunde hatte sich stark reduziert, und die Familie konnte ihr auch nicht mehr helfen. Weder durch Liebe noch durch freundliche Aufmerksamkeit konnte Angie davon überzeugt werden, daß sie ein wertvoller und liebenswerter Mensch sei. Paradoxerweise behauptete sie von sich, ihr einziges Trachten im Leben sei die Suche nach Glück.

Unsere Selbstgespräche sind wichtiger, als wir glauben. Wenn Sie sich immer wieder die gleichen Dinge in entsprechenden Situationen einreden, werden Sie Ihren Worten Glauben schenken, ob sie wahr sind oder nicht. Was Angie für scherzhafte Worte hielt, war im Grunde etwas ganz anderes. Es ist durchaus nicht spaßhaft, sich selber immer wieder als »Dummkopf« zu bezeichnen.

Wenn Sie sich ständig wiederholen: »Ach, mir gelingt einfach nie etwas«, halten Sie das letztendlich selbst für wahr. Schließlich brauchen nur noch einige negative Bemerkungen Ihrer Umwelt hinzukommen, wie beispielsweise: »Sie haben das schon wieder falsch gemacht«, um den Glauben an Ihr eigenes Versagen noch zu verstärken.

Wenn Sie sich wie Angie sagen: »Mich interessiert einfach gar nichts«, werden Sie feststellen, daß Sie sich so verhalten, als ob Sie tatsächlich nichts interessiere. (Übrigens ist das gar nicht möglich, denn jeder interessiert sich für irgend etwas. Ganz gleich, wie banal und unwichtig der Gegenstand des Interesses auch sein mag).

Der Psychiater Willard Gaylin sagte: »Ein verunglimpftes Selbstbild ist wie ein mit Teer beschmiertes Kleinkind. Je mehr wir mit ihm spielen und es umarmen, desto fester kleben wir an ihm.« Mit jeder selbstzerstörerischen Äußerung bewirken wir, daß das in der Entwicklung befindliche Kleinkind noch stärker eingeteert wird und wir zum Schluß überhaupt nicht mehr von ihm loskommen.

Hören Sie auf Ihre eigenen Selbstgespräche. Können Sie solch ein verunglimpftes Selbstbild bei sich erkennen?

Angie glaubte von sich selbst, daß sie durch und durch dumm, ungeschickt und unbegabt sei. Sie hielt sich für absolut unattraktiv und uninteressant und dachte, sie sei es nicht wert, von anderen geliebt zu werden.

Übrigens war Angie Christin.

Selten, wenn überhaupt, machte sie sich bewußt, daß Jesus, der Herr der Liebe, für sie sorgte und sie von Herzen liebhatte. Sehr selten wurde sie sich seines Segens bewußt. Fast nie dankte sie Gott für ihre Begabungen und

Talente, weil sie sich Zeit ihres Christenlebens eingeredet hatte, vollkommen unbegabt zu sein. Sie hatte sich nie klargemacht, daß sie in den Augen Gottes einzigartig und wunderbar gestaltet war.

Wie sehen Ihre Selbstgespräche aus?

Überprüfen Sie bitte im Folgenden, welche der angegebenen Beispiele Ihre eigenen Selbstgespräche widerspiegeln. Seien Sie bitte ehrlich.

☐ Ich bin ein Dummkopf.   ODER: ☐ Ich danke dir, Herr, daß du mir Weisheit schenkst.

☐ Ich bin in keiner Weise attraktiv.

☐ Ich danke dir, Herr, daß du mich anziehend machst.

☐ Keiner mag mich.

☐ Ich danke dir, Herr, daß du bewirkst, daß ich für andere liebenswert bin.

☐ Ich bin vollkommen unbegabt.

☐ Danke, Herr, für alle Begabung, die du mir gegeben hast.

☐ Ich bin so unglücklich.

☐ Ich bin zufrieden.

☐ Ich bin einsam.

☐ Danke für meine Freunde, Herr.

☐ Ich habe fast immer Pech.

☐ Danke, Herr, daß du mir Erfolg gibst.

☐ Ich bin so nervös.

☐ Danke für deinen Frieden, Herr.

☐ Ich bin so uninteressant.

☐ Danke, Herr, daß du mich *einzigartig* machst.

☐ Ich bin ein schlechter Mensch.

☐ Danke für deine Gerechtigkeit in mir.

☐ Ich bin krank.

☐ Ich danke dir, Herr, daß du mich wieder völlig gesund machen wirst.

Wenn Sie festgestellt haben, daß überwiegend Aussagen der linken Spalte auf Sie zutreffen, dann müssen Sie die Art Ihrer Selbstgespräche ändern. Prüfen Sie, mit welchem Maßstab Sie sich messen. Vergleichen Sie sich mit einer anderen Person, die Ihnen in irgendeiner Weise besser erscheint, oder sehen Sie sich im Lichte des Wortes Gottes? D. L. Moody sagte einmal, die sicherste Methode zu beweisen, daß ein Stock krumm ist, sei die, einen geraden daneben zu legen und nicht länger über den Sachverhalt zu diskutieren, ob der Stock tatsächlich krumm ist, geschweige denn, ihn auch noch wegen seines Krummseins zu tadeln.

Der gerade Stock im Leben eines Christen ist die herrliche und unzerstörbare Liebe Christi. Wenn wir diese verblüffende Wahrheit aus den Augen verlieren, können wir nur noch auf einen Schatten starren. Solch ein Schatten kann zum Beispiel Neid, Eifersucht oder ständiges Vergleichen mit anderen sein. Ein Gefühl des Unglücklichseins oder ein permanenter Zustand der Unzufriedenheit ist oft darin begründet, daß man sich wünscht, anders zu sein und in anderen Umständen zu leben, als dies tatsächlich zutrifft. Dabei orientiert man sich am Leben anderer.

Vor nicht langer Zeit wurde eine Umfrage durchgeführt, bei der 5000 ledige und verheiratete Mittelstandsbürger von durchschnittlichem und überdurchschnittlichem Intelligenzgrad befragt wurden. Die Umfrage zeigte, daß Ledige nicht weniger glücklich als Verheiratete und Verheiratete nicht weniger glücklich als Ledige sind. Es stellte sich jedoch heraus, daß die Alleinstehenden die Verheirateten beneideten. Die Verheirateten behaupteten ihrerseits, die Ledigen zu beneiden. Viele Verheiratete gestanden, glücklich zu sein, weil »man es von ihnen erwarte«, und nicht etwa, weil sie tatsächlich glücklich in ihrem Leben seien.

Eine alleinstehende Frau sagte: »Ich beneide meine Freundin Jane. Sie ist wirklich glücklich. Sie hat einen Mann, Kinder und ein Zuhause. Sie hat einfach alles.«

Eine verheiratete Frau sagte: »Ich beneide Conny. Sie hat es richtig gemacht. Sie kann kommen und gehen, wann und wohin sie will. Ihre Zeit gehört ihr, ihr Geld gehört ihr. Ihr steht die Welt offen. Sie ist ledig und hat das glücklichere Teil erwischt.«

Was erkennen Sie in den Worten dieser beiden Frauen? Neid beruht nicht immer auf Realitäten. Aussagen wie »Ich bin unglücklich und jemand anderes ist viel glücklicher« sind meist unrealistisch. In jedem Leben gibt es irgendwann und irgendwo ein bestimmtes Glück. Jeder hat Schwierigkeiten und muß gewisse Probleme lösen. Sowohl Conny als auch Jane haben ein gutes Leben, doch jede der beiden muß Prüfungen durchstehen.

Versuchen Sie sich einen kleinen Jungen vorzustellen, der voller Vergnügen herumspringt, während er einen Groschen fest in seiner Hand hält. Die Mutter hatte ihm den Groschen gegeben und ihn zum Spielen nach draußen geschickt. Ihm war leicht und glücklich ums Herz. Doch dann traf er einen Freund mit einem Fünfzigpfennigstück. Plötzlich verlor sein Groschen an Wert. Ihm war auch nicht mehr so fröhlich zumute. Er ging nach Hause und bat seine Mutter um einen Fünfziger, und sie gab ihm das Geld. Fröhlich sprang er wieder fort, bis er auf einen Freund traf, der ein Markstück in der Hand hatte. Unser Kleiner war vollkommen niedergeschlagen. Im Vergleich zu dem Markstück sah sein Fünfziger sehr unbedeutend aus. Zuhause erbat er sich von seiner Mutter ein Markstück. Später traf er einen Jungen mit einem Fünfmarkstück, usw. . . .

Wenn wir nicht den Wert dessen erkennen, was wir im Augenblick sind und haben, werden wir uns einreden, daß wir weniger wichtig als andere seien und auch weniger hätten als sie. Reden wir uns das ein, erzeugen wir Unruhe in uns. Indem wir uns nach etwas sehnen, von dem wir glauben, daß andere es seien und hätten, suchen wir fortwährend nach einem unerreichbaren Glück. Wir werden immer jemanden finden, der mehr hat als wir.

Carol ist eine freundliche Großmutter, die in einem bescheidenen, renovierungsbedürftigen Häuschen wohnt. Ihre Söhne sind erfolgreiche Geschäftsleute, die in Häusern von doppeltem Wert als dem ihrigen wohnen. Ihre Frauen sind gut gekleidet und verfügen über jede nur denkbare Bequemlichkeit im Haushalt. Carol kann sich keine teure Kleidung leisten. Sie fährt einen Gebrauchtwagen und wäscht ihre Wäsche im öffentlichen Waschsalon. Sie ist glücklich, fühlt sich frei und ist zufrieden mit ihrem Leben. »Omi ist die Beste!«, sagen ihre kleinen Enkelkinder. Sie wird nicht nur von ihrer Familie sehr geschätzt, sondern auch von ihren Freunden, Nachbarn und Bekannten. Sie strahlt Frieden, Liebe und Selbstlosigkeit aus und wirkt dadurch sehr anziehend auf andere. Ihr Sohn wundert sich darüber, daß seine Mutter überhaupt nicht klagt. Carol kennt den Wert der Worte des Apostels Paulus: »... ich habe gelernt, mich in jeder Lage zurechtzufinden ...« (PHIL. 4, 11) und sie lebt nach diesen Worten. Neid hat in ihrem Leben keinen Platz.

Ein junger Mann, der im Vietnamkrieg eines seiner Gliedmaßen verloren hat, sieht sich in der Lage, Gott für den Segen in seinem Leben dennoch zu preisen und führt trotz des großen und spürbaren Verlustes ein vitales und produktives Leben. Er sagt sich: »Ich kann vieles tun und ich habe eine Menge zu bieten.«

Eine Frau mittleren Alters, die bei einem Flugzeugunglück ihren Ehemann und drei kleine Kinder verloren hat, findet in Christus Mut und Kraft, weiterzuleben und ihre Erfüllung darin zu sehen, Menschen zu helfen und Notleidenden ein Segen zu sein. Sie sagt sich: »Meine Familie werde ich immer vermissen, aber weshalb sollen Kummer und Sorgen einen größeren Umfang annehmen, als Gott je zulassen würde. Sein Wille ist es, daß ich glücklich bin und anderen helfe – und das tue ich auch!«

»Eine sanfte Zunge ist ein Lebensbaum, eine falsche Zunge bricht das Herz.« (SPRÜCHE 15, 4)

Fassen Sie den Entschluß, sich selbst immer die Wahrheit zu sagen. Sollten Sie sich dabei ertappen, sich selbst etwas Unrichtiges zu erzählen, dann *brechen Sie Ihr Selbstgespräch sofort ab*. Sagen Sie einfach laut: »Nein, ich will mir das nicht einreden, denn es stimmt nicht.«

Lorraine, eine sechsundzwanzigjährige alleinstehende Frau, erzählte uns folgendes Erlebnis, das sich in ihrem Leben zugetragen hatte: »Nach meinem

Schulabschluß zog ich wieder zu meinen Eltern. Ich hatte mein Elternhaus bereits vor vielen Jahren verlassen und kannte inzwischen niemanden mehr aus der Nachbarschaft. Die Lage war schwierig für mich. Mein Vater nörgelte permanent an mir herum, ich solle mir doch endlich Arbeit suchen, aber ich war mir nicht im klaren darüber, was ich wirklich anfangen wollte. Im Hinterkopf hatte ich den Gedanken an Heirat, und ich stellte mir vor, daß es doch sehr schön sein müßte, endlich allem hier den Rücken kehren zu können. Doch ich hatte keine bestimmte Person im Sinn. – Eines Abends saß ich in meinem Zimmer, ohne mit irgend etwas konkret beschäftigt zu sein, als ich plötzlich die leise Stimme meiner Gedanken wie aus weiter Ferne hörte. Diese Stimme sagte in weinerlichem Ton: ›Ich bin ja so einsam‹. Ich setzte mich auf mein Bett und hörte mich fünf Minuten später mit der gleichen weinerlichen Stimme laut aussprechen: ›Ich bin ja so einsam‹, genau, wie die gedankliche Stimme kurz vorher gesagt hatte. Ich erschrak sehr, sprang auf und rief: ›Ich bin nicht einsam. Das ist ja lächerlich. Ich bin nicht einsam. So hab' ich das nicht gemeint!«

Lorraine war klug genug, ihre falsche Denkweise zu erkennen. Sicherlich hätte sie ausreichend Gründe finden können, um den Gedanken an Einsamkeit zu untermauern, aber sie entschloß sich, Gründe für eine gegenteilige Behauptung zu suchen. So sprach sie laut: »Ich bin nicht einsam« und widerstand auf diese Weise der Versuchung, die gedankliche Lüge laut auszusprechen. Sie gab sich keinen falschen Vorstellungen hin, was später nur umso größere Traurigkeit in ihr bewirkt hätte.

Wir alle können uns zu bestimmten Zeiten unseres Lebens einreden, einsam oder dumm und unfähig zu sein. Ein bildschöner Hollywoodstar, der Neid vieler Frauen, wurde eines Tages tot in seinem Bett aufgefunden. Die Schauspielerin hatte Selbstmord begangen und einen Zettel mit der Aufschrift hinterlassen: »Für mich gibt es keine Hoffnung mehr«. – Eine außerordentlich begabte Dichterin, die beachtlichen literarischen Erfolg vorzuweisen hatte, glaubte trotz ihrer preisgekrönten Arbeit und allen Beifalls, ein Versager zu sein. Auf der Höhe ihrer Karriere beging sie in äußerster Verzweiflung Selbstmord.

Diese Beispiele zeigen deutlich, daß es neben den äußeren Bedingungen noch etwas anderes im Leben geben muß; einen tieferen Sinn und eine innere Erfüllung. Die Beispiele zeigen, daß wir eine geistliche Verbindung zu Gott, unserem Schöpfer und zu Jesus Christus, seinem Sohn, unserem Erlöser brauchen. Befreiung von Selbstverunglimpfung und Hoffnungslosigkeit können wir allein durch den Glauben an unseren Schöpfer erlangen. Für den Christen liegt eine große Dynamik in der praktischen Befolgung folgender biblischer Aussagen:

». . . was immer wahrhaft, edel, recht, was lauter, liebenswert, ansprechend

ist, was Tugend heißt und lobenswert ist, darauf seid bedacht!« (PHIL. 4, 8, Luther)

und:

»... wir reißen alle hohen Gedankengebäude nieder, die sich gegen die Erkenntnis Gottes auftürmen. Wir nehmen alles Denken gefangen, so daß es Christus gehorcht ...« (2. KOR. 10, 5, Luther)

Es mißfällt dem Herrn, wenn wir Böses über einen Dritten reden oder generell unsere Zunge nicht im Zaum halten. Ebenso böse ist es in den Augen Gottes, wenn wir uns selbst schlecht machen und zerstören.

»Bewahre deine Zunge vor Bösem und deine Lippen vor falscher Rede! (Was sich sowohl auf uns selbst als auch auf andere bezieht!) *Meide das Böse* (das Aussprechen böser Worte und das Fürwahrhalten böser Gedanken über uns und andere) *und tue das Gute; suche Frieden, und jage ihm nach!«* (Ps. 34, 14. 15, Luther)

Dem Frieden nachzujagen bedeutet, den Frieden bewußt zu wählen. Sie werden niemals zum Frieden gelangen, wenn Sie Ihr eigenes Licht unter den Scheffel stellen. Ein friedvoller Mensch ist eine Person, die mit sich selbst vollkommen im Frieden lebt. Dag Hammerskjöld sagte einmal: »Wer mit sich selbst auf Kriegsfuß steht, wird auch andere bekriegen.« Sind Sie sich jedoch selber zugetan, werden Sie auch die innere Freiheit bekommen, andere Menschen zu lieben und zu schätzen. Sind Sie sich selbst gegenüber jedoch hart, werden Sie auch anderen mit Härte begegnen.

Schreiben Sie in Ihr Notizbüchlein, was Sie täglich über sich denken und achten Sie genau auf Ihre Gedanken und Worte. Vergessen Sie nicht, daß alle Gedanken, die mit Hoffnungslosigkeit, Verzweiflung, Haß, Furcht, Bitterkeit, Neid oder Eifersucht zu tun haben, direkt aus der Quelle der dämonischen Lügenwelt stammen. Solche Gedanken und Worte werden Sie nun völlig aus Ihrem Leben verbannen und durch andere ersetzen.

Sind Sie startbereit? Wir wollen damit beginnen, daß wir einige bekannte Krankheiten sowie die irrigen Überzeugungen, die mit ihnen korrespondieren, untersuchen. Versuchen Sie, möglichst viele zu erkennen.

VIERTES KAPITEL

Irrige Überzeugungen, die Depressionen bewirken

Eine der bekanntesten Ursachen psychischen Leidens ist die Depression. Überall auf der Welt werden Patienten, die Psychologen und Psychiater aufsuchen, ähnliche Diagnosen gestellt: »depressive Neurose«, »psychotische Depression« oder irgendeine andere Form der Diagnose, die auf depressive Symptome schließen läßt. Weitaus schlimmer sieht es jedoch für die Vielen aus, die aus irgendeinem Grunde nicht die Hilfe eines Psychiaters oder eines Geistlichen in Anspruch nehmen können und so die tiefe Nacht der Depressionen durchleben, ohne daß ein Ende ihres Zustandes in Sicht wäre.

Die Bibel spricht von Depression als von einer »betrübten Seele«. In Psalm 42 können wir die Qual aus den Worten herauslesen: »Betrübt ist meine Seele in mir« und »Warum bist du so betrübt, meine Seele?«. Im Gegensatz dazu finden wir im 2. Brief an die Korinther, 7. Kapitel, Vers 6 die sieghaften Worte: »... Gott, der die Niedergeschlagenen aufrichtet ...«.

Die alten Kirchenväter hatten noch eine andere Bezeichnung für Depression. Sie nannten sie Faulheit. Faulheit war eine der sieben Todsünden, die mit Geiz, Zorn und Wollust auf einer Ebene stand. Die Faulheit wurde als Traurigkeit des Herzens und als Widerstand gegen jegliche Aktivität beschrieben, die irgendeine Form von Anstrengung erforderte. Heutzutage wird der Begriff ›Depression‹ etwas anders definiert. Was bedeutet Depression aber wirklich? Dieses Phänomen kann aus verschiedenen Perspektiven betrachtet werden. Wenn Sie während einer Depression auf den biochemischen Zustand und den Stoffwechsel Ihres Körpers oder auch auf das Verhalten Ihrer Muskeln und Drüsen achten, werden Sie feststellen, daß Ihr gesamter Organismus von Symptomen der Depression befallen ist.

Der Depression geht meist ein negativer Reiz voraus. Die meisten Depressionen bewirkenden irrigen Überzeugungen münden in den Strom des inneren Dialoges ein, nachdem der Mensch einen bestimmten Verlust erlitten hat.

Häufig sehen sich Patienten außerstande, den Grund ihrer Depression zu erklären. Sie sagen beispielsweise: »Ich weiß nicht, warum es mir so geht. Ich kann mich einfach zu nichts aufraffen und will auch gar nichts tun. Ich weine viel und schlafe schlecht. Ich bin so energielos und interessiere mich auch für nichts. ... Ich weiß einfach nicht, warum ...« Vielleicht wird die Stimme immer leiser und endet in einem tiefen Seufzer, der Patient läßt sich auf einen Stuhl fallen oder starrt nur zu Boden.

Trotz der Unfähigkeit des Patienten, seinen Zustand zu erklären, ist in der Regel einer Depression ein bestimmter Reiz vorausgegangen. Die irrigen

32

Überzeugungen, die die Depression hervorrufen, können durch ein einziges Ereignis aktiviert werden. Dieses Ereignis stellt in fast allen Fällen einen Verlust dar, zum Beispiel den Tod oder den Weggang eines geliebten Menschen oder auch den Verlust einer wertgeachteten Sache. Der Grund kann ebenso eine finanzielle Einbuße, physische Krankheit, Altern, ein Autounfall oder mangelnde körperliche Kraft sein. Häufig sind auch Trennung oder Scheidung sowie Situationen, in denen Ablehnung, Angst und mangelnde Selbsteinschätzung ausgelöst werden, Verlusterfahrungen, die zur Depression führen.

Jedes beliebige der eben genannten Ereignisse kann dem Teufel Gelegenheit bieten, das menschliche Selbstgespräch anzuregen. Ein Gymnasiast mag sich sagen: »Ich bin einfach zu dumm. Jetzt bin ich auch noch durch die Mathematikprüfung gefallen. Weshalb gehe ich eigentlich noch länger aufs Gymnasium? Wieviel Zeit und Geld haben all diese Jahre schon gekostet. Ich werde es ja doch nie schaffen!«

Obiges Beispiel zeigt die drei irrigen Überzeugungen, die als »Depressive Triade« bekannt sind:

Es handelt sich um negative Selbstgespräche, die durch auslösende Ereignisse in Gang gesetzt wurden und nun ihrerseits in irrigen Überzeugungen münden.

1. Abwertung der eigenen Person:	»Ich bin ja so dumm.«
2. Abwertung der Situation:	»Das Leben war schon immer eine Qual. Es lohnt sich nicht, irgend etwas in Angriff zu nehmen. Warum soll ich eigentlich noch aufstehen?«
3. Abwertung der Zukunftsaussichten:	»Ich werde es nie schaffen und es auch nie zu etwas bringen. Das Leben ist hoffnungslos.«

Wenn Sie sich diese Dinge oft genug wiederholen, werden Sie feststellen, daß Sie sich bald auch dementsprechend verhalten. Rückt der Zeitpunkt der nächsten Mathematikprüfung näher, gerät der Schüler vielleicht in Panik und sinkt in neue Gefühle der Depression und Wertlosigkeit. Vielleicht wird er sogar aufgrund seiner irrigen Überzeugungen noch vor dem Abitur die Schule verlassen – doch keineswegs aufgrund realer Tatsachen.

Eine siebenunddreißigjährige Frau namens Jennifer bat einen christlichen Seelsorger um ein Gespräch, weil sie unter schweren Depressionen litt. Zwei Monate vorher hatte ihr Verlobter sich von ihr getrennt. Sie sagte, sie wolle nicht mehr weiterleben, in ihren Augen sei alles sinnlos geworden.

Während des ersten Gesprächs wirkte sie sehr attraktiv, intelligent und charmant, obwohl sie behauptete, sie habe das Leben bereits hinter sich und es sei zwecklos, weiterzumachen.

Sie erzählte, ihr Beruf interessiere sie nicht mehr, ihren Appetit habe sie auch verloren. Außer Schlafen wolle sie nichts mehr tun. »Das Leben ist eine Qual«, sagte sie teilnahmslos.

Ihre Freunde hatten versucht, sie zu trösten: »Du solltest dankbar sein, daß du rechtzeitig das wahre Wesen deines Freundes erkannt hast. Wenn du ihn geheiratet hättest, wäre es zu spät gewesen. Hinterher wärst du schlimm dran gewesen!« Oder: »Wenn er wirklich so ein Mensch ist, kannst du froh sein, daß die Verbindung aufgelöst wurde. Es ist besser für dich, ledig zu bleiben, als mit einem wankelmütigen und untreuen Mann verheiratet zu sein!« Alles Gesagte leuchtete Jennifer zwar ein, war ihr aber letztlich keine Hilfe.

Ihr Glaubenssystem war bereits so »vollgepackt« mit irrigen Überzeugungen, daß es ihr unmöglich war, die etwas groben und dennoch gutgemeinten Ratschläge ihrer Freunde anzunehmen. Sie hatte sich bereits seit langem davor gefürchtet, einmal eine alte Jungfer zu werden. Sie glaubte, daß vielleicht irgend etwas bei ihr nicht ganz in Ordnung sei und empfand Angst bei dem Gedanken, für Männer wenig attraktiv und begehrenswert zu sein. Aus welchem Grunde wurde sie sonst älter und war immer noch ledig? Sie sagte sich selbst, daß diese Verlobung das schönste Ereignis ihres Lebens gewesen sei. Sie hatte dies für ihre letzte Chance gehalten, Eheglück erleben zu können und auch sonst glücklich zu werden.

Ihr Selbstgespräch schloß auch folgenden Gedanken ein: »Wenn ich diesmal nicht zugreife, werde ich wirklich eine alte Jungfer, und das wäre einfach entsetzlich, gar nicht auszudenken! Ich könnte es nicht ertragen.« Sie gab sich sehr viel Mühe, ihrem Verlobten zu gefallen und auch alles »richtig zu machen« und hatte sich in den Kopf gesetzt, die Erfüllung aller seiner Wünsche, ja seine Traumfrau zu werden.

Gerade weil sie sich solche Mühe gegeben hatte, so zu sein, wie sie meinte, daß er es gerne haben wollte, bedeutete das kleinste Zeichen der Ablehnung eine große Enttäuschung für sie. Sie sagte sich: »Selbst mein Bestes ist nicht gut genug. Das alles könnte ich nicht noch einmal durchleben. Für mich ist alles zu spät. Ich werde niemals wirklich geliebt werden. Auch wenn ich mein Äußerstes versuchte, damit ein Mann mich liebt, wird er mich letztlich doch verlassen. Ich bin einfach nichts wert.«

Hier können Sie bereits die bekannte Triade erkennen:

1. Abwertung der eigenen Person:	»Selbst mein Bestes ist nicht gut genug. Auch wenn ich mein Äußerstes versuchte, damit ein Mann mich liebt, wird er mich letztlich doch verlassen. Ich bin einfach nichts wert.«

2. Abwertung der Situation:	»Für mich ist alles vorbei.« (D. h., da sie solch ein Versager ist und niemand sie lieben kann, ist auch das Leben nicht mehr lebenswert und erscheint ihr als Qual.)
3. Abwertung der Zukunftsaussichten:	»Ich werde niemals glücklich sein. Alles ist hoffnungslos; es ist alles zu spät. Niemand wird mich je lieben.«

Jennifers irrige Überzeugungen sehen also wie folgt aus: Sie ist ein Versager, sie ist wertlos, sie ist schuldig und unzulänglich. Ihre Situation ist unerträglich und enthält keinen Funken von Hoffnung; sie könnte ebensogut sterben.

Jahrelang hatte sie sich eingeredet, daß der Ledigenstand etwas Schreckliches sei, doch das Schlimmste von allem sei, Ablehnung zu erfahren, besonders von einer Person, bei der man sich so viel Mühe gegeben hat, ihr um jeden Preis zu gefallen. (»Wie konnte er mir nach all dem so etwas antun? Mein Bestes ist für niemanden gut genug!«)

Jennifers schlimmste Vorstellung war nun Wirklichkeit geworden. Sie redete sich ein, verworfen, ja einfach weggeworfen, unnütz, unliebenswert, häßlich und ohne jede Hoffnung zu sein. »In meiner Haut zu stecken, ist das Schrecklichste, was es gibt.«

Tatsächlich aber ist das einzig wirklich Schreckliche in Jennifers Leben die Anhäufung von Lügen in ihrem Glaubenssystem – ihre irrigen Überzeugungen. Diese sind schrecklich – aber nicht etwa Jennifer selbst.

Sie hat viele positive Eigenschaften, unter anderem die Fähigkeit, behinderte Kinder zu unterrichten. Sie hat auch viele Freunde und ist sehr angesehen in ihrer Schule, in der sie seit mehreren Jahren die letzte Klasse unterrichtet. Aber Jennifer ist Christin, und Christen sollen ihren Wert nicht an Leistungen oder Eigenschaften messen. Selbst ohne Erfolg, ohne besonderen Verdienst, ohne eine Auszeichnung kann der Christ sicher sein, daß er geliebt wird und von großer Wichtigkeit ist. Mit seinem Blut hat Jesus Christus unser Leben teuer losgekauft. Das bedeutet für uns, frei zu sein von dem Druck, *jemand sein zu müssen*, etwas zu *erreichen* oder zu *besitzen*, oder auch eine Fähigkeit *unter Beweis stellen* zu müssen, um geachtet und geliebt zu werden. Ob wir etwas aufweisen können oder nicht, wir sind geliebt und wertgeachtet.

Jesus hat Jennifer so sehr geliebt, daß er sich bereit erklärte, für sie am Kreuz zu sterben, damit sie eines Tages mit ihm das ewige Leben teilen und schon jetzt und hier ein erfülltes Leben haben könne. Wenn Jennifer wirklich so wertlos wäre, wie sie behauptet, würde dies bedeuten, daß alles, was Gott über seine Liebe zu den Menschen gesagt hat, nicht der Wahrheit entspräche.

Doch das Wort Gottes ist wahr. Jennifer mußte lernen, dieses Wort zu ergreifen. In den Augen Gottes ist Jennifer so wertvoll wie jeder andere Mensch auch. Der Wert eines Menschen ist nicht an Erfolg und großen Werken zu messen. Weder Leistung und Taten noch Liebe und Achtung anderer entscheiden über den Wert eines Menschen. Unser Wert kann einzig und allein an Gottes Wort gemessen werden: ». . . denn so sehr hat Gott die Welt geliebt.« *Gott liebt die Menschen.* Keine Umstände, keine noch so aussichtslos erscheinende Situation kann an dieser Tatsache etwas ändern. Betrug und Leid im Leben eines Menschen kommen nicht aus der Hand Gottes, sondern aus der Hand des Menschen.

Dem Gedanken, man selber sei ein Versager, liegt ein deutlicher Irrglaube zugrunde. In Wirklichkeit kommt es nur sehr selten vor, daß ein Mensch überhaupt nichts kann. Jennifer redete sich ein, ein Versager zu sein, weil sie ihre Verlobung nicht aufrechterhalten konnte. Doch das heißt noch lange nicht, daß sie deshalb auf jedem Gebiet ein Versager wäre. Das wäre eine grobe und falsche Verallgemeinerung.

Der Depressive sagt sich, seine Lage sei hoffnungslos. Jennifer sagte: »Er hat mich verlassen, darum bin ich nichts wert. Mein Leben hat jeglichen Sinn und Wert verloren. Wenn der Feind, der Teufel, einen Menschen erst einmal von der Lüge überzeugt hat, daß irgend etwas anderes als Jesus Christus die Grundlage des Lebens sei, wird der Mensch zur Freibeute eines Irrglaubens, der zerstörerische Qualen mit sich bringt.

Unser Leben ist sinnvoll, weil Gott uns liebt und wir ihm gehören. Wir sind weder abhängig von der Liebe eines anderen, von seiner Treue, Achtung und Rücksichtnahme, noch von seiner hingebungsvollen Zuwendung. Es ist sehr schön, Freunde und andere geliebte Menschen zu haben, doch entscheidet ihre Existenz nicht über unseren menschlichen Wert. Wenn Sie glauben, ohne einen bestimmten Menschen nicht leben zu können, oder daß Ihre Existenz vollkommen von einer anderen Person abhängig sei, begeben Sie sich selbst in eine Verwundbarkeit, die durch einen Irrglauben verursacht wurde. Wenn dieser Mensch Sie verläßt oder Sie aus irgendwelchen Gründen plötzlich allein dastehen, werden Sie wahrscheinlich so reagieren: »Mein Leben hat jeden Sinn und Wert verloren. Da ich X verloren habe, hat alles keine Bedeutung mehr. Seit X nicht mehr da ist, bin ich nichts mehr.«

Doch entspricht das nicht der Wahrheit. Sie reagieren nicht auf X und sein Fortgehen, sondern vielmehr auf Ihren eigenen Irrglauben. Wie oft hören wir beliebte Schlager, die auf lyrische Weise in die gleiche Richtung tendieren: »Du bist mein ein und alles. Ich brauche dich wie die Luft zum Atmen, ohne dich wär' mein Leben sinnlos und leer«. Die Liebesgeschichten auf Leinwand, Bildschirm und Illustriertenseiten behaupten, Liebe zeige sich darin, daß unser ganzes Leben und Glück von einer einzigen Person und deren Achtung und Zuneigung abhängig sei.

Der Drang zur Vergeltung aus der Haltung der Ichbezogenheit

Manche Menschen kämpfen gegen ihre Depressionen, indem sie sich sagen: »Bin ich etwa nichts? Und ob ich jemand bin! Niemand kann mich daran hindern, das zu tun, was ich will und für nötig halte. Ich will mich selbst verwirklichen. Ich werde die große Show meines Lebens abziehen. *Ich* bin die Hauptperson, *ich* stehe an erster Stelle. Schließlich lebt man nur einmal. *Ich* werde das Beste aus meinem Leben machen. Wenn *ich* mich nicht um mich selbst kümmere, wer wird es dann tun? Wenn du willst, lieb mich so, wie ich bin.

Diese Lebensphilosophie stellt eine große Gefahr dar, denn solange man selbst der große Star ist und ausschließlich sich selbst sieht, beraubt man sich der Möglichkeit, andere zu lieben.

Jesus Christus ist der Grundstein unseres Lebens, nicht wir selbst oder irgendein anderer Mensch. Wenn wir Gottes Kinder werden, *stirbt dieses große Ich*, und eine Veränderung – vergleichbar mit der erfrischenden Wirkung eines Morgenwindes – findet bei uns statt. Wir geben die Staffel aus der Hand: *Sein leuchtendes Ich* tritt an die Stelle unseres *alten Ich*. – Indem wir in unseren Selbstgesprächen abfällig über andere reden, werten wir unsere eigene Person ab. Wir können nicht den Wert anderer mindern und gleichzeitig uns selber überschätzen, ohne daß dies uns in Schwierigkeiten führt.

Einmal verletzt, immer verletzt

Wenn ein Mensch sich von anderen aufgrund eines Irrglaubens verletzt fühlt, (z. B.: »die andern sollen mich alle lieben und nett zu mir sein«) wird er häufig noch auf eine ganz andere Weise reagieren: Statt Ärger und Verletzung zuzugeben, sagt er sich: »So dumm werde ich nicht noch einmal sein. So etwas wird mir nicht mehr passieren.«

Vielleicht sagen Sie sich Dinge, deren Sie sich kaum bewußt sind, bis Sie einmal willentlich auf Ihre Selbstgespräche achten. Wenn ein Mensch von einem anderen abgelehnt wird, mag er denken, Ablehnung sei das Schlimmste, was es gibt. Natürlich ist es sehr unangenehm, abgelehnt zu werden, aber es ist nicht das Schlimmste auf der Welt.

Hören Sie auf Ihre Selbstgespräche und wagen Sie den Schritt, sich kühn und offen die Wahrheit zu sagen.

Die Wahrheit sieht so aus: »Ich gebe zu, daß dies sehr traurig ist und daß ich mir so etwas nie gewünscht hätte.« Achten Sie darauf, daß Sie sich der Situation ehrlich stellen und nicht sagen: »Es tut mir überhaupt nicht weh. Was macht es schon, daß er/sie sich von mir abgewandt hat?«

Wir wollen die Wahrheit sagen und nicht so tun, als seien wir als gefühlloses Wesen auf diese Welt gekommen. Wenn Sie sich in den Finger schneiden, sagen Sie ja auch »au«. Wenn Sie in Ihrem Herzen verletzt werden, sollen Sie ehrlich sagen: »Das hat mir weh getan.«

Doch sollte Ihr Selbstgespräch nicht mit diesem Eingeständnis enden. Viele Ratgeber sagen: »Geben Sie Ihren Schmerz zu« und schicken den Ratsuchenden fort. Wie aber sieht der nächste Schritt aus?

Sie gestehen sich Ihren Schmerz weiterhin ein. Wir wollen Ihnen noch andere Möglichkeiten zeigen, wie Lüge durch Wahrheit ersetzt werden kann, damit die Lüge keine Angst mehr erzeugt und der Heilung nichts mehr im Wege steht.

– Es geht mir tatsächlich schlecht. Die Situation ist zwar unangenehm, doch wird sie mir nicht zum Verhängnis.

– Mir wird kein bleibender Schmerz zugefügt, weil ich die Sache nicht auf sich beruhen lasse. Ich werde guten, heilsamen Schmerz zulassen, aber Angst, Trauer, Klage und Katastrophenstimmung werde ich nicht zulassen.

– Ich habe die Angelegenheit völlig unter Kontrolle. Gott hat mich als ein Wesen geschaffen, das gefühlsmäßig reagiert, und ich kann mich auch als solches akzeptieren. Doch Gott hat mir ebenso die geistliche Gabe der Selbstbeherrschung geschenkt. Deshalb werde ich meine Gefühle unter Kontrolle halten. Meine Gefühle werden nicht die Oberhand gewinnen.

– Ich ärgere mich. Dennoch kann ich meinen Ärger auf gesunde, biblische Art und Weise handhaben. Ich lüge mir nichts vor wegen meiner Gefühle, ich versuche auch nicht, sie zu unterdrücken oder zurückzuhalten. Ich bin auch nicht launisch. Ich wähle den Weg der Selbstbeherrschung.

Wenn wir einen für uns wichtigen Menschen oder eine bestimmte Sache verlieren, werden wir in jedem Fall Schmerz empfinden. Doch wenn unser Schmerz die Verzagtheit noch verstärkt und diese über mehrere Wochen anhält, ist der Grund hierfür nicht bei dem erlittenen Verlust, sondern bei unserem Irrglauben zu suchen. Zwei Arten von Irrglauben unterstreichen diesen Zustand von Verzweiflung:

1. Nicht Gott ist die Quelle des Lebens, sondern der Mensch.

Wenn wir über einen Verlust verzagt sind, gehen wir davon aus, daß der Mensch, den wir verloren haben, über unser Leben und Glück entscheidet.

Die Unwahrheit liegt im Ignorieren der Tatsache, daß nichts und niemand außer Gott diese entscheidende Funktion innehat. Das erste Gebot zeigt uns diese Wahrheit: Du sollst den Herrn, deinen Gott lieben und keine anderen Götter haben neben ihm. Diese Stellung ist nur Gott angemessen. Sie auf eine andere Person zu projizieren, bedeutet Götzendienst. Jeglichem Götzendienst liegen Täuschung und Irrglaube zugrunde. Der Apostel Jakobus schreibt: »Laßt euch nicht irreführen, . . . jede gute Gabe und jedes vollkommene Geschenk kommt von oben, vom Vater der Gestirne, . . .« (Jak. 1, 16–17). Diese wahrhaft guten und vollkommenen Geschenke kommen von nichts und niemand anderem als von Gott. Gott ist der Geber alles Guten und aller Liebe. *Er* ist es, der uns Beziehungen schenkt und uns segnet. Doch nun wollen wir uns der zweiten Art von Irrglauben zuwenden.

2. Weil ich X verloren habe, ist mein Leben sinnlos geworden.

Die Erfahrung läßt die Täuschung deutlich zutage treten. Viele von uns sagen sich, sie könnten *nicht ohne* einen bestimmten Menschen, eine Sache, ein bestimmtes Programm oder eine gewisse Vorstellung leben. Wird uns dieses innig geliebte »Etwas« genommen, erholen wir uns, welch Wunder, dennoch. Manche Menschen müssen ohne die Hilfestellungen, die hier vermittelt werden, noch bedeutend länger mit ihrem Leiden weiterleben. Sie beharren auf ihrem unzufriedenen, zerstörerischen Selbstgespräch: »Ohne X bin ich gar nichts«, obgleich diese Aussage im krassen Gegensatz zur Bibel steht.

Doch viele, die einen Verlust erlitten haben, finden nicht nur bald ihr Gleichgewicht zurück, sondern entdecken auch befriedigende und interessante Alternativen für ihr Leben. »Ich hielt meine Gesundheit für unentbehrlich«, sagte einmal ein Ex-Fußballstar. »Als ich das verloren hatte, von dem ich glaubte, daß es so wesentlich für mein Leben sei, wollte ich nur noch sterben.« Der gutaussehende Ex-Sportler wurde in einen Autounfall verwickelt und verlor beide Beine. Er entdeckte jedoch, daß er noch viele andere Interessen auf den verschiedensten Gebieten hatte. Er beendete die Hochschule mit Auszeichnung und wurde ein begabter Musiker. Heute ist er verheiratet und als Biologe tätig. Obwohl das Leben für ihn als Behinderter sehr schwierig ist, lassen ihn seine Schwierigkeiten dennoch nicht verzagen oder hilflos werden.

Ein berühmter Künstler wurde im Zweiten Weltkrieg in ein Gefängnis der Nationalsozialisten geworfen. Als bekannt wurde, daß er ein Künstler war, schlugen ihm seine Peiniger die rechte Hand ab. Diese Grausamkeit hätte sein Ende bedeuten können, doch lernte er bald, die linke Hand zu gebrauchen und mit ihr zu zeichnen. Er begann eine große Karriere als produktiver und hochbegabter Künstler.

Ein Mensch kann Gesundheit, Ruf, Augenlicht, Gehör, Beine, Arme, ja selbst seine Familie, Geld, Zuhause, körperliche Aktivitäten, Lebensziel und Pläne verlieren und sich dennoch wieder von dem Erlebten erholen und weiterhin ein lohnendes, sinnvolles Leben führen.

Wenn Sie einen Verlust in Ihrem Leben erleiden, werden Sie in jedem Fall den Stachel des Unglücks empfinden. Der Schlüssel zur Gesundung liegt darin, sich nicht länger einzureden, daß irgend etwas oder irgend jemand so wichtig sei, daß man ohne es beziehungsweise ihn nicht leben könne. Sie werden *weiterleben.* Auch haben Sie keineswegs an persönlichem Wert eingebüßt. Martin Luthers großer Hymnus konfrontiert den Irrglauben mit der Wahrheit, die jeder Erfahrung standhält:

> Nehmen sie den Leib,
> Gut, Ehr, Kind und Weib,
> Laß fahren dahin,
> Sie habens kein' Gewinn,
> Das Reich muß uns doch bleiben.

Ein Teil des Selbstgespräches aller Depressiven beinhaltet die Behauptung: »Die Zukunft sieht hoffnungslos aus«. Nachdem sie ihren Verlobten verloren hatte, sagte sich Jennifer, sie müsse nun den Rest ihres Lebens ohne Ehe und Familie auskommen, und falls sie noch andere nette Männer träfe, würde sie niemals mehr in der Lage sein, eine neue Verbindung einzugehen.

Der Depressive wird immer glauben, ohne das im Augenblick Unerreichbare niemals mehr glücklich werden zu können. Jennifer redete sich ein, ohne Ehe kein Glück im Leben zu finden. Diesem Irrglauben erliegen viele Ledige. »Nur in der Ehe werde ich völlige Erfüllung finden.« Wenn sich diesem Satz Gedanken anschließen wie: »Ich werde niemals heiraten, ich werde auch nie von jemandem geliebt werden«, hat das zwangsläufig Schwierigkeiten zur Folge. Solch ein Mensch wird sich sagen: »Ich habe vom Leben nichts als Enttäuschungen zu erwarten und werde ewig unerfüllt bleiben.«

Bei genauer Betrachtung dieser Worte werden Sie die irrigen Überzeugungen bald deutlich erkennen. Zunächst einmal gilt, daß niemand mit Sicherheit die Zukunft voraussagen kann, am wenigsten ist jedoch ein Mensch dazu in der Lage, dessen Gedanken durch schmerzvolle Depressionen beeinträchtigt sind. Wir können weder vorhersagen, daß alle Ereignisse glücklich und bereichernd ausfallen werden, noch können wir voraussagen, daß alles Kommende traurig und verzweifelt aussehen wird.

Jeder Augenblick des Lebens setzt sich zusammen aus Erfreulichem und weniger Erfreulichem, aus Wünschenswertem und weniger Wünschenswertem. Einiges wird befriedigender ausfallen, als wir zunächst angenommen haben, anderes jedoch schlimmer ausgehen als erwartet. Die Behauptung, das Leben sei grundsätzlich schrecklich, ist absolut irrig.

Tatsächlich sieht es so aus, daß jeder Depressive glaubt, niemals mehr aus seinem Zustand der Niedergeschlagenheit herauskommen zu können. Die Wirklichkeit zeigt jedoch, daß sich *praktisch alle wieder* von ihrer Depression *erholen.* Es erweist sich immer als hilfreich, dem Depressiven die Besserung seines Zustandes vorauszusagen, ob Sie nun selbst der Depressive sind oder einem Ratsuchenden zur Seite stehen. Diese Behauptung kann man deshalb wagen, weil der positive Ausgang der Depression sehr wahrscheinlich ist. Reden Sie mit sich selbst die Wahrheit und sagen Sie: »Obgleich ich keine Hoffnung sehe, ist die Besserung meines Zustandes gesichert. Gott sei es gedankt, daß das Gefühl der Depression nicht ewig auf mir lasten wird.«

Schließen Sie sich doch folgendem Gebet an:

»Ich danke dir, Herr, daß du mir Gefühle gegeben hast. Ich bin dankbar dafür, daß ich sowohl Schmerz als auch Freude empfinden kann. Danke, daß du mich davon befreit hast, ein Opfer meiner Emotionen zu sein. Danke, daß du dich so um mich kümmerst, auch wenn mir dies manchmal nicht bewußt ist.

In der Kraft des Namen Jesu beschließe ich jetzt, auf meinen Irrglauben zu verzichten und mit mir selbst die Wahrheit zu sprechen. Im Namen Jesu, Amen.«

FÜNFTES KAPITEL

Irrige Überzeugungen, die Ärger und Wut bewirken

Marilyn grollte ihrem Mann schon seit Jahren. Schließlich sagte sie sich: »Ich halte es nicht mehr länger aus. Ich vergeude meine Zeit mit ihm.« Ihr Mann war Pastor. Von der Kanzel herunter ermahnte er, der brüderlichen Liebe Raum zu geben, demütig zu sein und seinen Nächsten höher als sich selbst zu achten. Zuhause fand er jedoch überall Fehler, beklagte sich, machte beißende Bemerkungen und verglich seine Frau mit jüngeren, attraktiveren Frauen. Sie empfand sich als nichtssagend, voller Mängel und reagierte mit Verärgerung. Marilyn sagte niemandem etwas von dem, was sie empfand, obwohl es viele Anhaltspunkte gab, die auf ihren Ärger und ihre Verletzung schließen ließen.

Woche für Woche saß sie auf ihrem Platz in der Kirche und hörte den Predigten ihres Mannes zu, wobei sie jedesmal eine innere Zerrissenheit spürte und ihr ganzer Körper unter starker Anspannung litt. Nach und nach stellten sich Kopfschmerzen ein, die sie zwangen, sich hinzulegen. Oft weinte sie vor Schmerzen. Jack, ihr Mann, betrachtete die Kopfschmerzen als einen Trick, die Aufmerksamkeit auf sich zu lenken. Er predigte über Liebe und Vergebung und stand der Gemeinde als liebevoller Ratgeber zur Seite, doch zuhause war er ungeduldig, kritisch, manchmal sogar grausam. Sein Verhalten in der Kirche unterschied sich erheblich von seinem Verhalten zuhause.

Die Jahre vergingen: Marilyn und ihr Mann zeigten sich weiterhin in der Öffentlichkeit als glückliches Paar, obgleich es um sie bedeutend schlechter stand als um so manches Ehepaar, das bei ihnen Rat und Hilfe suchte.

Viele Christen versuchen, Ärger und Zorn als ein rein sittliches Problem zu sehen. Eine nette kleine Sonntagsschullehrerin mag zu ihren Kindern sagen: »Zorn ist etwas Böses, Zorn bedeutet Sünde, und ihr sollt nicht zornig sein, Kinder!«

Der Moralist wird sagen: »Wir müssen den Ärger aus unserem Leben verbannen. Entledigen Sie sich des Ärgers, und Sie werden ein glücklicher Mensch.«

Doch so einfach ist es nicht, mit dem Problem des Ärgers umzugehen. So wenig wir uns unserer Steuern entledigen können, auch wenn wir uns dies vielleicht noch so sehr wünschen, so wenig können wir uns unseres Ärgers entledigen. Wie die Form unserer Nase und die Farbe unserer Haare ist auch der Ärger Teil unserer menschlichen Natur.

Es besteht ein Unterschied zwischen dem Ärger, den man lediglich selbst empfindet, und dem Ärger, den man einer anderen Person gegenüber zum Ausdruck bringt. Ebenso besteht ein Unterschied zwischen Anmaßung und Aggression, zwischen der Fähigkeit zur ehrlichen Äußerung und einer vorwurfsvollen Haltung.

Marilyn glaubte, durchaus das Recht zu haben, ihrem Mann gegenüber sehr ärgerlich zu sein. Sie glaubte auch, an ihrem Ärger festhalten zu können, solange Jack sich nicht bereit erklären würde, sein Verhalten zu ändern. Auf diese Weise ruinierte sie nicht nur ihre innere, sondern auch ihre äußere Gesundheit.

Nicht nur Marilyn, sondern auch Jack stellten bestimmte Erwartungen aneinander. Jeder glaubte mit Recht die Erfüllung dieser Erwartungen zu fordern.

Für Marilyn war folgendes Selbstgespräch kennzeichnend:
1. Es war schockierend und zugleich unerträglich, von ihrem Pastorenehemann derart unfair behandelt zu werden.
2. Sie hatte das Recht, von ihrem Mann zu fordern, daß sie und die Kinder liebevoll, zärtlich, rücksichtsvoll und freundlich behandelt würden.
3. Da Jack ihr Ehemann war, *schuldete* er ihr Liebe. Er sollte sich so verhalten, wie die Bibel es von den Männern fordert, d. h. er sollte seine Frau so lieben, wie Christus die Gemeinde geliebt hat.
4. Es war unerträglich, von ihrem Mann kritisiert und mit anderen Frauen verglichen zu werden. Dieses Verhalten war furchtbar, empörend, einfach unerträglich.

Die Kopfschmerzen gaben ihr Anlaß, im Zentrum für Christliche Psychologie Rat zu suchen. Dr. Backus sagte ihr, nachdem er einige Symptome feststellen konnte: »Marilyn, es klingt gerade so, als glaubten Sie, Sie hätten das Recht, von Jack zu fordern, ein guter Ehemann zu sein.« Marilyn war überrascht und erwiderte: »Selbstverständlich, Herr Doktor. Glauben Sie etwa nicht, daß es so ist?« – »Als Sie heirateten, erwarteten Sie, einen freundlichen, rücksichtsvollen, achtsamen Mann zu bekommen. Doch können diese Erwartungen durchaus keine Garantie von Gott sein, daß sich Ihr Mann auch dementsprechend verhält.« – »Aber warum denn nicht? Ich bin *ihm gegenüber doch auch rücksichtsvoll.* Ich nehme Rücksicht auf seine Gefühle. Ich vergleiche ihn nicht mit anderen Männern. Ich helfe ihm, seine Persönlichkeit zu entfalten. Ich bin freundlich zu ihm. Warum kann er mich nicht genauso freundlich behandeln?« – »Ich weiß nicht, aus welchem Grunde Jack sich so verhält. Ich sehe nur deutlich, daß es Ihnen nicht gelungen ist, ihn zu verändern.« – »Aber ich kann es nicht länger aushalten!«

Marilyn war den Tränen nahe und preßte ihre Hand gegen die Stirn, um damit anzudeuten, daß sie wieder unter Kopfschmerzen zu leiden hätte.

»Es kommt selten vor, Marilyn, daß Menschen sich so verhalten, *wie sie sollten*, nur weil wir es von ihnen erwarten. Sehr selten stellt ein Ehemann oder eine Ehefrau seine beziehungsweise ihre Verhaltensweise von einem Tag zum andern um, nur weil der Partner es so wünscht.« »Aber er sollte wenigstens praktizieren, was er predigt! Sollte er nicht mit seiner Nächstenliebe zuhause beginnen? Wie verhält es sich mit dem, was er seiner Gemeinde über Demut und Liebe erzählt? Manchmal möchte ich am liebsten laut loslachen, wenn ich ihn predigen höre.«

Jetzt liefen ihr die Tränen übers Gesicht und ihre Hände krampften sich zusammen.

Wir wollen das Verhalten ihres Mannes nicht entschuldigen, doch sollte Marilyn unterscheiden zwischen dem, wie ihr Mann *sein sollte* und dem, wie er *wirklich ist*. Es ist nicht schwer, eine Differenz festzustellen zwischen dem, was *geschehen sollte* und dem, was *tatsächlich geschieht*. Wir leben in einer Welt voller Sünde. Die Bibel spricht sehr realistisch davon: »Es gibt nicht einen Gerechten auf Erden, der Gutes tut und nicht sündigt.« Wir werden nirgends ein Stück Erde finden, das vollkommen und ohne Sünde wäre.

Dennoch verursachen viele Menschen bei sich selbst Kopfschmerzen, Magengeschwüre und einen zu hohen Blutdruck aufgrund der Tatsache, daß andere nicht fehlerfrei sind. Sie verwechseln den Zustand der Umwelt wie er *sein sollte* mit dem, wie er *tatsächlich ist*. Wann immer sie ein Mensch unfair behandelt, sprechen sie sich selbst das Recht zu, ärgerlich zu werden und in diesem Ärger zu verharren.

»Was hat es für einen Sinn, Marilyn, wenn Sie sich sagen, wie Jack *sein sollte*?« Marilyn hörte ganz unglücklich zu. »Jahre der Enttäuschung über seine Fehler haben nichts geändert, sondern Sie sind nur unglücklich dabei geworden. Meinen Sie nicht, daß es an der Zeit wäre, mit sich selbst die Wahrheit zu reden?«

Sie kniff die Augen zusammen. »Was heißt das?« »Das heißt, daß es keine Rolle spielt, wie Jack *sein sollte* oder was Sie meinen, wie er Sie *behandeln sollte*. *Tatsache ist*, daß er Sie und die Kinder auf eine Art und Weise behandelt, die Sie als unfair und unentschuldbar empfinden. Statt sich permanent einzureden, wie schrecklich Ihr Leben doch sei und wie wenig lebenswert, könnten Sie sich jetzt in diesem Augenblick entscheiden, sich nicht länger durch sein Verhalten aus der Fassung bringen zu lassen.«

»Aber er behandelt jeden Menschen besser als mich, selbst den Organisten, den Chordirigenten, den Sonntagsschullehrer und die Frauen der Kirchenältesten. Was meinen Sie damit, wenn Sie sagen, ich ließe mich aus der Fassung bringen?«

Es war nicht das Verhalten ihres Mannes, sondern vielmehr ihr eigenes Selbstgespräch, das Marilyn außer Fassung geraten ließ.

»Nehmen Sie einmal an, Sie würden aufhören, sich immer wieder zu sagen, wie furchtbar es doch ist, daß Ihr Mann Sie nicht so behandelt, wie Sie es sich wünschen. Nehmen Sie einmal an, Sie würden sich sagen, es sei sinnlos, sich über Dinge, die Sie doch nicht haben ändern können, derart aufzuregen, auch wenn Ihr Mann Sie nicht Ihren Wünschen entsprechend behandelt und die Lage wirklich unangenehm ist.«

Sie schwieg. »Viele Menschen konnten trotz wirklich unliebsamer Situationen gut weiterleben. Kaum ein Mensch führt ein Leben, das bis ins Kleinste hinein seinen Wünschen entspricht.« »Ja, ich weiß von vielen Ehen, die große Schwierigkeiten haben.« »Beinahe die Hälfte aller Eheschließungen endet mit einer Scheidung und ein Großteil der übrigen hat viele Probleme.«

»Wenn Sie sich einreden, eine absolut perfekte Ehe zu brauchen, um nicht unglücklich zu sein, reden Sie sich einen Irrglauben ein.«

Marilyn lernte, ihren Ärger loszulassen und wurde frei von ihren Kopfschmerzen, als sie anfing, ihre Selbstgespräche neu zu gestalten. Sie kannte den Unterschied zwischen Wahrheit und Irrglauben. Wir fügen hier eine Seite ihres Notizbuches bei:

Irrglaube	Wahrheit
1. Es ist schrecklich, einen Mann wie Jack zu haben.	1. Jack ist der mir von Gott gegebene Ehemann. Obgleich es mir lieber wäre, wenn er sich anders verhielte, kann ich doch mit ihm zusammenleben, ohne ständig Forderungen zu stellen. Er kann sie sowieso nicht erfüllen.
2. Ich kann mit Jack, so wie er ist, nicht glücklich sein.	2. Es wäre schön, wenn er sich ändern würde, doch ist das für mein persönliches Glück nicht ausschlaggebend.
3. Ich halte es nicht mehr länger aus.	3. Ich kann ein zufriedenstellendes und glückliches Leben führen, selbst wenn Jack mich anders behandelt, als ich es wünsche. Mein Leben kann erfüllt und voller Freude sein, auch wenn er sich nie ändern wird.
4. Ich vergeude mein Leben.	4. Ich vergeude mein Leben nicht. Ich vertraue Gott, daß er in Jacks Herzen wirkt und den Menschen aus ihm macht, den er sich

wünscht. Ich vertraue Gott auch,
daß er in meinem Herzen wirkt
und mich nach seinem Willen gestaltet.

Marilyn sah der Realität offen ins Gesicht. Sie erkannte, daß das Verhalten
ihres Mannes *nicht schrecklich* war, obgleich es ihren Wünschen wider-
sprach. Sie lernte, unrealistische Erwartungen an anderen zu erkennen. Es
bedeutet noch lange keine Katastrophe, wenn andere Menschen weder achtsam und freundlich noch rücksichtsvoll sind. Es ist lediglich unangenehm.

Wenn das Verhalten ihres Mannes ihr gegenüber keine Quelle des Glücks
bedeutete, dann hätte sie andere, lohnende Aktivitäten, andere Betätigungs-
felder im Leben finden können, die für sie Befriedigung bedeuten würden. Sie
war nicht abhängig davon, ob ihr Mann sie glücklich machte durch ein
Verhalten, das ihrem Wunschbild entsprach. Sie hätte ihn so nehmen können, wie er wirklich war.

Anfangs war es doch recht schwierig. Marilyn hatte lange Zeit mit dem
Schuldgefühl ihres Ärgers gelebt. Doch in dem Maße, in dem sie nach und
nach ihre Einstellung zu sich selber veränderte, verringerten sich die Gefühle
der Schuld und des Ärgers. Sie begann, nach den positiveren Eigenschaften
ihres Mannes Ausschau zu halten und lernte, Dinge bei ihm zu schätzen, die
sie früher nie gesehen hatte. Bedingt durch das neue, andersartige Verhalten
Marilyns, fing Jack an, sich an ihrer Gegenwart zu erfreuen. Jahrelang hatte
er ihre Mißbilligung gespürt und sich als Reaktion auf ihr Verhalten eine Art
Selbstschutz durch Kritik aufgebaut. Als Marilyn ihre anklagende Haltung
ihm gegenüber aufgab, ließen Jacks Kritik und Rücksichtslosigkeit spontan
nach.

Häufig, doch nicht immer, erfahren menschliche Beziehungen eine dra-
matische Wende, sobald der eine Teil von seinem Irrglauben läßt, einem
Irrglauben, der so viel Bitterkeit und Ärger verursacht und in den meisten
Fällen zur Verhärtung geführt hatte.

Immer jedoch wird derjenige, der seinem Irrglauben absagt, selbst gesegnet werden, auch wenn der andere sich nicht ändert.

Ständiges Verharren im Irrglauben bewirkt Ärger und tiefsitzenden Groll.
Verharren in der Wahrheit hingegen bewirkt Frieden und Gesundheit.

Irrglaube über Ärger und Zorn

1. Zorn ist etwas Schlechtes. Wenn ich ein guter Christ bin, werde ich niemals zornig sein.
2. Zorn bedeutet, laut loszuschreien, Gegenstände um sich zu werfen oder
entsprechende Dinge zu tun, um seinen Gefühlen freien Lauf zu lassen.

46

3. Wenn ich ärgerlich werde, ist es besser, meinen Ärger herunterzuschlukken, als ihn zu äußern.
4. Ich habe ein volles Recht darauf, ärgerlich zu sein, wenn ein anderer nicht meinen Anforderungen entspricht. Es bleibt mir nichts anderes übrig, als in meinem Ärger zu verharren, solange die Umstände sich nicht ändern.
5. Es ist unerhört und unerträglich, wenn andere sich nicht nach meinen Wünschen richten oder mich nicht so behandeln, wie sie eigentlich sollten.

Vielleicht entdecken Sie den einen oder anderen Irrglauben bei sich selber. All diese Einstellungen drücken Lüge und Verzerrung aus. Jeder einzelne Irrglaube hat die Macht, erhebliches Leid hervorzurufen. Die Wirklichkeit sieht so aus:

Wahrheit über Ärger und Zorn

1. Zorn ist nicht grundsätzlich schlecht.

Ganz im Gegenteil kann Zorn etwas Normales sein und in entsprechenden Situationen eine ganz bestimmte Bedeutung haben. Erinnern Sie sich daran, daß auch Jesus zornig werden konnte. Das bloße Gefühl von Ärger und Zorn muß nicht immer negativ oder gar ein Zeichen von Lieblosigkeit sein. Nur die im Zorn begangene Tat ist von sittlicher Bedeutung. Paulus schreibt: »Laßt euch durch den Zorn nicht zur Sünde hinreißen! Die Sonne soll über eurem Zorn nicht untergehen.« (Eph. 4,26) Aus der Wendung: »Laßt euch durch euren Zorn nicht zur Sünde hinreißen«, ist deutlich zu erkennen, daß wir Zorn empfinden dürfen. Paulus sagt uns, daß Zorn – für sich betrachtet – nichts Schlimmes ist. Lediglich unsere aus dem Zorn resultierende Handlung kann zur *Sünde werden*. Wir dürfen nicht am Ärger festhalten und in grollenden, zermürbenden Selbstgesprächen verharren. Paulus rät uns, unseren Ärger sofort in Angriff zu nehmen.

2. Manchmal ist es besser, dem eigenen Ärger Ausdruck zu verleihen.

Es wird immer Zeiten geben, in denen der Herr möchte, daß wir unsere Empfindungen zum Ausdruck bringen, wie auch Jesus es bei verschiedenen Gelegenheiten tat. Jesus war beispielsweise sehr zornig über die Tatsache, daß im Tempel Handel getrieben wurde. Er sah, wie gottlose Menschen gottlosen Profit an heiligem Ort trieben. Diese Mißachtung des Gotteshauses machte ihn zornig.

Wie wir aus dem Beispiel Jesu erkennen, kann es manchmal auch ein Zeichen der Liebe sein, einem anderen offen einzugestehen, daß sein Verhalten Ärger in uns bewirkt hat. In Matthäus 18, 15–17 können wir nachlesen, wie schnell wir in Situationen des Ärgers reagieren sollen: »Wenn dein Bruder sündigt, dann geh zu ihm und weise ihn unter vier Augen zurecht.« Das heißt nicht, daß wir ihn anschreien, verklagen, mit Dingen nach ihm werfen und Türen zuschlagen sollen, damit er endlich versteht, was geschehen ist. Es bedeutet einfach, daß wir ihm sagen: »Was du getan hast, hat mir weh getan und ich habe mich darüber geärgert. Ich möchte, daß du damit aufhörst.«

3. *Zornig sein bedeutet nicht, laut zu schreien, handgreiflich zu werden oder irgendwie undiszipliniert zu reagieren.*

Forschungen auf dem Gebiet der Aggression (Bandura, Bandura & Walters) haben ergeben, daß Aggressionen stärker werden, wenn das eben erwähnte Verhalten in irgendeiner Weise unterstützt wird. Die Aggression wird dadurch nicht etwa abgebaut. Die »Dampfkesseltheorie« mancher Psychotherapeuten besagt, daß Emotionen mit Dampf in einem Dampfkessel zu vergleichen seien, die möglichst kraftvoll herausgelassen werden müßten, um so eine schadhafte Explosion zu vermeiden.

Diese Behauptung ist aufgrund praktischer Erfahrung nicht belegbar. Unsere Emotionen sind weder ein Gas noch eine Flüssigkeit, die ausgestoßen werden müßten, um zu verhindern, daß wir durch eine Explosion in tausend Stücke zerrissen würden.

Zorn drückt sich in unserm Verhalten aus. Zorn oder Ärger ist die Reaktion unseres Körpers und unseres Geistes auf einen Reiz. Verschwindet der Reiz, läßt auch die ärgerliche Reaktion nach. Das bedeutet: Wenn wir uns nicht mehr länger sagen, wie unfair und ungerecht man uns doch behandelt hat und wie schlecht es uns deshalb jetzt geht, läßt auch die Wirkung des Reizes nach.

Wenn der Ausdruck unseres Zornes in Form von lautem Geschrei und Handgreiflichkeiten für unsere geistige Gesundheit von positiver Bedeutung wäre, würde sich das Wort Gottes irren, das uns zur Disziplin und Selbstbeherrschung ruft. Das heißt nicht, daß wir unseren Ärger herunterschlukken und vorgeben sollen, alles sei in Ordnung, wenn es sich offensichtlich nicht so verhält. Manchmal ist es gesünder, klüger und auch liebevoller zu sagen: »Ich habe mich gerade sehr geärgert und möchte darüber sprechen, weil ich denke, daß es uns beide betrifft.«

4. *Ich habe kein Recht darauf, mich zu ärgern,*
wenn ein Mensch nicht so lebt, wie ich es von ihm erwarte.
Es liegt an mir, ob ich an meinem Ärger festhalte.

Wie viele Christen bitten Gott fortwährend, er solle sie von ihrem Zorn befreien. Sie bitten immer wieder um Vergebung und bekommen diese auch zugesprochen, bemerken aber nicht, daß sie zwischen ihren Gebeten schlimme Selbstgespräche führen. »Natürlich ärgere ich mich«, sagt vielleicht jemand, »solange Soundso mich derart schäbig behandelt.«

Es muß nicht unbedingt eine Verbindung zwischen dem Verhalten anderer Menschen und Ihrem Ärger bestehen. Es spielt keine Rolle, wie unfair, ungerecht und rücksichtslos ein anderer sich Ihnen gegenüber auch benommen haben mag; die Wurzel Ihres Ärgers ist in Ihrem Selbstgespräch zu suchen. Ein bestimmter Psychologe rät seinen Patienten, sie sollten sich im Ärger folgenden Sachverhalt vor Augen halten: »*Ich verursache meinen Ärger selbst!*« Niemand kann Sie zwingen, sich über anderer Leute Verhalten aufzuregen. Sie tun es sich selbst an. Um noch einen Schritt weiter zu gehen: Sie bewirken Ärger und Zorn durch die Art Ihrer Selbstgespräche.

Sie veranschaulichen sich selbst durch Worte, Bilder und Verhaltensweisen den Gegenstand Ihres Ärgers. »Es ist doch wirklich fürchterlich, wie Jim mich immer warten läßt.« – »Es ist doch einfach unerhört, daß mich das Rasenmähen und Harken der Blätter solange aufhält, während sie drinnen sitzt und Kaffee trinkt.« – »Ich könnte verrückt werden, wenn ich sehe, wie ihr Hund besseres Essen bekommt als ein Großteil der Menschen auf dieser Erde.«

Wenn Sie einem zornigen Menschen Rat geben sollen oder wenn Sie versuchen, mit Ihrem eigenen Ärger fertig zu werden, ist folgende Frage sehr wichtig: »Warum suche ich den Grund für meine Verletzung bei einem anderen Menschen, wenn ich doch der einzige bin, der für meinen Ärger verantwortlich ist und es auch nur an mir liegt, daß der Ärger nicht verschwindet?«

Wenn ich mich ärgere, sage ich mir, daß die Rede- und Handlungsweise des anderen ganz und gar unpassend und meinen Erwartungen zuwider ist. Daraus folgt dann die Behauptung, alles sei fürchterlich, unerhört, einfach schlimm. Nur mit Hilfe völlig irrationaler Gedanken lassen sich solche Behauptungen aufstellen, weil sie in sich bereits völlig irrational sind.

In Wirklichkeit sehen die Dinge überhaupt nicht fürchterlich aus. Natürlich ist es unangenehm, wenn die Umstände anders verlaufen, als Sie es gerne hätten. Wenn jemand ein unfreundliches Wort zu Ihnen sagt, ist das wenig angenehm. Es ist aber weder furchtbar noch unerhört.

5. Es ist weder schrecklich noch ungewöhnlich, wenn andere Menschen Dinge tun, die ich nicht schätze, oder wenn sie mich weniger gut behandeln als ich sie.

Wir vergeuden eine Menge Zeit, Energie und Gedanken, wenn wir über die Beleidigungen, die uns zugefügt werden, grübeln. Nach dem Wort Gottes haben wir alle gesündigt. Menschen, die immer wieder darüber nachdenken, wie andere sie behandeln sollten, können nicht differenzieren zwischen dem, was *sein sollte* und dem, was tatsächlich *ist*.

Es wäre schön, wenn jeder liebenswert, rücksichtsvoll achtsam, freundlich und fair wäre. Die Bibel warnt uns zwar davor, im anderen von vornherein eine sündige Haltung zu erwarten, denn jeder Mensch hat die freie Wahl. Aber Gott sagt seinen Kindern auch: »Ihr sollt vollkommen sein, wie auch ich vollkommen bin«, und *nicht*: »Versuche alles, damit deine Umwelt vollkommen wird.« Gottes Vollkommenheit beinhaltet seine allumfassende Vergebung und unermeßliche Geduld. Die große Liebe Gottes und sein Erbarmen mit uns hat Jesus ans Kreuz geschlagen, sodaß er für uns starb, als wir noch Sünder waren. (Röm. 5,8) Als Teil seiner Vollkommenheit in uns erwartet Gott daher auch von uns allumfassende Vergebung und Geduld.

Je besser Sie einen Menschen kennenlernen, desto stärker werden Ihnen wahrscheinlich seine Unzulänglichkeiten bewußt werden. Je intensiver Sie auf die negativen Eigenschaften schauen, desto mehr werden Sie zu kritisieren finden und darüber sehr unglücklich sein. Auch bei Ihren Eltern, Ihren Geschwistern, Ihrem Ehepartner, Ihren Kindern und Freunden werden Sie immer etwas finden, was Ihnen mißfällt. Höchstwahrscheinlich werden Sie bei jedem Menschen etwas entdecken, was Sie am liebsten ändern würden.

Die Menschen, mit denen Sie Umgang haben, werden durchaus nicht immer freundlich, gerecht, liebevoll und zuvorkommend Ihnen gegenüber sein. Sie selber verhalten sich auch nicht in jeder Lage absolut fehlerfrei. Doch Ihr himmlischer Vater liebt Sie trotzdem. Sie haben die Möglichkeit, Ihr Selbstgespräch zu ändern und die Menschen in Ihrer Umgebung zu lieben und anzunehmen. Sie können sie genauso annehmen, wie Gott es tut. (Gott akzeptiert nicht die Sünde, sondern er liebt den Sünder.) Gott liebt die Sünder durch und durch und sandte Jesus, um für sie am Kreuz zu sterben, so daß sie Gott erkennen und von der Strafe für ihre Sünden errettet würden.

Ärger als eine normale Form der Gemütsäußerung

Die einfache, spontane Äußerung des Ärgers ist völlig normal. Ärger, der sich jedoch in Wut entlädt oder in Bitterkeit verschließt, ist Sünde und kann nicht geduldet werden. Die Bibel beschreibt den Ärger auf zweierlei Weise: »Laßt euch durch den Zorn nicht zur Sünde hinreißen« (Eph. 4-20) und »Der Mensch . . . sei nicht schnell zum Zorn bereit; denn im Zorn tut der Mensch nicht das, was vor Gott recht ist« (Jak. 1-19).

Ärger muß nicht immer Sünde sein. Wir haben bereits erwähnt, daß auch Jesus gelegentlich zornig wurde. »Und er sah sie der Reihe nach an, voll Zorn und Trauer über ihr verstocktes Herz, und sagte zu dem Mann: »Strecke deine Hand aus! Er streckte sie aus, und seine Hand war wieder gesund« (Mk. 3,5). Niemandem wird es je gelingen, gänzlich ohne Ärger auszukommen.

50

Ärger als Problem

Ärger weitet sich zum Problem aus, sobald er durch einen Irrglauben vertieft wird und häufig dann chronischen Charakter annimmt. Dieser Irrglaube kann beispielsweise so aussehen: »Ich darf niemals ärgerlich oder zornig werden.« Diese falsche Einstellung führt zur Selbsttäuschung: »Ich bin nicht ärgerlich«, wenn man ganz offensichtlich eine feindliche Haltung angenommen hat und andere sogar verletzt. Der innere Konflikt und das destruktive Verhalten wird dann nur noch schwerer erkennbar und kaum unter Kontrolle zu halten sein. Daraus folgt dann eine noch größere Selbsttäuschung und schließlich eine neurotische Verhaltensweise.

»Ich ärgere mich *nicht*. Ich bin ein guter Mensch, der verzeiht«, sagt der Verbitterte mit knirschenden Zähnen. Obgleich er innerlich wütend ist, lächelt, ja lacht er und spricht freundliche Worte. Er weigert sich, der Wahrheit ins Gesicht zu sehen.

Christen sind oft Zielscheibe solcher Täuschungen. Viele Christen denken, sie müßten gute Menschen sein, die immer lächeln, Menschen, die über allem stehen und immer glücklich sind, wie die Lage auch aussehen mag. Wenn sie sich verletzt fühlen und wirklich ärgerlich reagieren, versuchen sie, diesen Ärger zu verstecken und ihn mit frommen Worten, Lächeln, Achselzucken oder Schweigen zu verschleiern.

Hierfür sind Jack und Marilyn, von denen wir am Anfang dieses Kapitels berichtet haben, ein anschauliches Beispiel. Jack grollte Marilyn wegen ihrer offenkundigen Mißbilligung. Er empfand, daß sie jedes einzelne Wort und jede Handlung an ihm negativ beurteilte. Das bewirkte in ihm Unwohlsein und Ärger. Er sprach mit seiner Frau nicht über seine Gefühle, aber aus seinem Verhalten konnte man ablesen, wie ärgerlich, verletzt und verbittert er war. Er empfand ihre Mißbilligung so stark, daß er jede Gelegenheit nutzte, um ihr zu zeigen, daß auch sie nicht fehlerfrei sei. Die Mißverständnisse häuften sich, zwischen ihnen türmten sich Mauern auf. Keiner von beiden konnte offen über seine Verletzungen und seinen Ärger sprechen. Ihr feindseliges Verhalten war boshaft und gemein.

Sowohl Jack als auch Marilyn weigerten sich, ihren Ärger einzugestehen, weil sie die Vorstellung hatten, Ärger bedeute, laut zu schreien, mit Dingen um sich zu werfen oder irgendeine bestimmte Form von Brutalität zu äußern. Es kam zur Selbsttäuschung, weil sie sich einbildeten, ihr ärgerliches Verhalten und ihre bitteren, aufgebrachten Worte seien nicht durch Ärger verursacht worden. Jack gestand: »Ich habe Marilyn nicht geschlagen und nicht angeschrien. Ich dachte daher, ich hätte die Gabe der Selbstbeherrschung. Doch wahrscheinlich war das, was ich getan habe, schlimmer, als wenn ich geschrien hätte oder sogar handgreiflich geworden wäre. Ich habe sie durch meine scharfe Zunge wirklich schmählich behandelt. Anders habe ich überhaupt nicht mit ihr gesprochen. Ich habe mich ohne ein Wort zu sagen schweigend zurückgezogen.«

Neben der Gewalttätigkeit ist Schweigen eine furchtbare Art, seinen Ärger auszudrücken. Die Äußerung des Ärgers in Form von lautem Geschrei, Zerschmeißen von Gegenständen und Aufstampfen mit den Füßen ist genauso gefährlich wie die Weigerung, seinen Ärger überhaupt einzugestehen. Wer sagt, »unterdrücke deinen Ärger nie«, schießt am Ziel vorbei. Es gibt durchaus einen guten Weg, seinem Ärger Ausdruck zu verleihen. Gewalttätige Ausbrüche sind allerdings nicht der Weg. Die Haltung »alles in jedem Fall herauszulassen«, wird niemals die Gerechtigkeit Gottes bewirken. Unkontrollierter Zorn ist auf der Liste der »Sieben Todsünden« an fünfter Stelle aufzuführen, da solch ein Zorn wirklich *tödlich* ist.

Eine ebenso ungesunde Reaktion auf Zorn ist die Haltung des Kämpfen-Wollens, koste es, was es wolle. Das wäre mit einem Fußballfan zu vergleichen, der der Mannschaft zuruft: »Gebt's ihnen! Schlagt sie zurück, los! Weiter!« Dieser Haltung liegt der Irrglaube zugrunde, daß die Verletzung umso schneller nachlasse, je härter man gegen die Person ankämpft, die als die Ursache des Zorns angesehen wird. Doch die Wirklichkeit sieht anders aus. Sowohl die Verletzung als auch der Zorn werden dadurch nur noch stärker. Eines Tages müßten Sie feststellen, daß Sie ins Leere hineinschlagen und selbst dem vertrauenswürdigsten Menschen mißtrauen, ihm gegenüber Haß entwickeln, ohne daß ein tatsächlicher Grund vorliegt.

Es gibt eine gesunde Art, seinem Ärger Ausdruck zu verleihen. Dieser Weg führt weder über Gewalt noch über die Unterdrückung des Zorns, bei der man so tut, als sei nichts vorgefallen.

Der gesunde Weg, seinem Ärger Ausdruck zu verleihen

Vielleicht kennen Sie einen Menschen, dessen Ärger bereits chronisch geworden ist, der ständig Groll mit sich herumschleppt und bei dem es so scheint, als möchte er jeden Augenblick explodieren. Menschen, bei denen so etwas festzustellen ist, haben meist eine bestimmte Eigenschaft gemeinsam: sie sind ausgesprochen wenig kommunikativ; sie leben in sich zurückgezogen. Sie haben eine Abneigung und Scheu davor, ihre Anliegen offen und ehrlich auszusprechen. Sie fürchten sich sehr davor, eine Verletzung oder Beleidigung auszusprechen.

Jesus lehrt uns einen geeigneten und wirkungsvollen Weg zu gesunden und menschlichen Beziehungen. Als er über Zorn und dessen Ursache sprach, sagte er: »Gehe zum andern hin.« Seien Sie offen und ehrlich in dem, was Sie sagen, ohne dabei den andern anzuklagen oder beeinflussen zu wollen. Sagen Sie ihm: »Ich habe mich geärgert, weil ich gehört habe, du hättest das und das getan.«

52

Eine gesunde Verhaltensweise wie diese bewahrt Sie vor Bitterkeit und Groll. Beides bedeutet im Leben eines Christen Sünde. Sehr wahrscheinlich wird der andere sogar auf Ihr Wort achten. Dadurch wird Ihr gegenseitiges Verhältnis eher gefördert als zerstört. Ein vom Gebet getragenes positives Verhalten ohne harte und verletzende Worte oder Taten wird für Ihr Leben eine dramatische Wende bedeuten.

Wann immer ein Mensch Sie verärgert oder verletzt hat, achten Sie darauf, was sich in Ihren Gedanken abspielt. Wie sehen Ihre Selbstgespräche aus? Stellen Sie fest, wo bei Ihnen irrige Überzeugungen vorliegen und korrigieren Sie diese sofort durch die Wahrheit.

Lassen Sie dem Irrglauben keinen Raum in Ihren Gedanken, vernichten Sie ihn rücksichtslos mit der Wahrheit.

Arnold hatte sich über Ben geärgert. Ben hatte sich gerade ein neues Auto gekauft und wollte es Arnold zeigen. Arnold konnte sich kein neues Auto leisten. Arnold dachte, Ben wolle ihn verletzen, indem er ihn daran erinnerte, daß er sich selbst kein neues Auto leisten konnte. Er sagte sich, Ben wolle nur angeben und ihm, Arnold, seinen Mangel zeigen.

Wie Sie sehen, liegen Arnolds Vorstellungen einige irrige Überzeugungen zugrunde. Eine davon ist die, daß es Arnold unerträglich erscheint, daß Ben sich im Gegensatz zu ihm ein neues Auto leisten kann. (In Wirklichkeit ist es nicht unerträglich. Es ist zwar nicht sehr angenehm, aber deswegen noch lange nicht unerträglich.) Ein zweiter Irrglaube ist darin begründet, daß Arnold meint, Ben wolle ihm seinen Mangel deutlich machen, indem er ihm den neuen Wagen zeigt, wo doch der arme Arnold sich keinen leisten kann. Doch dieser Mangel ist nicht schlimm. Es ist zwar ärgerlich für Arnold, jedoch keineswegs tragisch.

Drittens äußert Arnold sich selbst gegenüber abschätzend und betrachtet sich als den Verlierer. Wenn er nicht bald seinen Irrglauben aufdeckt, wird es ihm tatsächlich schlecht gehen.

(In Wirklichkeit ist nichts Schlimmes dabei, wenn man sich kein neues Auto leisten kann. Echter Wert hängt nicht von dem ab, was man sich kaufen oder nicht kaufen kann. Echter Wert ist allein davon abhängig, wie Sie als Person vor Gott stehen.)

Wenn Arnold mit seinen irrigen Überzeugungen richtig umgehen will, muß er sie sich offen eingestehen und sie durch die Wahrheit ersetzen. – Doch ist Arnold sich nicht sicher, ob Ben ihn wirklich ausspielen wollte, indem er ihm sein neues Auto zeigte. Er beschließt, mit ihm darüber zu sprechen. Das ist bereits ein Zeichen gesunder Verhaltensweise.

»Ben«, sagt er mit ernstem Gesicht, »ich möchte dich kurz wegen einer Sache sprechen, die mich sehr beschäftigt.« (Bitte achten Sie immer darauf, daß Sie in solchen Fällen eine passende Ausdrucksweise finden, daß Sie nicht mit hochrotem Kopf auf den anderen zugehen, auch nicht ein freundliches und gütiges Lächeln zeigen, als hätten Sie lediglich zuviel gegessen.) Sehen Sie dem anderen ins Gesicht und sprechen Sie in normaler Tonlage.

»Gerne, Arnold, was ist denn?« antwortete sein Freund.

Arnold holte tief Luft. »Ich schätze unsere Freundschaft sehr und mir liegt viel daran, dir gegenüber offen zu sein.«

»Ja, und?«

»Ich wollte dir nur sagen, daß ich mich geärgert habe.«

»Worüber hast du dich denn geärgert?«

»Es ärgert mich, wenn du mit deinem Auto so angibst. Du weißt, daß ich mir auch gerne ein neues Auto kaufen würde, es mir aber nicht leisten kann. Ich habe das Gefühl, als wenn du darauf herumreiten würdest. Stimmt das?«

Hiermit hat Arnold das Tor für eine positive und ehrliche Unterhaltung geöffnet. Er verzichtet auf sinnlosen, bitteren Groll und wollte auch seinen Selbstwert nicht noch stärker herabsetzen.

Ärger sollte ehrlich zum Ausdruck gebracht werden, nicht in Form von verborgener Heuchelei. Es besteht ein deutlicher Unterschied zwischen der klaren Aussprache des Ärgers und dem Versuch, den anderen den Stachel der eigenen Wut spüren zu lassen.

Wir können lernen, uns selbst einzugestehen, wenn wir ärgerlich sind. Darüber hinaus können wir uns üben, dem anderen offen zu sagen, wodurch er uns verletzt hat. Solches Verhalten setzt natürlich Selbstbeherrschung und Ehrlichkeit voraus. Eine laute und grobe Gefühlsäußerung oder ein inneres Kochen vor Wut würde nichts nützen. Im Gegenteil, der gefühlsmäßige Schmerz würde nur noch verstärkt, ganz zu schweigen von krankhaften körperlichen Begleiterscheinungen wie Kopf- und Rückenschmerzen, zu hoher Blutdruck, Magen- und Herzbeschwerden. Am schlimmsten jedoch ist, daß unser Herr und Retter durch unsere Sünde verletzt wird.

Die Bibel lehrt uns, wie wir mit unserem Ärger und dessen Ursachen umgehen können. Sie lehrt uns auch zu verhindern, daß das Gefühl des Ärgers mit uns durchgeht. Dieses konstruktive Verhalten wird in Eph. 4,28 beschrieben: »Laßt euch durch den Zorn nicht zur Sünde hinreißen! Die Sonne soll über eurem Zorn nicht untergehen.« Festgefahrener und festgehaltener Groll bildet ein großes Einfallstor für sündhafte und ungesunde Handlungsweisen. Deshalb ist es so wichtig, Ärger sofort zu erkennen und darüber zu sprechen.

Derjenige, mit dem Sie zu jeder Zeit über Ihren Ärger sprechen sollten, ist der Herr. Bekennen Sie ihm jeglichen sündhaften Zorn. Bitten Sie ihn, Ihnen Ihren Irrglauben zu zeigen und erlauben Sie dem Heiligen Geist, Sie der Wahrheit zu überführen. In Joh. 16,13 lesen wir von einer Verheißung, auf die wir bauen können: »Er wird euch in alle Wahrheit führen.«

Manchmal wird es sich erübrigen, mit dem Betreffenden über Ihren Ärger zu sprechen, weil Sie durch das private Gespräch mit dem Herrn über die Angelegenheit bereits hinweggekommen sind. Mit Ihrer Hilfe kann der Herr häufig allen Ärger in der Verschwiegenheit Ihres Gebetskämmerleins von Ihnen nehmen.

Nehmen Sie Ihre irrigen Überzeugungen in Angriff und ersetzen Sie sie durch die Wahrheit. Erlauben Sie Gott, mit dem Heiligen Geist der Wahrheit in den Bereich Ihrer Emotionen und Gedanken einzudringen. Sie werden feststellen, daß Ihre Selbstgespräche, Ihre Gedanken und Gefühle von der Gegenwart Gottes durchdrungen werden. Dann wird Ihr Denken, Sprechen und Handeln Gott verherrlichen.

Wenn jemand sich über Sie geärgert hat

Wie effektiv Sie auch gelernt haben mögen, mit Ihrem eigenen Ärger und dessen Ursachen umzugehen, Sie werden doch immer in einer Welt leben, in der andere Menschen ärgerlich werden, und manchmal auch über Sie.

Im Folgenden wollen wir einige Wege aufzeigen, wie man mit dem Ärger anderer fertig wird:

1. Lassen Sie sich nicht aus der Fassung bringen, wenn jemand anders sich über Sie ärgert. Das ist wirklich keine Katastrophe. *Es gibt einen Weg*, sehr wohl damit fertig zu werden.
2. Engen Sie Ihr Verhalten nicht ein, um zu verhindern, daß andere sich über Sie ärgern. Sie werden es sowieso tun. Wenn Sie sich ärgern, ist das nicht Ihr Problem, sondern das des anderen.
3. Sehen Sie sich vor, daß Sie nicht strafend auf die Zornesausbrüche anderer reagieren. Versuchen Sie vielmehr, darüber hinwegzugehen, wenn andere Sie anschreien. Aber hören Sie aufmerksam zu, wenn man vernünftig mit Ihnen spricht.
4. Lassen Sie sich nicht einschüchtern. Ermuntern Sie vielmehr Ihren Gesprächspartner: »Sprich bitte vernünftig mit mir.«
5. Seien Sie freundlich und liebevoll. Wenn sich ein anderer über Sie ärgert, ist das noch lange kein Grund für Sie, ebenfalls ärgerlich zu reagieren. Sagen Sie etwa Folgendes: »Es tut mir leid, daß du dich geärgert hast. Was kann ich tun, damit du dich nicht mehr ärgerst?«
6. Geben Sie in jedem Fall zu, wenn der andere mit seiner Anschuldigung im Recht ist. Lügen Sie nicht und verteidigen Sie sich nicht. Sie müssen ja nicht immer recht haben. Sie können beispielsweise sagen: »Du hast recht. Ich war auch nicht ganz gescheit, als ich so mit meinem neuen Auto angegeben habe. Ich sehe jetzt selbst, daß ich mich besonders herausstellen wollte und schäme mich. Bitte vergib mir das.«

7. Gestehen Sie den anderen das Recht zu, sich auch einmal über Sie zu ärgern und seien Sie nicht schockiert oder beleidigt, wenn es tatsächlich geschieht. Wenn Sie darauf bestehen, in den Augen eines jeden als absolut perfekt und fehlerfrei dazustehen, werden Sie eine große Enttäuschung erleben, ganz zu schweigen davon, daß Sie Opfer Ihres eigenen Irrglaubens werden.

Manchmal hat der Ärger, den man an Ihnen ausläßt, überhaupt nichts mit Ihnen zu tun. Sie sind möglicherweise lediglich Zielscheibe von Enttäuschung und Unglück eines anderen. Sie sollten lernen, solche Dinge zu unterscheiden und nicht jedes gegen Sie gerichtete Wort persönlich nehmen. Und vergessen Sie nie: Das Problem dessen, der sich geärgert hat, ist nicht Ihr Problem, sondern seins. Machen Sie sein Problem nicht zu Ihrem eigenen.

Von Jahr zu Jahr vergrößert sich die Zahl der Opfer durch Kindesmißhandlung. Ebenso steigt jährlich die Zahl der Frauen, die geschlagen werden. Lassen Sie es nicht zu, daß auch Sie in diese Statistiken aufgenommen werden, indem Sie nichts gegen die negative Entwicklung unternehmen. Ob Sie nun Opfer oder Täter sind, *Hilfe gibt es in jedem Fall.* Sie können es erleben, von dem schrecklichen Erlebnis unkontrollierter Wut befreit zu werden.

Zorn und Gebet

Sie sollten nicht nur lernen, auf Ihre Selbstgespräche zu achten. Sie sollten ebenso auch Ihrem Gebet Aufmerksamkeit schenken. Sobald Sie merken, daß Sie im Gebet klagen, flehen, betteln und ständig Ihre Sorgen vor Gott wiederholen, sollen Sie wissen, daß es an der Zeit ist, eine neue Gebetshaltung einzunehmen. Statt auf das Problem sollten Sie sich vielmehr auf die Antwort konzentrieren.

Ihr Gebet kann Berge versetzen. Ihr Glaube braucht nur so groß wie ein Senfkorn zu sein, um Wunder zu bewirken. Jesus sagt, daß Ihnen nichts unmöglich sein wird! Statt zu beten: »Herr, ich halte es einfach nicht mehr aus. Ich habe die Nase voll von meiner Arbeit. Keiner ist freundlich zu mir; alle sind gemein und häßlich, und der Chef will mich nur ausnutzen. Die Kollegen sind hochnäsig und unfreundlich. Herr, es ist einfach fürchterlich«, sollten Sie lieber sagen:

»Herr Jesus, ich weiß, daß nichts unmöglich ist. Wenn ich diese Arbeit unbedingt tun soll, werde ich sie in deinem Namen ausführen. Du hast mir durch dein Wort in Matthäus 17,20 gesagt, daß mein Glaube, und wenn er noch so klein ist, Berge versetzen kann. Ich glaube das, Herr, und ich glaube auch, daß du sowohl mich als auch meinen Chef und meine Kollegen so verändern kannst, daß unsere Zusammenarbeit harmonisch wird. Ich weiß, daß du aus bloßer Plackerei eine mehr als lediglich erträgliche Arbeit machen kannst. Heiliger Geist, komm du an meinen Arbeitsplatz und laß keinen einzigen Menschen von deiner Gegenwart unberührt bleiben.«

Wenn Sie erst begonnen haben, in dieser Art zu leben, werden Sie keine Freude mehr daran haben, zu Ihren ursprünglichen Klagen zurückzukehren. Sie haben die ganze Angelegenheit in die Hand des Herrn gelegt. Wenn Sie auf Ihre Klagen verzichten und stattdessen vorausschauend um die Antwort beten, werden Sie Berge versetzen. Bei manchen Bergen dauert es eine ganze Weile, bis sie anfangen, sich zu bewegen, manchmal sogar Jahre, aber dennoch werden Sie dazu in der Lage sein. Es ist ein Irrglaube zu meinen, daß Gott immer sofort eine Antwort geben müsse, und daß ohne diese prompte Antwort alles aussichtslos aussähe. Dieser Irrglaube steht in engem Zusammenhang mit dem Ärger bewirkenden Irrglauben und kann unter Umständen Anlaß zu weiteren äußerst schadhaften irrigen Überzeugungen geben. Letztendlich werden Sie an einem Punkt ankommen, an dem Sie voller Ungeduld und Ärger Gott anklagen, er kümmere sich nicht um Sie, und schließlich werden Sie sich die Frage stellen, ob Gott überhaupt existiert.

Wenn Sie anfangen, das Wort Gottes und die Wahrheit, die Sie an die Stelle Ihres Irrglaubens gesetzt haben, unmittelbar in Ihr Gebet zu integrieren, werden Sie spüren, daß sich in Ihrem Leben eine große Wandlung vollzieht.

Zusammenfassung: Der Umgang mit dem Ärger

1. Bekennen Sie Gott Ihren Ärger, soweit er sich als Sünde erwiesen hat. Empfangen Sie seine Vergebung.
2. *Versuchen Sie, Ihren Irrglauben genau zu ermitteln.* Wo stimmt Ihr Selbstgespräch nicht mit der Wahrheit überein?
3. *Ersetzen Sie Ihren Irrglauben durch die Wahrheit.* Beseitigen Sie alle Lüge und halten Sie sich die Wahrheit ständig vor Augen.
4. *Verhalten Sie sich auch der Wahrheit entsprechend.* Ihr altes Verhaltensmuster, das in Ihrem Irrglauben verwurzelt war, hat jetzt ein Ende gefunden. Für Sie gibt es nun weder zerstörerische Zornausbrüche noch irgendeine Unterdrückung des Ärgers mehr. Sie sind zu einem Menschen geworden, der sich nach dem Wort und Willen Gottes ausrichtet. Sie sind sowohl zu sich selbst als auch zu anderen offen, ehrlich und einfühlsam.
5. *Konzentrieren Sie sich in Ihrem Gebet auf die Antwort und nicht auf Ihr Problem.* Sie müssen im Glauben festhalten, daß Ihnen in Christus nichts unmöglich ist, auch nicht eine völlige Auslöschung von Bitterkeit und Ärger aus Ihrem Leben.

SECHSTES KAPITEL

Irrige Überzeugungen, die Angst bewirken

Susi war dabei, das Geschirr für ihre Mutter in den Geschirrspülautomaten zu stellen, als sie unabsichtlich ein Glas fallen ließ, das gleich zerbrach. Ihr Herz schlug heftig. Sie wußte, daß dies eine Strafe nach sich ziehen würde. Wenn ihr früher so etwas passierte, tat ihre Mutter gewöhnlich drei Dinge: Sie schrie laut auf, beschimpfte Susi und schlug sie. Susi bekam eine Gänsehaut bei dem Gedanken daran, was auf sie zukommen würde. Plötzlich trat ihre Mutter in die Küche. Als sie das zerbrochene Glas entdeckte, packte sie Susi am Arm, regte sich sehr darüber auf, daß es ein Glas aus feinstem Kristall gewesen war, nannte Susi ein dummes Kind, das unvorsichtig und unnütz sei und schlug sie.

Am nächsten Tag sollte Susi wieder das Geschirr in den Automaten stellen. Sie war natürlich wenig begeistert und suchte nach einer Entschuldigung, um dieser Herausforderung zu entgehen. Sie sagte, sie müsse zur Toilette gehen oder habe Bauchschmerzen und müsse sich hinlegen. Susi fürchtete sich, weil sie es so *gewohnt* war. Würde sie das Geschirr in die Maschine stellen, bestünde gleichzeitig die Gefahr, etwas zu zerbrechen; würde etwas zerbrechen, bekäme sie Schelte, würde angeschrien und geschlagen werden. Das wiederum würde Schmerz verursachen. – Wird Susi erst einmal genug Geschirr zerbrochen und entsprechende Strafen erhalten haben, wird sich die Angst auf ihr Selbstwertgefühl verlagern.

Man braucht die eben genannten Ereignisse nur im Zusammenhang mit Susis sonstigen Kontakten zu sehen. Sie hat beispielsweise beim Rollschuhfahren Schwierigkeiten, nicht hinzufallen. Die anderen Kinder machen sich deshalb lustig über sie und necken sie. Ihr Bruder beschimpft sie zu Hause und in der Schule vor den anderen. Der Vater wirft ihr häufig Faulheit vor. Die Mutter schreit sie an, wenn sie sich nicht ihren Erwartungen entsprechend verhält.

Susi ist ihr eigener Lehrmeister im Hinblick auf ihre Ängstlichkeit. Wenn ihre Spielkameraden sie auslachen, schmerzt es sie. Daher fürchtet sie sich, wenn sie die anderen Schlittschuh oder Rollschuh fahren sieht. Sie fürchtet sich schon beim bloßen *Gedanken* an die anderen. Die Forderungen ihrer Familie, die sie nicht immer erfüllen kann, lassen das Gefühl der Ängstlichkeit noch stärker in ihr werden.

Bei Susi sind bereits Anzeichen neurotischer Verhaltensweisen erkennbar. Sie beginnt den Dingen, die ihr Angst einflößen, aus dem Weg zu gehen. Sie meidet den Kontakt zu ihren Spielkameraden, auch ihrer Familie geht sie aus dem Weg und zieht sich zurück. Sie sagt sich, daß die Angst nachlassen wird, wenn sie die Situationen meidet, die Angst hervorrufen könnten. Diese Haltung nimmt einen immer stärkeren Umfang an.

Carol ist zweiundzwanzig Jahre alt. Wie Susi hat auch sie jahrelang Reaktionen der Angst in sich angehäuft. Sie ist innerlich von Angst zerfressen und nicht mehr in der Lage, sich aufzumachen, um Arbeit zu suchen. Sie sagt, sie wolle gern Arbeit haben, bekäme aber keine. Sie verläßt ihre Wohnung, die ganz in der Nähe der Wohnung der Eltern liegt, so gut wie nie. »Wenn du dich nur aufmachtest und Arbeit suchtest, würdest du dich selbst aus dem Loch herausziehen«, rät ihr die Mutter per Telefon. »Ich bekomme keine Arbeit«, protestiert sie. »Ich habe es versucht, aber ich bekomme keine.« Aus Verzweiflung bestehen die Eltern darauf, daß sie einen Psychologen aufsucht. »Ich hasse alle Einstellungsgespräche«, sagt sie zum Therapeuten. »Ich habe Angst davor.« – »Warum haben Sie Angst davor?« – »Weil solche Gespräche schrecklich sind. Die Arbeitslage sieht schlecht aus und es gibt nur wenige Stellen.«

Während ihres achten Behandlungstermins sieht sie sich in der Lage, ihre Gedanken und Einstellungen selbst zu erkennen. Sie bemerkt bei sich eine große Menschenfurcht. Der Grund ihrer erfolglosen Arbeitssuche liegt nicht in der schlechten Lage des Arbeitsmarktes, sondern in ihrer Furcht vor dem *Gedanken*, sich aufzumachen und unter Menschen zu gehen. Sie hat Angst vor dem, was Menschen ihr antun könnten. »Carol, Sie sagten, Sie hätten Angst, sich in einer Menschenmenge zu bewegen.« – »Ja, das stimmt, ich kann es einfach nicht.« – »Was glauben Sie, würden die Menschen Ihnen tun?« – »Die Leute könnten sich über mich lustig machen und mich auslachen.« – »Wäre das denn so schlimm?« – »Ja, das wäre entsetzlich. Ich hasse den bloßen Gedanken daran.« – »Würde es eine Katastrophe für Sie bedeuten, wenn sich jemand über Sie lustig machen und Sie auslachen würde?« – »Es wäre schrecklich für mich. Aber eine Katastrophe wäre es wohl nicht.«

Carol war sich dessen zwar nicht bewußt, aber sie hatte bereits einen großen Fortschritt gemacht.

1. Sie hatte sich selbst zugehört und festgestellt, was sich in ihren Gedanken abspielte.
2. Indem sie sich zuhörte, erkannte sie, daß es für sie schrecklich wäre, wenn andere sie lächerlich machen und auslachen würden. (Irrglaube)
3. Sie begann, ihren Irrglauben aufgrund der Wahrheit in Zweifel zu ziehen und sagte sich, daß es keine Katastrophe bedeute, selbst wenn die Situation unangenehm wäre.

Menschen, die unter Angst leiden, sagen häufig: »Wenn das, wovor ich mich fürchte, tatsächlich eintritt, bedeutet es mein Ende. Es wäre einfach schrecklich. « Dr. Albert Ellis, der Leiter des »Institute for Advanced Studies in Rational Psychotherapy«, bezeichnet dieses Verhalten als »verschrecklichen« oder »alles als Katastrophe sehen«. (Anm. d. Übers.: Im Englischen »awfulizing«) Bei Menschen, die unter Angst leiden, ist dieses Verhalten sehr häufig festzustellen.

Ein deutliches Beispiel hierfür sehen wir bei der kleinen Susi, die ihren Spielkameraden aus dem Weg geht. »Es ist so schrecklich, wenn sie gemein zu mir sind.« Carol verhält sich genauso in bezug auf Einstellungsgespräche. »Es wäre zu schrecklich, wenn ich als Versagerin dastehen würde.« Carol wird sich bald darüber im klaren sein, daß der bloße Gedanke an eine Menschenmenge ihr nicht etwa aus dem Grund Angst einflößt, weil die Zahl der Anwesenden so groß ist und weil sie sich durch die Menge eingeengt fühlen könnte, sondern lediglich deshalb, weil sie sich davor fürchtet, daß jemand sich über sie lustig machen und sie auslachen könnte. Sie wird diese Lüge überwinden, indem sie ihr negatives Gedankengut abbaut und durch die Wahrheit ersetzt.

Beispiele für weitverbreitete Lügen:

— Man könnte mich nicht leiden mögen. Das wäre schrecklich.
— Ich könnte den Erwartungen anderer nicht entsprechen. Das wäre schrecklich.
— Ich könnte abgelehnt werden. Das wäre schrecklich.
— Ich könnte versagen. Das wäre schrecklich.
— Ich könnte etwas Dummes sagen oder tun. Das wäre schrecklich.
— Wenn ich das Glück erst einmal gefunden habe, könnte ich es wieder verlieren. Das wäre schrecklich.
— Wenn ich einmal echte Liebe kennengelernt habe, könnte ich sie wieder verlieren. Das wäre schrecklich.
— Ich könnte nicht so gut aussehen, wie die andern. Das wäre schrecklich.
— Ich könnte von den andern nicht anerkannt werden. Das wäre schrecklich.
— Vielleicht könnte ich Liebe nicht richtig erwidern. Das wäre schrecklich.
— Ich könnte verletzt werden. Das wäre schrecklich.
— Ich könnte gebeten werden, etwas zu tun, was ich nicht kann. Das wäre schrecklich.
— Ich könnte alles verlieren, was ich habe. Das wäre schrecklich.
— Ich könnte sterben. Das wäre schrecklich.

Darüber hinaus gibt es noch viele andere irrige Überzeugungen. Welche können Sie noch hinzufügen?

Was andere über mich denken

Das zentrale Thema, das wie ein roter Faden durch alle Angst bewirkenden irrigen Überzeugungen verläuft, ist der Gedanke, daß das, *was andere von mir denken, von solch großer Bedeutung ist, daß ich es im voraus einberechnen und bei meinem Verhalten berücksichtigen muß. Ich muß in jedem Fall verhindern, daß andere schlecht von mir denken. Wenn sie schlecht von mir denken, versetzt mir das einen Todesstoß. Das wäre schrecklich.*

Fast alle Menschen, die unter Angst leiden glauben, daß die Reaktionen anderer eine Gefahr für sie bedeuten. Wie jeder Irrglaube sind auch diese Worte eine Lüge, die vom Feind kommt. Natürlich sind wir froh, wenn andere Gutes von uns denken und uns liebhaben, aber wir können auch dann weiterleben, wenn wir von anderen keine Anerkennung und Zuneigung bekommen. Die Bibel lehrt uns, wie wir uns gegenüber anderen Menschen verhalten sollen: »Liebe deinen Nächsten wie dich selbst« und »Geliebte, laßt uns einander lieben«, das bedeutet nicht, daß wir nach der Anerkennung eines jeden trachten sollen und tot umfallen, wenn uns dies nicht gelingt. Es ist etwas Schönes, geliebt zu werden, und natürlich weitaus erstrebenswerter, als Ablehnung entgegengebracht zu bekommen. Es ist auch nicht falsch zu erlernen, wie man Zuneigung und Anerkennung erlangt. Bestimmte Hilfestellungen in der zwischenmenschlichen Kommunikation sind hier von Nutzen. Doch der Glaube, in allem Bestätigung suchen zu müssen, ist töricht und von zerstörerischer Wirkung. Es gibt keinen Grund, weshalb Sie nicht gewisse Hilfsmittel erlernen sollten, um Gefallen zu finden, Einfluß zu erlangen, andere zu überzeugen und ihre Verhaltensweisen ändern zu können. Es ist jedoch etwas anderes, als in dem irrigen Glauben zu verharren, unbedingt und in jedem Fall für Menschen wichtig sein zu müssen. Es ist zwar schön, doch das »müssen« sollte dabei gestrichen werden.

Die Einstellung, daß man von jedem geliebt und geschätzt werden will, ist nicht nur unklug, sondern auch unbiblisch. Sie sollten sich nach ihren Motiven fragen, wenn Sie lernen wollen, anderen zu gefallen, sie zu beeinflussen, zu überzeugen und zu manipulieren. Sie sagen sich: »Ich muß für andere von Bedeutung sein, ich *muß* anerkannt und geliebt werden, ich *muß* . . .?«

Nehmen wir einmal an, Ihre hohen Erwartungen an sich selbst werden nicht erfüllt. Stellen Sie sich vor, die Menschen mögen Sie immer noch nicht besonders, obgleich Sie sich lang bemüht haben, ihr Wohlwollen zu erlangen. Stellen Sie sich vor, jemand kann Ihren bloßen Anblick nicht ertragen und lehnt Sie rein äußerlich ab. Nehmen Sie einmal an, jemand, den Sie sehr achten und dessen Anerkennung Sie genießen möchten, weist Sie ganz schroff ab. Was sagen Sie dann? Da der Gedanke, von jedem anerkannt und geliebt zu werden, auf der Liste Ihrer Selbstforderungen an erster Stelle steht, werden Sie wahrscheinlich jede Zurückweisung mit ähnlichen Worten erwidern, wie: »Ich bin wirklich ein Verlierer«, oder »Was bin ich doch für ein Versager«, oder »Ich bin einfach vollkommen unnütz«, oder »Ich werde es ihnen heimzahlen. Ich werde es ihnen schon zeigen« und »Ich brauche *niemanden*.

Die Bibel sagt uns nicht, daß wir jedem Menschen gefallen sollen. Sie lehrt uns auch nicht, uns übermäßig anzustrengen, um die Liebe anderer zu erlangen. Jesus hat nie gesagt, daß wir besonders nach menschlicher Achtung streben sollten. Er hat uns gesagt, daß wir *ihn* lieben, *ihm* vertrauen, an *ihn* glauben, *ihn* verherrlichen sollen und uns darüber hinaus ernsthaft um andere bemühen sollen.

Der Preis, den der unter Angst Leidende zahlen muß, um anderen zu gefallen, ist zu hoch. Mehr als irgendeine andere Person zeigt Jesus uns, daß ein Mensch, der ernsthaft nach dem Gefallen Gottes trachtet, sich zeitweise sehr gegensätzlich zu dem verhält, was Menschen von ihm erwarten. Nicht einmal Jesus wurde von jedermann geliebt und wird es auch heute nicht. Jesus wurde weder zu Lebzeiten noch heute von jedermann anerkannt. Viele nahmen und nehmen Anstoß an ihm. Während der Zeit seines Lebens auf Erden hat Jesus die Obersten und Wortführer des Volkes durch sein soziales Verhalten manches Mal vor den Kopf gestoßen. Er schloß Freundschaft mit Prostituierten und Dieben und suchte Gemeinschaft mit Zöllnern und Betrügern. In den Augen des frommen Volkes war er nicht beliebt. Viele seiner Verhaltensweisen hinderten ihn daran, Freunde zu gewinnen. Das Volk nahm Anstoß an seiner Sprache und an seiner Art, Gott zu dienen. Sie schätzten weder seine Rede noch seine Freunde noch seine Taten. Sie kritisierten sogar seine Art zu essen. Doch er ließ sich nicht durch das erschüttern, was andere von ihm dachten, weil er sich allein an seinem Vater und dessen Willen ausrichtete.

In alledem empfand er sogar Freude und sagte uns: *Meine* Freude gebe ich euch«. Jesu Ziel war nicht, den Menschen zu gefallen. Sein Ziel war es, dem himmlischen Vater zu gefallen.

Niemand außer Ihnen selbst hat die Vollmacht, Sie unglücklich zu machen. Die Kraft dazu liegt allein bei Ihnen. Sie machen sich selbst unglücklich durch das, was Sie sich einbilden. Manchmal ist ein ängstlicher Mensch jedoch kaum in der Lage, den Grund seiner Angst in Worte zu fassen. Der Begriff »Angst« ist ein Ausdruck für die verschiedensten Verhaltensweisen. Dazu gehören kognitive Handlungen (wie beispielsweise sich sorgen, sich in Ärger aufreiben, sich innerlich quälen) sowie auch rein physiologische Vorgänge, die durch Streß hervorgerufen werden (ein trockener Mund, starkes Schwitzen, Herzklopfen und heftiges Atmen, Schwindelgefühl, das Gefühl einer absoluten Leere im Kopf, Zittern, ein nervöser Magen und angespannte Muskeln). Angst wird allgemein definiert als Furcht trotz real nicht vorhandener Gefahr. Das befürchtete Ereignis ist höchstwahrscheinlich außerstande, dem Betreffenden den Schaden zuzufügen, den er so sehr fürchtet.

Angst bedeutet:

1. Furcht trotz real nicht vorhandener Gefahr.
2. Überschätzung der Wahrscheinlichkeit einer Gefahr und ein Übertreiben ihres Ausmaßes.
3. Einbildung negativer Folgen.

Der unter Akrophobie Leidende ängstigt sich vor Höhen und fürchtet sich, vom obersten Stockwerk eines Gebäudes aus zu Tode zu stürzen, obgleich er hinter fest verschlossenen Fenstern oder einer bestens abgesicherten Plattform steht. Er überschätzt die Wahrscheinlichkeit eines Falls in übertriebenem Maße. Zugegeben, es wäre tatsächlich ein schreckliches Ereignis, wenn ein Mensch aus einem Hochhaus stürzen und zwanzig Etagen tiefer auf dem Steinpflaster aufschlagen würde. Doch die Wahrscheinlichkeit eines solchen Ereignisses ist äußerst gering. Stattdessen hat der unter Akrophobie Leidende entsetzliche Angst davor, daß gerade ihm so etwas passieren könnte. Diese Höhenangst kann ihm sein ganzes Leben verderben. Die Fahrt entlang einer Bergstraße wird für ihn zum Alptraum. Möglicherweise kommt es sogar zu hysterischen Anfällen, wenn er eine Leiter erklimmen oder auf einem schmalen Steg entlanglaufen soll. Der bloße Gedanke an eine Hochebene kann ihm den kalten Schweiß auf die Stirn treiben. Er sitzt im Gefängnis seiner Angst, obwohl keine reale Gefahr vorliegt.

Unter ebenso übertriebener Angst leidet der zoophobisch veranlagte Mensch. Seine Angst, die nur auf Einbildung beruht, bezieht sich auf Tiere, vor denen er entsetzliche Angst hat. Beim bloßen Anblick eines kleinen Kätzchens kann er bereits blaß werden und zu zittern anfangen. Seine Haltung besteht aus einer übertriebenen Sicht dessen, was passieren könnte, wenn das Kätzchen auf ihn losspringen und ihn beißen oder kratzen würde. Vielleicht stellt er sich vor, das Kätzchen könnte ihn zu Tode kratzen, ja, seinen Bauch aufreißen oder ihn erwürgen. In Wirklichkeit ist die Gefahr jedoch nur sehr gering. Der zoophobisch Veranlagte weiß im Grunde, daß die meisten Haustiere ungefährlich sind, leidet jedoch unter der Qual der Vorstellung von einer Gefahr.

Der unter Klaustrophobie Leidende fürchtet sich vor engen Orten. Lifte, kleine fensterlose Räume, überfüllte und enge Gänge und andere abgeschlossene Bereiche bedeuten für ihn eine tödliche Qual. Er hat Angst, daß in dem Gebäude, in dem er sich gerade befindet, Feuer oder eine sonstige Katastrophe ausbrechen und er nicht rechtzeitig entkommen kann. Er übertreibt die Wahrscheinlichkeit solcher meist unwahrscheinlicher Ereignisse. Diese Ängste quälen ihn sehr.

Unter ebenso tödlicher Angst leidet der agoraphobisch veranlagte Mensch, der sich vor offenen Plätzen fürchtet. Er hat Angst davor, sich auf einen offenen Platz zu begeben, dort von einem Angstanfall gepackt zu werden und nicht entkommen zu können. Er redet sich ein, auf solchen Plätzen derart von Angst überfallen zu werden, daß sein Herz zu rasen anfängt, er kann nur noch stoßartig atmen, seine Glieder zittern, alles dreht sich in seinem Kopf, er wird ohnmächtig und liegt gekrümmt auf dem Boden. Dort wird er zum allgemeinen Schauspiel. Er könnte ja sterben oder in eine Klinik abtransportiert werden, wo man ihn als hoffnungslos geisteskrank abstempeln würde.

Wie groß ist die Wahrscheinlichkeit eines solchen Ereignisses? Die kleine Susi, von der wir zu Anfang dieses Kapitels sprachen, leidet unter Agoraphorie. Sie sitzt in einem großen Ledersessel im Beratungszimmer. Ihre Augen wandern immer hin und her von einem Möbelstück zum andern und zum Fenster.

»Susi, stimmt es, daß du bereits seit einigen Tagen nicht mehr in der Schule warst?« – »Ja, ich gehe nicht mehr dorthin.« – »Du willst dort überhaupt nicht mehr hingehen?« – »Nein. Ich hasse diese Schule, sie ist so groß. Die Schule, auf der ich vorher war, war nicht so groß.« – »Mochtest du die andere Schule lieber?« – »Nein, die andere Schule konnte ich auch nicht ausstehen. Ich mag nicht unter so vielen Leuten sein. Das macht mich nervös.« – »Was passiert denn, wenn du nervös wirst?« – »Das weiß ich nicht. Ich glaube, ich werde krank. Jedenfalls fühle ich mich krank.« »Wo fühlst du dich denn krank?« – »Überall. Ich habe das Gefühl, gleich in Ohnmacht zu fallen oder alle Kontrolle über mich zu verlieren.« – »Was meinst du damit, Susi?« – »Ich verliere einfach die Kontrolle, wissen Sie, so als ob ich gleich anfangen würde zu schreien oder zu weinen, als ob ich zu Boden fallen müßte oder irgend etwas Ähnliches.«

Die Eltern der kleinen Susi, die nicht verstehen, daß gerade sie ein »gestörtes« Kind haben, fragen sich, ob Susi einen Gehirnschaden hat. Doch mit ihrem Gehirn ist alles in Ordnung. Sie ist ein aufgewecktes Kind, das unter einer Phobie leidet. Anfangs wollte sie keinerlei psychologische Hilfe annehmen, doch nach einigen Beratungsstunden begann sie sich zu öffnen und auch Sympathie für ihren Therapeuten zu zeigen.

»Susi, was würde wohl passieren, wenn du, wie du sagst, inmitten einer Menschenmenge die Kontrolle verlieren würdest?«

Ihre Augen weiteten sich und ihr Puls begann schneller zu schlagen. »Ich, ich weiß nicht. Vielleicht würde ich verrückt werden.« »Glaubst du wirklich, du würdest verrückt?« – »Meinen Sie denn nicht?« »Nein, durchaus nicht.«

Sie schwieg einen Augenblick und spielte mit ihren Fingern. »Ich . . ., ich weiß nicht. Ich würde ja dann die Kontrolle vor all diesen Leuten verlieren, vor all den anderen Kindern. Und das wäre das Schlimmste.« – »Meinst du wirklich? Was wäre denn so Schreckliches dabei?« Sie versuchte zu lachen, doch es wurde nur ein Stöhnen daraus. »Das wäre einfach furchtbar.«

Einige Beratungsstunden später konnte sie aus ehrlicher Überzeugung zu ihrem Therapeuten sagen: »Ich denke, daß es keine Katastrophe wäre, wenn ich die Kontrolle über mich verlieren würde.« »Glaubst du *wirklich*, daß du die Kontrolle verlieren würdest?« – »Ich weiß nicht. Schließlich bin ich letzte Woche zweimal zur Schule gegangen und habe die Kontrolle nicht verloren. Heute morgen bin ich auch gegangen . . .« – »Ist es denn sehr unangenehm unter all den Kindern?« – »Ja, sehr.« – »Trotzdem ist es erträglich, nicht wahr? Ich meine, etwas kann zwar sehr unangenehm, aber dennoch erträglich sein, meinst du nicht auch, Susi?« Susi lachte hell auf, wie sie es seit Beginn der Therapie noch nicht getan hatte. Dann zuckte sie mit den Achseln und sagte: »Ich denke schon. Ich habe bloß nie gedacht, daß etwas gleichzeitig unangenehm sein und ich dennoch damit zurecht kommen könnte.« »Willst du morgen zur Schule gehen?« – »Ja, ich denke schon.«

Die »schrecklichen Folgen, die Susi sich eingebildet hatte, waren ausschließlich in ihrer Angst begründet. Manche Menschen konzentrieren sich ihr Leben lang darauf, jeglicher Angst aus dem Wege zu gehen. Die Angst vor der Angst nimmt jede Stunde in Anspruch, und die angestaute Furcht erzeugt solche Spannung und solchen Streß, daß dies allein einen Menschen ausfüllen kann. Der unter Agoraphobie Leidende sagt wie Hiob: »Was mich erschreckte, das kam über mich, wovor mir bangte, das traf auch ein.« (Hiob 3,25)

Der Irrglaube besteht aus der übertriebenen Furcht vor dem nächsten Befallenwerden von Angst. Denn obgleich die Situation unangenehm sein kann, ist ein Schaden für den Betreffenden doch höchst unwahrscheinlich. Wir beabsichtigen nicht, die Antworten auf Susis Problem zu simplifizieren. Wir möchten ebensowenig, daß Sie den Eindruck bekommen, eine Phobie könnte auf wunderbare Weise nach wenigen kurzen Gesprächen mit einem christlichen Psychotherapeuten geheilt werden. Vor Susi liegt noch ein langer Weg, und sie befindet sich immer noch in der Erholungsphase. Sie steht noch ganz am Anfang, was die Erkenntnis und das *Handeln* nach der Wahrheit betrifft. Susi lernt gerade, ihren eigenen Irrglauben in Frage zu stellen. Die unrealistischen Erwartungen ihrer Eltern, die abweisende Haltung ihres Bruders und ihrer Freunde, aber auch manches Versagen im Sport und in der Schule tragen aktiv zu ihrer Angsthaltung bei. Das Wunderbare an der Sache ist jedoch, daß Susi nicht zu warten braucht, bis sie erwachsen ist, um die Hilfestellungen zu erlernen, die ihr zur Heilung und einem normalen Leben verhelfen. Sie erlernt sie bereits jetzt mit Gottes Hilfe.

Die Liebe Gottes strahlt mitten in Susis Furcht hinein. Diese Liebe umgibt, umhüllt und durchdringt ihre Seele, den Ort ihres Gefühlslebens und ihrer Gedankenwelt. Sie stellt sich im Geist vor, wie der Herr sie zur Schule begleitet; sie sieht ihn in der Turnhalle neben sich stehen und ihr leise zuflüstern: »Ich bin immer bei dir, Susi.« Sie hat sich entschlossen, einige der selbstverdammenden Lügen, denen sie vorher Glauben geschenkt hatte, durch die Wahrheit zu ersetzen. So sagt sie sich beispielsweise: »Derselbe Geist, der Christus von den Toten auferweckt hat, lebt auch in mir.« (In Anlehnung an Röm. 8,11)

Demnächst wird Susi sich einer Jugendgruppe der Gemeinde anschließen und wie ein heller Stern für den Herrn leuchten, den sie so real erlebt hat.

Vielleicht hat Susi viel mehr erlitten, als so manches andere Mädchen der sechsten Klasse, doch sie hat etwas erlernt, nach dessen Entdeckung noch manch Erwachsener sucht: *Wenngleich auch vieles unangenehm erscheint, kann ich dennoch damit leben, ohne davon umgeworfen zu werden. Die Dinge sind nur in dem Maße unangenehm, wie ich es mir selbst einrede.*

Wir wollen einen Blick auf die häufigsten Angst bewirkenden irrigen Überzeugungen werfen:

1. Wenn die Sache, die ich so fürchte, tatsächlich eintreten würde, wäre das ganz *schrecklich*.
2. Wenn die Wahrscheinlichkeit dieses für mich so *schrecklichen* Ereignisses auch nur gering sein mag, glaube ich dennoch, daß es eintreffen wird.

Die meisten unserer Ängste kann man nicht als Phobie bezeichnen. Vielleicht empfinden Sie Anspannung und Furcht, wenn Sie aufstehen müssen, um eine Rede zu halten oder wenn Sie sich in einer für Sie unbekannten und neuen Situation befinden, in der Ihr Äußerstes gefordert wird. Doch wird Ihre Reaktion aller Wahrscheinlichkeit nach keine phobischen Ausmaße annehmen. Ihre Knie mögen sich wie Pudding anfühlen und Ihr Magen mag äußerst nervös sein, aber Sie erholen sich schließlich dennoch.

Ein Schauspieler sagt sich bei der ersten Vorstellung des Stückes, daß er ganz bestimmt einen Schlaganfall bekommen wird, bevor der Vorhang aufgeht. Er fängt an zu schwitzen, seine Hände sind eiskalt und seine Füße ganz taub. Er kann nur noch mit Mühe atmen. »Ich werde das niemals überstehen«, sagt er zu den Anwesenden. »Ich kann mich an kein einziges Wort erinnern. Mir ist ganz schlecht.«

Zwei Stunden später, nachdem sich der Vorhang geschlossen hat, fühlt er sich einfach großartig. Weshalb? Weil er es geschafft hat. Damit hat er uns das beste Heilmittel gegen situationsgebundene Angst gegeben. Durch das Umgehen einer Situation wird sich Ihre Angst nur noch steigern. Sehen Sie der Anforderung ins Gesicht und gehen Sie mitten durch die Angst hindurch, und Sie werden sehen, daß sie weicht.

Es mag ja unangenehm sein, aber wer hat uns je gesagt, daß alles im Leben angenehm sein soll? Auf sein Stichwort hin eroberte der Schauspieler – bildhaft gesprochen – die Bühne Schritt um Schritt, indem er einen Fuß vor den anderen setzte. Von diesem Augenblick an war die Situation für ihn gelaufen. Er hatte es geschafft, und dazu noch sehr gut. Ob das Spiel als Ganzes gesehen ein Erfolg war oder nicht, spielt hier keine Rolle. Einzig wichtig ist in diesem Zusammenhang, daß er durch seine Angst »hindurchgeschwommen« und nicht vor ihr zurückgewichen ist.

Wenn Sie ein Gefühl der Angst bei sich wahrnehmen, halten Sie inne und fragen Sie sich:

1. Was finde ich so schrecklich?
(Der Schauspieler sagte sich, daß er alles vergessen habe und schlecht spielen würde. Das fand er schrecklich.)
2. Werden die Folgen wirklich so schrecklich sein, wie ich glaube?
(Der Schauspieler sagte sich, daß es schrecklich wäre, den roten Faden zu verlieren und schlecht zu spielen.)

Danach korrigieren Sie sich wie folgt:

1. Es ist überhaupt nicht schrecklich. Es mag ja unangenehm sein, aber deshalb ist es noch lange nicht *schrecklich*.
(»Einige Dinge, die ich für absolut schrecklich halte, sind in Wahrheit nur lästig«.)
2. Selbst wenn die gefürchtete Sache eintritt, wird es dennoch nicht *schrecklich* sein. Es mag unangenehm sein, wird aber trotzdem nicht meinen Untergang bedeuten.
(»Wenn selbst das Schlimmste einträte, wären doch die Folgen nicht annähernd so schlimm, wie ich es mir selbst eingeredet habe.«)

Die Haltung des Ausweichens

Der Schauspieler hätte sich auch weigern können, die Bühne am Eröffnungsabend des Stücks zu betreten. Er hätte die Freiheit der Entscheidung gehabt, vor seinem unangenehmen Gefühl zu fliehen, aber er tat es nicht. Er brach sich mitten durch seine Angst hindurch Bahn – und fühlte sich hinterher sehr wohl.

Viele Situationen, die Sie erleben, mögen äußerst unangenehm sein. Sie werden sich tatsächlich häufig mit Problemen konfrontiert sehen, die zunächst kaum überwindbar erscheinen. Doch das Ausweichen vor einem Problem oder einer Situation läßt den Konflikt meist nur noch größer werden. Vor der Angst auszuweichen, ist nicht der Weg, von ihr frei zu werden. Sagen Sie sich Folgendes:

1. Wenn ich auch am liebsten vor der Situation ausweichen würde, werde ich es dennoch *nicht* tun. Eine ausweichende Haltung wird meine Angst nur

noch verstärken. Ich werde mich mitten hineinbegeben, werde die unangenehmen Gefühle dabei voll empfinden und die Sache hinter mich bringen.

2. Ich brauche mich vor den unangenehmen Gefühlen nicht zu fürchten. Sie gehören zum Leben und werden mich nicht umbringen. Manchmal gehört so etwas eben dazu.

Margret ist eine schöne Frau von vierzig Jahren mit dem Temperament eines jungen Mädchens. Sie bemüht sich sehr um das Wohl ihrer Familie und arbeitet gleichzeitig ganztags in ihrem Beruf. Sie hat viele Hobbies, ist in der Gruppe als Sonntagsschullehrerin tätig und leitet eine Gebetsgruppe. Sie wird von den Menschen ihrer Umwelt sehr geschätzt und hat viele Freunde und Bekannte. Doch hat sie ein großes Problem: Sie hat fürchterliche Angst davor, Auto zu fahren und weigert sich, den Führerschein zu machen.

Das Problem wurde immer größer, als ihr Mann entschied, in einem der Vororte ein größeres Haus zu suchen. Margret würde nicht mehr länger die Bequemlichkeit des öffentlichen Nahverkehrs genießen und ihre Furcht vor dem Autofahren nicht mehr verbergen können. Sie müßte ihr vertrautes geschäftiges Leben, das ihr bis dahin solch innere Sicherheit verliehen hatte, aufgeben. Margret sah sich mit dem konfrontiert, was sie am meisten fürchtete: Hinter einem Lenkrad zu sitzen und auf gefährlichen Straßen und Autobahnen selbst fahren zu müssen. Der bloße Gedanke daran war für sie entsetzlich. Fast hätte es ihre Ehe gekostet.

»Ich werde nicht umziehen«, sagte sie entschieden. – »Aber wir wollen doch in ein größeres und besseres Haus ziehen«, versuchte ihr Mann zu argumentieren. »Wir werden alles haben, was du nur willst.« – »Aber ich ziehe nicht um.« – »Warum denn nicht? Was ist denn los?« – »Ich kann die Vororte nicht ausstehen.«

Ihr Mann konnte ihre Haltung überhaupt nicht verstehen. Er versuchte es mit einer rein vernunftmäßigen Diskussion. »Aber du hast doch immer gesagt, wieviel schöner es wäre, in einem Vorort zu wohnen. Die Kinder hätten draußen mehr Freiheit, wir hätten ein moderneres Haus mit mehr Platz, es wäre auch ruhiger als in der Stadt . . .« »Ich mag darüber nicht sprechen. Wenn du umziehen willst, dann tu es doch. Aber ohne mich.« – »Ich *will* aber nicht ohne dich umziehen. Warum sagst du so etwas Dummes?« – »Wenn du mich wirklich lieb hättest, würdest du mir das nicht antun.« – »Was würde ich dir nicht antun?«

Ihr Mann machte sich von dem Ausmaß ihrer Angst keine Vorstellung. Dadurch, daß sie ihren Schmerz nicht mitteilte, konnte die Angst sich in ihr ungehindert entwickeln. Dies waren die Lügen in ihrem Selbstgespräch:

»Wenn ich selber Auto fahre, werde ich einen Unfall verursachen. Das wäre schrecklich. Ich könnte jemanden töten oder selbst dabei ums Leben kommen.«

Margret und ihr Mann gingen zur Eheberatung. Dort kam die Wahrheit ans Licht. Margrets Angst vor dem Autofahren war tiefer verwurzelt, als sie zunächst angenommen hatte.

Nach langer Zeit sah Margret sich endlich in der Lage, diese Angst zu überwinden. Schließlich erklärte sie sich bereit, Fahrstunden zu nehmen und ein eigenes Auto zu kaufen. Sie lernte, mitten durch ihre unangenehmen Gefühle *hindurchzugehen* und das *zu tun*, was sie bisher am meisten gefürchtet hatte.

Doch wie gelangen Margret oder auch andere Menschen, die unter einer extremen Angst leiden, zu dem Punkt, wo sie von ihrer Angst befreit werden? Die Antwort liegt im Prüfen der Selbstgespräche, in der Infragestellung der eigenen Worte und schließlich darin, den Irrglauben durch die Wahrheit zu ersetzen.

Bereits nach kurzer Zeit konnte Margret ihren Irrglauben klar erkennen: »Autofahren ist das Gefährlichste, was man überhaupt tun kann. Ich könnte etwas Unüberlegtes tun oder einen Fehler begehen, der jemandem das Leben kosten würde. Das wäre das Schrecklichste, was ich mir vorstellen kann.« Dann begann sie diesen unsinnigen Gedanken zu widersprechen: »Autofahren ist *nicht* das Gefährlichste, was man tun kann. Ohne Jesus zu leben ist noch wesentlich gefährlicher. Wenn ich einen Fehler mache, werde ich die Folgen selber tragen.«

Sie brachte sich bei, mit sich selbst die Wahrheit zu sprechen. »Auch wenn es mir noch Angst einflößt, mich hinters Steuer zu setzen, bin ich dennoch *in der Lage dazu.*« Langsam rang sie sich durch, sich nicht nur hinters Steuer zu setzen, sondern auch den Motor zu starten. (»Ich kann es. In Christus ist nichts unmöglich!«)

Mit der Unterstützung eines Beifahrers neben sich ließ sie den Motor an, trat vorsichtig aufs Gas und fuhr den Wagen bis zum Ende des Torweges, bremste, parkte und stellte den Motor wieder ab. (»Danke, Herr! Ich habe es *geschafft.*«)

Am nächsten Tag unternahm sie das Gleiche noch einmal. Drei Tage lang wiederholte sie es. Wir fragten sie, wie sie sich beim vierten Mal gefühlt hätte. »Es ging gut.« – »Hatten Sie keine Angst?« – »Nein, eigentlich nicht. Ich fühlte mich ganz wohl dabei.« – »Warum meinen Sie, fühlten Sie sich wohl?« – »Nun ja, ich wußte, daß ich es konnte. Ich hatte es ja bereits dreimal gemacht, ohne einen Schaden davon zu haben. Ich glaube, ich war zuversichtlich, daß es nicht so schlimm sein könnte.« Wir freuten uns sehr und gratulierten ihr. Dann fragten wir sie: »Würden Sie denn auch bis zur nächsten Ecke fahren?« –

Sie fuhr bis zur nächsten Straßenecke und wiederholte das Gleiche mehrmals, jedesmal in Begleitung eines Beifahrers. Schließlich versuchte sie es allein.

»Ich habe es geschafft«, rief sie aus. »Ich hätte mir nie träumen lassen, daß so etwas möglich ist.«

Die meisten Ängste müssen im Zusammenhang mit folgenden vier Punkten gesehen werden:

1. Mit der Furcht, öffentlich einen Fehler zu begehen;
2. mit der Furcht, jemand anderen zu ärgern oder zu kränken;
3. mit der Sorge, liebevolle Zuneigung zu verlieren;
4. mit der Angst vor körperlichem Schmerz oder Tod.

Oft ist solche Furcht übertrieben und unsinnig. In Wirklichkeit sind Sie selber Urheber dieser Angst. Sie entsteht nicht durch Situationen oder Ereignisse. Angst entsteht dadurch, daß Sie sich einreden, etwas sei *schrecklich*.

Was bedeutet »*schrecklich*«? Im allgemeinen bedeutet es etwas weitaus Schlimmeres als Sie je aushalten könnten. Sie sagen sich, das »*Schreckliche*« sei für einen Menschen unerträglich und viel schlimmer als irgend etwas anderes auf der Welt. Natürlich ist so etwas nicht möglich.

»*Schrecklich*« ist etwas, von dem Sie glauben, daß es nicht existieren sollte. *Weil es schrecklich ist, darf es nicht existieren.* Auch dies ist ein Irrglaube.

Unbequeme, lästige und unangenehme Begebenheiten wird es immer geben. *Sie* sollten jedoch ihre Gefühlswelt unter Kontrolle haben. *Der Gedanke ist der Urheber der Gefühle.* Sie werden niemals um alle Unannehmlichkeiten herumkommen, aber Sie können gewisse Fertigkeiten erlernen, mit deren Hilfe diese Dinge bewältigt werden können. Der Irrglaube, das Leben solle durchweg schön, angenehm und ohne Schwierigkeiten verlaufen, macht Sie nur unglücklich. Mit solchen Gedanken im Kopf werden Sie permanent versuchen, allen Problemen aus dem Weg zu gehen, statt sie zu bewältigen.

Jesus spricht sehr klar darüber, daß wir auf dieser Welt mit Schwierigkeiten, Anfechtungen und Versuchungen zu rechnen haben. Er sagt: »In der Welt seid ihr in Bedrängnis.« Er warnt uns vor dem Teufel, dem Feind Gottes, der den Menschen zerstören möchte. Doch dann fährt Jesus triumphierend fort: ». . . aber habt Mut, ich habe die Welt besiegt.« (JOH. 16,33) Wir können Freiheit von aller zerstörerischen Angst erfahren, wenn wir uns auf die wunderbare Tatsache stützen: In Christus haben wir Sicherheit, Liebe, Schutz, er paßt auf uns auf, und eines Tages werden wir in seine ewige Herrlichkeit gelangen.

Freiheit von Angst zu erfahren bedeutet:

1. Die eigenen Vorstellungen von Gefahr auf ein Minimum zu reduzieren (erinnern Sie sich daran, daß Ihre Angst übertrieben ist);

2. daran zu denken, daß *Sie* der Urheber Ihrer Angst sind (denn Sie sind der Urheber jeglichen Irrglaubens);
3. diesen Irrglauben bekämpfen, ihn herauszufordern. »Ist das wirklich so schrecklich, wie ich dachte?«;
4. den Irrglauben durch die Wahrheit zu ersetzen. Kümmern Sie sich nicht um den Gedanken der eigenen Schwäche. Jesus sagt: »Meine Gnade . . . erweist ihre Kraft in Schwachheit.« (2. KOR. 12,9)

Hier folgen einige Wahrheiten, mit denen man die Lüge widerlegen kann:

– Denn die kleine Last unserer gegenwärtigen Not schafft uns in maßlosem Übermaß ein ewiges Gewicht an Herrlichkeit. (2. KOR. 4-17)
– Seht, ich habe euch Vollmacht gegeben, auf Schlangen und Skorpione zu treten und die ganze Macht des Feindes zu überwinden. Nichts wird euch schaden können. (LUK. 10-19)
– Darum sage ich euch. Bittet, dann wird euch gegeben; suchet, dann werdet ihr finden; klopfet an, dann wird euch aufgetan. (LUK. 11-9)
– Ordnet euch also Gott unter, leistet dem Teufel Widerstand; dann wird er vor euch fliehen. (JAK. 4,7)
– Er, der in euch ist, ist größer als jener, der in der Welt ist. (1. JOH. 4,4)
– Die aber, die dem Herrn vertrauen, schöpfen neue Kraft, sie bekommen Flügel wie Adler. Sie laufen und werden nicht müde, sie gehen und werden nicht matt. (JES. 40-31)

Lassen Sie uns gemeinsam beten: »Schaffe in mir, Gott, ein reines Herz, und gib mir einen neuen beständigen Geist.« Und nun wollen wir große Dinge von ihm erwarten, der unser Gebet erhört. Die Angst wird nicht mehr länger Macht auf Sie ausüben können.

SIEBTES KAPITEL

Irrige Überzeugungen, die Mangel an Selbstdisziplin bewirken

Ann sieht niedergeschlagen aus und spricht nur mit leiser und zittriger Stimme. »Alles sieht so hoffnungslos aus, als ob ich nie aus diesem schrecklichen Trott herauskäme, als ob es keinen Ausweg gäbe . . . Es scheint so, als käme ich überhaupt nicht vorwärts. Ich denke, Gott weiß, daß ich ständig bete, aber es passiert einfach nichts. Meine Gebete wurden nie erhört. Alles ist einfach hoffnungslos.«

Die Tränen laufen über ihr blasses Gesicht. »Als ich ihm vor fünf Jahren mein Leben übergab, erwartete ich, daß Jesus mich verändern würde, was er tatsächlich auch getan hat. Ich meine damit, daß es mit vielen Dingen in meinem Leben heute besser steht, und daß er mich vielfach gesegnet hat, aber es gibt ein Problem, mit dem ich einfach nicht fertig werde, und das ist die Selbstdisziplin. Wissen Sie, was ich meine?«

Sie fährt in der gleichen niedergeschlagenen Art fort: »Wissen Sie, ich brauche dringend Arbeit, aber ich mache mich nicht auf, um eine Stelle zu suchen. Irgendeine Ausrede finde ich immer, obwohl es durchaus Stellenangebote gibt und manche Stellen auch sehr verlockend aussehen, aber ich müßte erst abnehmen, wie Sie sehen, mindestens dreißig Pfund. Ich will bis auf 125 Pfund herunterkommen, aber ich *schaffe es nicht*. Ich habe immer wieder darum gebetet, aber es klappt einfach nicht . . .«

Während der nächsten vierzig Minuten war immer wieder zu hören: »Ich kann nicht, ich kann einfach nicht«, jedesmal eingeleitet von dem Satz: »Es ist ja alles so hoffnungslos«, »ich habe versagt« und schließlich die Krönung aller Aussagen: »Gott kümmert sich nicht um mich. Sonst hätte er mich schon längst verändert.«

David ist 35 Jahre alt und ein tüchtiger Gebrauchtwagenhändler. Das Zwinkern seiner Augen und das breite Lächeln lassen plötzlich nach, als er sagt: »Ich komme mir vor wie ein armes Opfer. Sie sollten einmal den riesigen Papierberg sehen, den ich dringend bearbeiten müßte, eine ganze Tonne voll. Aber ich komme einfach nicht dazu. Meine Disziplin läßt sehr zu wünschen übrig. Doch das ist noch nicht alles. Wo ich auch hingehe, ich komme immer zu spät. Ich verschlafe ständig und tue eine Menge Dinge, die ich besser nicht tun sollte. Ich finde immer eine passende Ausrede, doch im letzten Monat haben mich alle meine Verspätungen ganze 7700 DM gekostet. Den Monat davor war es ähnlich. So kann es einfach nicht weitergehen!«

Shirley drückt ihre Zigarette in einem von Kippen bereits überquellenden Aschenbecher aus. »Ich würde gern aufhören zu rauchen, aber mit meiner Disziplin ist es nicht weit her. Ich werde noch an Lungenkrebs sterben und meine letzten Worte werden sein: »Hast du Feuer?« Ich habe bereits versucht, das Rauchen aufzugeben. Drei Monate lang habe ich keine einzige Zigarette angerührt, doch heute bin ich wieder dabei, zwei Schachteln pro Tag zu rauchen. Manchen Leuten gelingt es, aufgrund ihrer Selbstdisziplin mit dem Rauchen aufzuhören. Mir nicht.«

Vielen von uns fällt es schwer, aus eigener Intiative mit allen Schwierigkeiten und Verpflichtungen des Lebens umzugehen. Es ist viel leichter, Jesus dafür verantwortlich zu machen, daß wir uns beispielsweise nicht aufraffen können, eine Arbeitsstelle zu suchen, als das Problem selber in die Hand zu nehmen. Es ist auch viel einfacher, zu verschlafen und damit die längst fällige Papierarbeit zu umgehen, als sich hinzusetzen und anzufangen. Und natürlich ist es leichter, einfach weiterzurauchen, als das Rauchen aufzugeben. Es ist auch einfacher, sich mit einer Tüte voll Süßigkeiten vor den Fernseher zu setzen, als sich zu gymnastischen Übungen und einer Diät aufzuraffen.

Elaine ist eine reichlich verwirrte Mutter von zwei Kindern. Sie sagt: »Ich komme mir vor wie ein Gummiball, der immer hin und her geworfen wird. Ich entschließe mich zu allen möglichen Dingen, zum Beispiel, mehr in der Bibel zu lesen oder auch, gymnastische Übungen zu machen, um endlich mein lästiges Übergewicht loszuwerden. Ich nehme mir auch vor, das Haus am Nachmittag zu putzen und vieles mehr. Doch dann telefoniere ich den ganzen Morgen oder sehe fern, statt in der Bibel zu lesen, oder ich esse ein Eis und wünsche mir gleichzeitig, schlanker zu sein. Wo bleibt die Selbstdisziplin? Dabei sollte ich doch lernen, mich zu beherrschen. Ist die Selbstbeherrschung nicht eine der Früchte des Heiligen Geistes?«

Viele Menschen greifen zu Drogen, lassen sich hypnotisieren oder klinisch behandeln, um vor der Verantwortung und allen schwierigen Aufgaben zu fliehen. Doch solche Methoden bringen weder den gewünschten dauerhaften Erfolg noch das Glück, das man so verzweifelt gesucht hatte.

Wir baten Ann, sich den Grund zu überlegen, warum sie sich nicht aufraffen und nach Arbeit suchen könne. »Ich weiß auch nicht, ich kann einfach nicht«, war ihre Antwort. »Haben Sie Angst vor einer Bewerbung?« »Ich denke, ja. Ich würde wahrscheinlich eine Ablehnung bekommen.« »Aber Sie sagten doch, Sie seien durchaus qualifiziert, um bei den verschiedensten Stellen angenommen zu werden.« — »Ja, das stimmt. Aber das muß noch nichts heißen. Ich denke, ich habe Angst vor einer Ablehnung.« — »Aber warum haben Sie denn Angst davor? Was ist denn so schlimm daran?« — »Meinen Sie Ihre Frage ironisch? Das ist doch das Schlimmste, was passieren kann. Jeder Mensch möchte akzeptiert werden.« — »Sie sagten, Sie seien qualifiziert genug, um eine Stelle zu bekommen. Sie sagten auch, Sie hätten eine zweijährige Ausbildung auf der Höheren Handelsschule hinter sich und Sie verfügten über eine ganze Reihe von Fähigkeiten. Warum glauben Sie denn, Sie könnten bei einer Bewerbung abgelehnt werden?« – »Weil meist hübsche Mädchen gesucht werden ...« – »Also, hören Sie mal! Sie reden sich ein, nicht attraktiv genug zu sein, um eine Stelle zu bekommen?« – »Ist es etwa nicht so? Sie sehen doch, daß ich mindestens 30 Pfund Übergewicht habe.«

Bitte achten Sie hier auf das Selbstgespräch. Ann sagt sich, sie könne keine Stelle bekommen. Doch dann sagt ihr die Vernunft, daß das durchaus möglich sei, da sie ja genügend Fähigkeiten vorweisen könne, um die gewünschte Arbeit zu bekommen. Daraufhin versucht sie es mit einer anderen Lüge: Sie sei nicht attraktiv genug. (Wenn dies der Wahrheit entspräche, würde man auf dem Arbeitsmarkt weder übergewichtige noch wenig attraktive Menschen finden.)

»Ich hatte die Figur eines Fotomodells. Ich entsprach dem Idealtyp. Doch heute verabscheue ich mich selber.« – »Meinen Sie, es sei notwendig für Sie, dem Idealtyp zu entsprechen, um sich selbst anzunehmen? Stellen Sie sich vor, das, was Sie als attraktiv bezeichnen, sei im Grunde gar nicht attraktiv. Nehmen Sie einmal an, die Volksmeinung tendiere dahin, daß eine Frau Ihrer Größe mindestens zweihundert Pfund wiegen sollte.« – »Ich wiege jetzt 140 Pfund.« – »Ja, was würden Sie dann tun?« – »Dann würde ich mich sicherlich beeilen, zuzunehmen.« – »Und wenn Sie nun diese Gewichtsgrenze erreicht und tatsächlich 75 Pfund zugenommen hätten – entsprechend Ihrem Idealgewicht – würden Sie dann auch sagen, Ihre Gewichtszunahme sei das Ergebnis mangelnder Selbstdisziplin?« – »Sicherlich nicht. Ich hätte zugenommen, weil ich es mir so vorgenommen hätte.« – »Stellen Sie sich vor, Sie beabsichtigten abzunehmen.« – »Dann würde ich abnehmen.«

Ann sucht sich den leichtesten Weg, indem sie ihre Schwierigkeiten einfach umgeht und *nichts* tut. Sie setzt sich ein sehr hohes Ziel und hat gleichzeitig Angst, dieses Ziel nicht zu erreichen, verzagt bei dem Gedanken an eine Ablehnung, ärgert sich, regt sich auf, empfindet Schuldgefühle und schafft es nie, sich die Dinge ernstlich so vorzunehmen, wie sie sie eigentlich anstreben möchte.

Ann, und mit ihr zahlreiche andere Menschen, denen es an der notwendigen Selbstbeherrschung mangelt, reden sich eine Lüge nach der anderen ein, bis sie schließlich dem Himmel die Schuld geben: »Jesus erhört meine Gebete nicht. Er will mich einfach nicht verändern. Er liebt mich nicht!« Dies alles sind Lügen.

Man braucht sich nicht zu wundern, wenn ein Christ, der unter mangelnder Selbstdisziplin leidet, gleichzeitig über tiefe Unzufriedenheit mit seinem

Leben, über Schuldgefühle und mangelndes Selbstvertrauen klagt und sich auch noch über Gott ärgert.

Die Massenmedien vermitteln uns einiges über unseren Irrglauben. Der Irrglaube, der mangelnde Selbstbeherrschung bewirkt, wird durch die Massenmedien tatsächlich noch verstärkt. Man braucht sich nur genügend Fernsehreklamen anzuschauen, und schon schleicht sich der Glaube ein, man müsse alles haben, was man sich wünscht. Wir nehmen die Verlockung sehr leicht auf, etwas Reizvolles zu »besitzen« oder auch jemand zu »sein«, der von jedermann geachtet wird. Dieser falsche Glaube verführt uns dazu, alles, was wir uns wünschen, sofort *bekommen* zu wollen (solange wir noch jung sind, solange eine Sache noch im Verkauf oder überhaupt noch zu bekommen ist). Dies sind die irrigen Überzeugungen, die zu mangelnder Selbstdisziplin führen:

1. Wenn man sich etwas wünscht, sollte man es unbedingt haben, egal, unter welchen Umständen.
2. Es ist schrecklich und ungerecht, wenn man warten muß, bis man endlich das bekommt, was man sich gewünscht hat, besonders dann, wenn der Wunsch sehr stark ist.
3. Unbequemlichkeit und Enttäuschung sind etwas Schreckliches, kaum Auszuhaltendes. (Leid sollte in jedem Fall vermieden werden, koste es, was es wolle.)
4. Starke Sehnsüchte sind unkontrollierbar. Sie sind als »Notwendigkeit« zu betrachten und es ist unerträglich, wenn ihnen nicht entsprochen wird. Jede Art der Enttäuschung oder des Unbefriedigtseins ist unerträglich.
5. Schmerz und Unbequemlichkeit sind unzumutbar.
6. Schlecht zu schlafen ist etwas schwer Erträgliches.
7. Es ist unerträglich für Sie, wenn andere Sie anders behandeln, als Sie es von Ihren Eltern her kennen, die Sie verwöhnt haben.
8. Sie empfinden es als unzumutbar, wenn die Umstände nicht Ihren Wünschen entsprechen. Es mag ja sein, daß Sie die Dinge »ertragen« wie sie sind, aber Sie werden niemand in Unkenntnis darüber lassen, wie schrecklich doch alles ist.
9. Jeder Erschöpfungszustand und jede Anstrengung ist schrecklich.
10. Versagen jeder Art ist Ihnen zuwider.
11. Sie sehen sich nicht in der Lage, gegen Ihre Wünsche anzukämpfen; denn sie sind viel zu stark, als daß Sie sie unter Kontrolle halten könnten.
12. Sie können nicht davon lassen, weil Sie zu schwach sind, und außerdem brauchen Sie »X« zu Ihrer Befriedigung, auch wenn »X« für Sie schädlich sein mag. (»X« steht für jede beliebige Gewohnheit, die sich als Problem erweist.)

13. Sie glauben, Sie hätten ein Anrecht darauf, anderen Ihre Forderungen aufzuzwingen.

Viele Elterngenerationen sind nach diesem Modell erzogen worden und haben die gleichen Maßstäbe auch an ihre Kinder weitergegeben. Die Beratungsräume von Psychologen und Pastoren sind überfüllt von Männern, Frauen und Kindern, die deutliche Auswirkungen dieser irrigen Überzeugungen zeigen. Sogenannte »fortschrittliche« Erziehungsmethoden verstärken die Haltung, daß man alles bekommen und haben sollte, was man sich wünscht, ohne Rücksicht zu nehmen.

Ein junges Elternpaar sitzt am Sonntag mit seinem zweijährigen Sohn in einem Restaurant beim Mittagessen. Der Kleine thront auf einem hohen Kinderstühlchen und schlägt mit den Füßen gegen den Tisch. »Was hast du denn, Liebling?« – »Er möchte bestimmt etwas Brot.« – Die Mutter gibt ihm ein Stückchen Brot. Der Zweijährige wirft das Brot auf den Boden und fängt gellend an zu schreien. »Er wollte das Brot nicht, was ist bloß los mit ihm?« – »Er will deine Pastete.« »Er hat ja nicht einmal seine eigene aufgegessen. Irgendetwas hat ihn geärgert.«

Der Vater schnippt mit den Fingern und fragt den kleinen Schreihals: »Was hast du denn, mein Sohn, hm? Komm, wir spielen mit deinem Löffel.« Der Kleine schleudert den Löffel quer über den Tisch zu seinem Vater. »Kümmere du dich mal um ihn. Vielleicht muß er auf's Töpfchen.« Die Mutter wendet sich dem Schreihals zu und fragt: »Mußt du mal auf's Töpfchen, mein Kleiner?« Das Kind schreit und windet sich auf dem Stühlchen hin und her. »Gib ihm was von seiner Milch!« – »Hier, mein Süßer, hier hast du deine Milch. Komm, mach mal den Mund auf! Einen Schluck für Papa . . . und alles über mein Kleid!« – Die Mutter wendet sich hilflos dem Vater zu. »Warum kümmerst *du* dich nicht um ihn?« – »Vielleicht hat er Magenschmerzen«, äußert sich der Vater.

Die Wechselwirkung ist in diesem Fall ganz offensichtlich. Der Junge ist durchaus in der Lage, seine Bedürfnisse mitzuteilen, doch hat sich bei ihm der Eindruck gefestigt, daß seine Eltern in erster Linie dazu da seien, ihm die Mühe zu ersparen, Bedürfnisse klar zum Ausdruck zu bringen und sie selbst zu bewältigen. Obgleich er selber essen kann, wird er nicht dazu angehalten, dies auch zu tun. Obwohl er mit einigen Problemen sehr wohl selbst fertig werden kann oder auch um Hilfe bitten könnte, sieht er keine Notwendigkeit dazu. Durch die ständige Beachtung seiner Eltern wird er nur noch in seinem Geschrei bestärkt. Doch nicht nur das, nach der Befriedigung seiner Wünsche (Milch, Pastete, Löffel, Töpfchen gehen) wurde ihm deutlich, daß er ohne längeres Warten alles bekommt, was er nur will. Das Kind erkannte bald, daß es nie auch nur den leisesten Schmerz oder die geringste Unbequemlichkeit zu ertragen brauchte.

In seinem weiteren Leben werden viele dieser irrigen Überzeugungen dadurch verstärkt werden, daß seine Eltern ihm fortwährend jeden Wunsch von den Augen ablesen. Dinge, die er selber tun könnte, werden für ihn erledigt, jedes Warten wird ihm erspart. Man hat ihm frühzeitig beigebracht, daß jede Form von Unbequemlichkeit furchtbar sei und daß er vor allem niemals irgendeine Not zu leiden brauche.

Doch was geschieht nun mit diesem Jungen? Er wird älter und erkennt nach und nach, daß seine Freunde durchaus nicht immer seinen Wünschen und Erwartungen entsprechen. (»Keiner mag mich.«) Seine Lehrer üben weder Nachsicht noch entschuldigen sie seinen Mangel an Gehorsam. (»Keiner versteht mich, keiner kümmert sich um mich.«) Er erkennt, daß ihm niemand abnimmt, wozu er selbst in der Lage ist. (»Die taugen doch alle nichts!«) Er sieht sich mit der gesellschaftlichen Erwartung konfrontiert, einer bestimmten sittlichen Auffassung zu entsprechen. Er kann sich nicht vorstellen, jemals auf etwas zu verzichten. Warum sollte er beispielsweise ein Drogenangebot ausschlagen?

Er wird immer dicker und unordentlicher in seiner äußeren Erscheinung, weil er jede Unbequemlichkeit scheut und sich dabei auch nichts sagen lassen mag. Die Notwendigkeit, diszipliniert zu leben, sieht er gar nicht ein; schließlich muß man doch bekommen, was man will – zu dem Zeitpunkt, wann man es will. Er glaubt, alle Vorstellungen seiner Phantasie entsprächen tatsächlichen *Bedürfnissen*, die in jedem Fall befriedigt werden müßten. Werden sie nicht befriedigt, geht es ihm schlecht. (»Das ganze Leben taugt nichts. Ich könnte mich ebenso gut umbringen.«)

Selbstbeherrschung, was ist das?

Wenn sich Ihr Kind im Teenageralter ähnlich verhält wie der oben beschriebene Junge, verurteilen Sie sich nicht gleich als Eltern, die versagt haben. Deswegen haben Sie noch lange nicht versagt. Sie haben wie jeder andere auch das Recht, Fehler zu machen. *Verhaltensweisen sind erlernbar.* Ihr Kind hat sowohl die Möglichkeit, Selbstbeherrschung zu erlernen als auch, diese abzulehnen. Es ist niemals zu spät. Viele, die wir als glückliche und produktive Menschen kennen, sind durch ständige Arbeit an sich selbst zu diesem Ergebnis gelangt. Sie haben gelernt zu überwinden. Vielleicht waren sie nicht immer leuchtendes Beispiel für Selbstbeherrschung und Hingabe, doch haben sie heute einen weit höheren Gewinn erzielt, als sie sich zuvor hätten träumen lassen.

Es ist dem Teufel gelungen, Tausende davon zu überzeugen, daß Selbstbeherrschung eine Gabe sei, die nur andere hätten. »Ich kann mich einfach nicht beherrschen«, behauptet jemand. Solange ein Mensch an dieser Lüge festhält, wird sie über kurz oder lang zur Wahrheit für ihn. Dann wird er feststellen, daß er *nicht in der Lage* ist, einem bestimmten Zustand willentlich ein Ende zu setzen. Was er gern tun wollte, tut er gerade nicht; auch könnte er einer bestimmten Sache nicht widerstehen, obgleich er weiß, er sollte widerstehen.

Die Behauptung, etwas *nicht zu können*, ist eine Lüge. Sie *können* es dennoch. Nur müssen Sie die Lüge erkennen. Schauen Sie sich kurz folgende Behauptungen an:

1. Ich *kann nicht* abnehmen.
2. Ich *kann* meine Leidenschaften *nicht* unter Kontrolle halten.

Erinnern Sie sich an die Aussagen, die wir bereits gemacht haben: Durch Ihre Gedanken bekommen Sie Ihre Gefühle unter Kontrolle. Wenn Sie *denken* und *sich sagen*, Sie könnten sich nicht beherrschen, werden Sie es tatsächlich nicht können. Ist es möglich, die oben genannten Behauptungen zu verändern?

Die Wahrheit

1. Es ist lächerlich und dumm zu denken, ich könne nicht abnehmen! Ich habe die Möglichkeit, zu mir selbst und meinem Appetit »nein« zu sagen. Ich kann aufhören, fette Speisen zu essen, ich kann Kalorien zählen, ich kann mich beispielsweise den »Weight-Watchers«* anschließen, ich *kann* abnehmen! Ich vermag alles durch Christus, der mich stark macht.
2. Natürlich *kann* ich meine Leidenschaft unter Kontrolle halten. Jesus ist am Kreuz gestorben, um mich von jeder kleinsten Ungerechtigkeit zu befreien. Selbstverständlich werde ich *nicht* meinem Fleisch nachgeben, ich nicht. Der Glaube, ich könne mich nicht beherrschen, ist eine Lüge.

Der Irrglaube, daß ein einmaliges Versagen ständiges Versagen zur Folge habe

Viele Lügen treten in Verbindung mit der Selbstbeherrschung beziehungsweise einem Mangel an Selbstbeherrschung auf. Manche Menschen *trainieren* sich selbst in dem Glauben, schwach, wertlos und unfähig zu sein. Sie sagen sich: »Ich bin *in allen Dingen* ein Versager.«

Marsha schaffte es nicht, den zweijährigen Kursus einer der Kirche angeschlossenen Bibelschule zu beenden. Auch bei ihrer Arbeitsstelle hielt sie es nicht aus. Deshalb mußte sie zu ihrer Schwester und deren Mann ziehen. Abends ging sie in verschiedene Bars und traf eines Tages einen jungen Mann, mit dem sie ein Verhältnis einschließlich sexueller Beziehungen einging. Als er erfuhr, daß sie von ihm schwanger geworden war, verschwand er

---

* Anm. d. Übers.: Aus Amerika kommende Selbsthilfegruppe zur Kontrolle des Körpergewichts.

ganz plötzlich. Ohne Arbeitsstelle, ohne Geld, ohne Zuhause – nur die Couch im Wohnzimmer ihrer Schwester – und gleichzeitig schwanger, das waren Marshas wenig erfreuliche Lebensaussichten.

Marsha übte sich in dem Glauben, schwach zu sein. Sie glaubte, wertlos, unfähig und hilflos zu sein. Sie redete sich ein, derart häufig im Leben versagt zu haben, daß ihr gar nichts anderes übrigbliebe, als auch weiterhin zu versagen. »Versagen, nichts als Versagen. Was soll das alles? Warum soll ich überhaupt noch weiterleben?«

Der Glaube, daß ein einmaliges Versagen immer weiteres Versagen zur Folge habe, ist eine Lüge! Wenn Sie sich in der Geschichte umschauen, werden Sie erkennen, wie groß diese Lüge ist. Der Ratschlag: »Gib nicht auf, auch wenn du versagt hast«, ist sehr vernünftig. Marsha mußte mit fremder Hilfe lernen, sich selbst zu lieben und zu schätzen und zu erkennen, daß sie ein Mensch von Bedeutung ist, an dem Gott großes Interesse hat.

Von diesem neugewonnenen Standpunkt aus konnte sie neue Verhaltensweisen lernen, die die Wahrheit unterstützen. Diese Verhaltensweisen fügten ihr keinen Schaden zu, sondern halfen ihr. Schließlich sah sie sogar die Möglichkeit, wieder zur Schule zu gehen und ihre Ausbildung zum Abschluß zu bringen. Sie fand eine Wohnung für sich und das Baby im Hause ihrer Schwester. Sie baute engere Beziehungen zu anderen Christen auf, von denen sie sich geliebt wußte und die sich um sie kümmerten. Marsha sah ihre Selbstverwirklichung in Jesus Christus, der niemals sagt: »Wenn du einmal versagt hast, wirst du immer wieder versagen.«

Shirley ist eine gutaussehende Frau von 36 Jahren, die mit beiden Beinen im Berufsleben steht. Sie ist verzweifelt darüber, daß sie so viel raucht und empfindet sich als Gefangene dieses Lasters, ohne einen Ausweg zu sehen.

»Es hat doch alles keinen Zweck. Ich habe so oft versucht aufzuhören, doch ich schaffe es nicht. Ich fange immer wieder von vorne an.« »Glauben Sie, daß nach einem mißlungenen Versuch bereits alles zu spät sei?«

Shirley dachte einen Augenblick nach. »Nein, das glaube ich nicht. Ich habe mich bei verschiedenen Schulen um eine Lehrerstelle beworben, bekam jedoch achtmal eine Ablehnung, bis man mir schließlich die Stelle anbot, bei der ich heute noch bin.« – »Das widerspricht also Ihrer früheren Hypothese: ›Weil ich einmal versagt habe, werde ich immer wieder versagen.‹« – »Mein Bruder hat vor einigen Jahren aufgehört zu rauchen. Er sagt, er denke nie mehr an Zigaretten, ja vermisse sie nicht einmal.« – »Hat er bereits zu einem früheren Zeitpunkt versucht, aufzuhören?« – »Ja, sogar mehrmals. Einmal hatte er einige Wochen lang und ein anderes Mal mehrere Monate lang Erfolg. Doch eines Tages gab er das Rauchen völlig auf und hat sich seitdem nie mehr eine Zigarette angesteckt.« – »Shirley, sehen Sie denn nicht, worauf es ankommt? Ebenso wie Sie hat Ihr Bruder mehrmals versucht, aufzuhören. Doch eines Tages hörte er *tatsächlich* auf, und der Erfolg war ganz offensichtlich. Die Behauptung, ein vorausgegangenes Versagen sorge für weitere Versagen, ist einfach nicht wahr.«

Shirley klammerte sich an ihrem Irrglauben fest wie ein kleines Kind an seinem Teddybären. Solange es ihr gelang, sich davon zu überzeugen, daß ihre Sucht nicht ihr eigener Fehler und sie nur ein unschuldiges Opfer sei, konnte sie ruhig weiterrauchen und brauchte nicht in den sauren Apfel zu beißen, sich selbst ein »nein« zu sagen. Die Behauptung, »ich kann nicht, weil es mir vorher auch nicht gelungen ist«, stimmt nicht mit der Wahrheit überein und bringt zu Fall.

Jesus hat uns befreit, um zu dem Menschen zu werden, der wir sein sollen – umfassend geheilt, wunderbar und fähig, seine Kraft uns zu eigen zu machen.

»Fürchte dich nicht, denn ich bin mit dir; habe keine Angst, denn ich bin dein Gott. Ich helfe dir, ja ich mache dich stark, ich halte dich mit meiner hilfreichen Rechten.« (JES. 41,10)

Um Selbstbeherrschung zu erlernen, ist es wichtig, irrige Überzeugungen in den eigenen Selbstgesprächen zu erkennen. Sehr wahrscheinlich werden Sie einen Zusammenhang entdecken zwischen Ihrer Schwierigkeit bezüglich der Selbstbeherrschung und der folgenden Liste irriger Überzeugungen. Gestatten Sie sich nicht, auch nur ein einziges Mal eine bereits als falsch erkannte Behauptung in den Mund zu nehmen.

Irrige Überzeugungen im Selbstgespräch

– Es kümmert sich sowieso niemand um mich. Weshalb sollte ich also versuchen, (schlank, nüchtern, ausgeglichen, ein Nichtraucher oder sonst etwas) zu sein?
– Mein Leben war so furchtbar (oder: man hat mich so schlecht behandelt), daß ich mir jetzt ein wenig Nachsicht gönne. Darum fahre ich fort zu (rauchen, trinken, essen, stehlen oder was auch immer).
– Ich bin so wenig wert, daß es wirklich völlig egal ist, ob ich (mich selbst zerstöre, mich verletze, mich in etwas Schädliches hineinbegebe u.s.w.).
– Ich habe hart gearbeitet und meine Sache so gut gemacht, daß ich jetzt ruhig einmal (stehlen, trinken, rauchen, übermäßig viel essen usw.) kann.
– Ich brauche . . . .
– Ohne zu rauchen . . . . kann ich nicht leben.

Setzen Sie Ihre ganze Entschlußkraft und Energie ein, um jedem einzelnen Irrglauben die Wahrheit entgegenzusetzen. Der Herr stützt Sie dabei mit seiner Rechten!

Der Apostel Paulus sagt: »Glücklich der Mann, der in der Versuchung standhält. Denn wenn er sich bewährt, wird er die Krone des Lebens erhalten, die denen verheißen ist, die Gott lieben.« (Jak. 1,12) Zu den Christen in Korinth sagt er: »Daher, geliebte Brüder, seid standhaft und unerschütterlich, nehmt immer eifriger am Werk des Herrn teil« (1. Kor. 15,58), und für die Christen in Ephesus bat er den Herrn, ». . . er möge euch aufgrund des Reichtums seiner Herrlichkeit schenken, daß ihr in eurem Innern durch seinen Geist an Kraft und Stärke zunehmt.« (Eph. 3,16)

Wo liegt unsere Stärke? Im *inneren Menschen*, im Innersten unserer Seele, dem Ort, wo unsere Gedanken durcheinanderschwirren und nur darauf warten, Einfluß auf unsere Gefühle und unsere Handlungsweise zu nehmen. Als Paulus sagte, »alles vermag ich durch ihn, der mir Kraft gibt« (Phil. 4,13), offenbarte er uns ein jede Lüge zerreißendes Prinzip, an dem wir unser Leben ausrichten können. Dieser Vers spricht die Wahrheit, auch über die Selbstbeherrschung. Paulus berichtete von seinen Erfahrungen, als er freiwillig um Christi willen Dinge aufgab und vieles erlitt. »Ich vermag alles!«, lautet sein triumphierender Ausruf, der für alle Zeiten Gültigkeit hat.

Um Selbstbeherrschung zu erlernen, müssen Sie aktiv mit dem Schwert des Geistes – der Wahrheit – gegen Ihren Irrglauben ankämpfen.

Wieviele unserer Verhaltensweisen sind *unabänderlich*?

Connie, die unter einem Übergewicht von 65 Pfund leidet, behauptet, sie könne nicht abnehmen, sie sei eben so dick. Eisessen ist ihre große Schwäche. Wir baten sie, sich einmal vorzustellen, sie sitze in einer Eisdiele und habe eine Riesenportion Eis vor sich stehen. Sie hat den Löffel bereits in der Hand und will sich gerade an den Berg heranmachen, als sie plötzlich eine Stimme hinter sich hört. »Lassen Sie sofort den Löffel fallen«, sagt die bedrohliche Stimme. Sie erstarrt für einen Augenblick. »Ich habe Ihnen gesagt, Sie sollen den Löffel fallenlassen«, wiederholt der Sprecher. Sie spürt etwas Kaltes und Hartes an ihrer Schläfe. Die Stimme sagt zornig: »Hier ist ein Revolver, und wenn Sie auch nur einen einzigen Bissen von diesem fürchterlichen Zeug zu sich nehmen, schieße ich los.«

Connie reagiert prompt: »Natürlich würde ich nichts von dem Eis essen«, sagt sie, nach Luft schnappend. »Sie glauben also, Sie würden das Eis nicht einmal anrühren?« – »Nein.«

Soweit sei hier also die Unabänderlichkeit der Dinge angesprochen.

Shirley, die darauf bestand, daß es ihr *unmöglich* sei, mit dem Rauchen aufzuhören, änderte sehr plötzlich ihre Meinung, als wir sie baten, sich vorzustellen, zwischen ihr und ihrer Zigarettenpackung läge ein Scheck über 1000 Dollar. »Stellen Sie sich vor, jemand würde zu Ihnen sagen: ›Wenn Sie bis heute abend keine Zigarette mehr anrühren, gehört der Scheck Ihnen.‹«

Shirleys Gesicht hellte sich auf. »Ich würde keine Zigarette mehr anrühren«, lachte sie. – Wir wollen mit der Geschichte fortfahren. »Und dann stellen Sie sich vor, daß, nachdem Sie gegen Abend den Scheck erhalten haben, ein weiterer Scheck vor Sie hingelegt wird und eine Stimme zu Ihnen sagt: ›Shirley, wenn Sie weitere 24 Stunden lang keine Zigarette anrühren, gehören Ihnen auch diese 1000 Dollar.‹«

Shirley hatte sichtlich Spaß an der Geschichte. »Dann wäre ich ja reich! Ich hätte nicht einmal mehr Verlangen nach einer Zigarette!« »Stellen Sie sich vor, nach Ablauf dieser 24 Stunden und nach Erhalt der vollen Summe würde Ihnen jemand ein Ticket für eine vierwöchige Reise nach Hawaii zeigen. Man sagt Ihnen: ›Sie dürfen diese Urlaubsreise nach Hawaii unternehmen, wenn Sie es schaffen, drei Tage hintereinander nicht mehr zu rauchen.‹« – »Einfach toll!«, sagte Shirley. »Als krönenden Abschluß sagt Ihnen Ihr Gönner: ›Für jede Woche, die Sie nicht rauchen und auch keinen einzigen Zug an einer Zigarette nehmen, erhalten Sie einen weiteren beglaubigten Scheck über 1000 Dollar.‹«

Shirley lachte laut auf. »Ich sehe, worauf Sie hinauswollen! Bei solch einem Angebot würde ich selbstverständlich das Rauchen sofort einstellen!«

Nichts ist für Sie *unabänderlich.* Sie haben die Möglichkeit, über alles in Ihrem Leben Kontrolle auszuüben. Sie *können* genau das tun, von dem Sie glauben, es sei unmöglich.

Der Irrglaube, man könne sich selbst nicht widerstehen

Ist es denn so schwierig, sich selbst zu widerstehen? Ist diese Vorstellung Ihrer Ansicht nach identisch mit dem Glauben an Tod und Selbstverstümmelung? Glauben Sie, bei der Empfindung von Hunger, Durst, Schlafbedürfnis, Enttäuschung, Nervosität oder Unbefriedigtsein, ein Stück Hölle zu erleben? Wenn Sie sich genötigt sehen, Unbequemlichkeiten zu erleiden, unterbrochen zu werden oder die Zerstörung aller Ihrer Pläne ertragen zu müssen, sagen Sie sich dann, das Ende aller Dinge sei gekommen?

Manchmal ist es nicht leicht, sich selbst zu verneinen. Es ist auch nicht leicht, auf etwas zu verzichten, das man unbedingt haben möchte, etwas aufzugeben, an dem man hängt oder etwas zu verlieren, das man innig liebt. Doch manchmal ist dies alles nötig, um zu etwas Höherem und Besseren zu gelangen.

Meist werden Sie feststellen, daß die Erlangung von etwas Wertvollem im Leben vom Willen abhängig ist, eine gewisse Notlage, Unruhe, Unbequemlichkeit und Unzufriedenheit zu erdulden. Häufig erringt man den größten Sieg, wenn man mitten durch eine sehr unangenehme Situation hindurchgeht.

Sie *können* sich selbst verneinen. Sie können »nein« zu sich sagen. Das Erleben eines bestimmten Schmerzes bedeutet keine Katastrophe. Sie werden den Schmerz tatsächlich aushalten.

Max, ein begabter Psychologiestudent, glaubte zugrunde gehen zu müssen, sähe er sich genötigt, etwas ihm sehr Kostbares aufzugeben. Eines Tages jedoch verließ ihn seine Frau und nahm die Kinder mit sich. Das war ein furchtbarer Schlag für Max. Er schaffte es, trotz des Leides weiter zu seiner Ausbildungsstätte zu gehen. Doch sein Leben war völlig ruiniert. Er begann, seinen Schmerz mit Alkohol hinunterzuspülen. Dadurch wurden seine Schuldgefühle und sein Mangel an Selbstwertgefühl nur noch verstärkt.

Es kostete Max große Anstrengung, bis er schließlich sagen konnte: »Nun gut, meine Familie hat mich verlassen. Ich bin jetzt allein, aber ich brauche deswegen nicht einsam zu sein. Ich brauche meinen Schmerz auch nicht mit Alkohol zu betäuben. Ich *kann* den Schmerz aushalten. Ich werde nicht dabei umkommen.«

Max unternahm drei Dinge, die sein Leben auf dramatische Weise veränderten:

1. Er erkannte die zerstörerische Funktion seines Irrglaubens, daß Leben und Glück von anderen Menschen abhängig seien. Unser Glück hängt allein von unserem Verhältnis zu Jesus ab. Niemand anders sollte die lenkende Funktion in unserem Leben innehaben. »Vor dem Herrn, deinem Gott, sollst du dich niederwerfen und ihm allein dienen.« (MATTH. 4,10)
2. Er begann, seinen Irrglauben in Frage zu stellen und sich die Wahrheit zu sagen. (»Ich habe meine Frau geliebt und liebe sie auch heute noch, doch der Herr meines Lebens ist allein Jesus.«)
3. Er entzog sich der Versuchung, im Gefühl des Selbstmitleids und der Einsamkeit zu schwelgen, indem er seinen Kummer nicht mehr länger mit Alkohol betäubte. (»Ich *kann* den Schmerz aushalten!«)

Sie *können* sich selbst verneinen.

Sie *können* warten, bis Sie das Gewünschte bekommen. »Wenn ihr standhaft bleibt, werdet ihr das Leben gewinnen.« (Lk. 21,19) Ihre Seele ist ihr Intellekt, ihre Gefühlswelt und ihr Wille. Was für eine große Rolle spielt doch die Geduld für die Standhaftigkeit Ihrer Seele! Sprechen Sie mit sich selbst die Wahrheit! Sagen Sie Ihrer Seele, daß alles in Ordnung ist. Sie können trotz Unbequemlichkeit, Erschwernissen, Mühen und negativen Gefühlen ein glückliches Leben haben.

Die falsche Vorstellung, man brauche etwas

Wir bringen leicht folgende Aussagen durcheinander:
»Ich brauche« und »ich will«. Das Wort *brauchen* deutet darauf hin, daß wir ohne eine bestimmte Sache nicht auskommen können. Ein Motor

braucht Öl, pflanzliches Leben braucht Wasser, der Mensch braucht Sauerstoff. Doch wenn Sie glauben, Sie *brauchten* ein Glas Wein oder ein Paar rote Schuhe, sprechen Sie nicht von einem Bedürfnis, sondern höchstens von einem Wunsch.

Jeder von uns hat sich bereits ein- oder mehrmals gesagt, er *brauche* eine Sache ganz dringend, obwohl er sich diese Sache im Grunde nur wünschte. »Ich *brauche* mein Lieblingskopfkissen, um nachts gut schlafen zu können.« – »Ich *brauche* mein Beruhigungsmittel, sonst gehen meine Nerven mit mir durch.« – »Um mich selbst annehmen zu können, *brauche* ich die Anerkennung anderer.« – »Ich *brauche* einen Partner, um ein glückliches und erfülltes Leben zu haben.«

Selbstverständlich sind alle diese Aussagen nicht wahr.

Wenn Sie sich sagen, Sie brauchen etwas, könnten etwas *nicht ertragen* oder müßten unbedingt etwas Bestimmtes haben, versuchen Sie, einen Augenblick innezuhalten und die Sache noch einmal gründlich zu überdenken. Achten Sie auf Ihre Selbstgespräche.

Typische Beispiele für Aussagen dieser Art sind: »Ich *halte* es in diesem Haus *nicht mehr länger aus*« oder: »Ich *brauche unbedingt* Menschen, die sich um mich kümmern« oder: »Ich *kann keine* Einsamkeit *ertragen*!« Sie können auch trotz dieser Prüfungen und Störfaktoren weiterleben. Sie haben schon Vieles in Ihrem Leben durchgemacht, und wenn es sein müßte, würden Sie auch noch weitere Schwierigkeiten überstehen. Wenn Sie sich sagen, Sie könnten etwas *nicht ertragen*, wird die Wahrscheinlichkeit größer, daß Leiderfahrungen in jedem Fall umgangen werden. Durch diese Einstellung berauben Sie sich jedoch allen Segens, der eine Folge von Geduld, Ausharren, Hoffnung, Mut und Glauben ist. Dies bedeutet *nicht*, daß Sie alles Unangenehme und Schwere ohne zu fragen annehmen oder Gott sogar um Prüfungen und Schwierigkeiten bitten sollen. Es wird immer Dinge geben, die es zu verändern oder zu vermeiden gilt. Sie sollen nicht danach trachten, sich willentlich zu verletzen oder bewußt gegen die Absicht Gottes zu handeln, indem Sie irgendetwas Zerstörerisches tun. Es geht auch nicht darum, etwas Negatives oder Trauriges als Schicksal »anzunehmen«, wenn der Herr uns durch sein Wort sagt, daß wir von diesem allen befreit sind durch das Blut, das auf Golgatha geflossen ist.

Die Bibel lehrt uns: »Widersteht dem Teufel, so flieht er von euch.« (Jak. 4,7) Das bedeutet, daß wir nicht alles Negative, jede Krankheit und jedes Unheil blindlings akzeptieren und hinnehmen sollen. Jesus ist am Kreuz gestorben, damit wir von Sünde, Krankheit und Zerstörung befreit würden. In Jesaja 54,14 heißt es:

»Du wirst auf Gerechtigkeit gegründet sein. Du bist fern von Bedrängnis.«

Das ist eine sehr wertvolle und mutmachende Verheißung.

Und dennoch sehen Sie sich mit der Versuchung konfrontiert, der Arbeitssuche aus dem Weg zu gehen. Sie würden viel lieber zuhause bleiben. Sie wollen sich nicht dem täglichen Einerlei, den Menschen und den Anforderungen stellen. Sie ziehen es vor, zuhause zu bleiben, wo es Ihrer Meinung nach sicher und gemütlich ist.

Doch dann kommen Sie schließlich zu der Einsicht, daß es hierfür keine andere Möglichkeit gibt, als krank zu werden und krank zu bleiben. Diesen Weg wollen Sie jedoch nicht einschlagen. Sie beginnen also gegen diesen zerstörerischen Drang zu kämpfen und machen sich auf Arbeitssuche. »Wer essen will, muß auch arbeiten«, sagen Sie sich zu Recht. »Ich bin auch nicht anders als andere«. Wenn Sie Arbeit gefunden haben, sprechen Sie auch weiterhin die Wahrheit mit sich selbst und wehren Sie sich gegen Klage, Furcht und Sorge. Sie sagen: »Ich wäre lieber zuhause geblieben, doch jetzt habe ich eine Arbeitsstelle. Ich arbeite zur Verherrlichung Gottes. Ich gehe diesem neuen Erfahrungsbereich nicht aus dem Weg. Selbst wenn es mir schwerfällt, bin ich doch in der Lage dazu!«

Wenn die Begriffe ›Bedürfnis‹ und ›Wunsch‹ den richtigen Platz in Ihrer Gedankenwelt eingenommen haben, werden Sie aufregende Entdeckungen im Leben und bei sich selbst machen. Sie werden sehen, daß Sie sehr gut ohne die Dinge auskommen, die Sie sich wünschen, obgleich Wunsch und Bedürfnis sich einander häufig ähneln. Sie werden neue Fähigkeiten entwickeln, ein glückliches Leben führen und ohne die Erfüllung mancher Wünsche auskommen, auch wenn diese Ihnen durchaus einleuchtend und vernünftig erscheinen.

Der Apostel Paulus konnte diese beiden Begriffe sehr klar voneinander unterscheiden. Er besaß die Fähigkeit, sich über unerfüllte Wünsche und Bedürfnisse ohne Klage hinwegzusetzen. »Ich weiß Entbehrungen zu ertragen, ich kann im Überfluß leben. In jedes und alles bin ich eingeweiht: In Sattsein und Hungern, Überfluß und Entbehrungen. Alles vermag ich durch ihn, der mir Kraft gibt.« (PHIL. 4,12+13) Es schien, als hätte kein Fehlschlag ihn zur Verzweiflung bringen können, weder das Durchkreuzen oder die Veränderung seiner Pläne noch das Erleiden von Verfolgung. Er sagte vielmehr voller Zuversicht:

»Mein Gott aber wird euch durch Christus Jesus alles, was ihr nötig habt, aus dem Reichtum seiner Herrlichkeit schenken.« (PHIL. 4,19)

Sie müssen lernen, den Unterschied zwischen Wunsch und Bedürfnis bei sich selbst zu erkennen. Schreiben Sie Ihre Wünsche in ein Notizbuch und tragen Sie daneben Ihre Bedürfnisse ein. Wieviele Ihrer Wünsche haben Sie für Bedürfnisse gehalten?

Der freie Entschluß als Tor zur Freude

Wenn Sie sich einreden, Sie könnten ohne etwas Bestimmtes nicht auskommen oder das Erleiden einer Unbequemlichkeit sei schrecklich und die betreffende Angelegenheit nicht zu ändern, so handelt es sich hierbei um einen Akt des freien Entschlusses. Statt zu sagen,

»Ich brauche . . . .

(bitte ausfüllen)

sagen Sie die Wahrheit:

»Ich entschließe mich, ...

(bitte ausfüllen)

zu beschaffen.

Wir sind für unsere Entschlüsse, für unsere eigene Wahl verantwortlich.

Connie besucht zur Zeit eine Klasse der Unterstufe auf dem Gymnasium. Sie redet sich ein, sie sei schwach und leicht einzuschüchtern. Sie erzählt von ihrer dominierenden Mutter und erklärt uns, daß sie lediglich ihr zu Gefallen zum Gymnasium gehe.

In Wahrheit sieht es so aus, daß Connie ihre Mutter dominant *sein läßt*. Sie hat sich *entschlossen*, das Gymnasium ihrer Mutter zu Gefallen zu besuchen. Sie hat sich aus freien Stücken die Verhaltensweise eines schwachen, leicht einzuschüchternden Menschen *gewählt*.

Allzu häufig wollen wir nicht zugeben, daß wir selbst für unser Leben verantwortlich sind. Wir neigen dazu, andere Menschen, Umstände oder Ereignisse zur Verantwortung zu ziehen, ohne uns eingestehen zu wollen, daß wir aufgrund unseres freien Entschlusses selbst die Verantwortung tragen. Wie oft hört man Aussprüche wie diese: »Wenn mein Mann sich mehr wie der Herr im Hause verhalten würde, wäre ich nicht so enttäuscht.« (Das ist nicht wahr. Es muß vielmehr heißen: »Ich habe selbst den Weg des Enttäuschtseins *gewählt*, indem ich *mir sage*, mein Mann verhalte sich nicht wie der Herr im Hause.«)

»Wenn es mir nicht so schlecht ginge und ich nicht so einsam wäre, würde ich auch nicht so übermäßig viel essen.« (Das ist nicht wahr. Es muß vielmehr heißen: »Ich *selber sage mir*, ich sei einsam und mir ginge es schlecht. Ich habe selbst den Weg des überreichlichen Essens *gewählt*.«)

»Wenn ich die richtige Gemeinde gefunden hätte, würde ich auch jeden Sonntag in die Kirche gehen.« (Das ist nicht wahr. Es muß vielmehr heißen: »*Ich rede mir ein*, die richtige Gemeinde nicht finden zu können und gehe demzufolge auch nicht in die Kirche.«)

»Meine Kinder sind so unverschämt, daß ich mir ein Verhalten zugelegt habe, bei dem ich mich nicht mehr unter Kontrolle habe.« (Das ist nicht wahr. Es muß vielmehr heißen: »*Es liegt an mir*, daß ich auf das schlechte Verhalten meiner Kinder mit Zornesausbrüchen reagiere. Ich habe diese Verhaltensweise selbst gewählt.«)

Wenn Sie in Ihrem Selbstgespräch eine Lüge entdecken, beeilen Sie sich, dieser Unwahrheit das Etikett »nicht wahr« aufzukleben und die Lüge durch die Wahrheit zu ersetzen.

Ich bin für meinen Entschluß verantwortlich

– Geben Sie zu, daß *Sie* die Wahl treffen.
– Erinnern Sie sich daran, daß *Sie* für Ihr Verhalten verantwortlich sind.
– Seien Sie bereit, die Konsequenzen für Ihre Verhaltensweisen zu tragen, auch wenn es unangenehm ist.

Eine unverheiratete junge Frau, die schwanger war, sagte: »Ich konnte nicht anders. Wir fühlten uns wie von einem Magneten angezogen und ich konnte nicht ›nein‹ sagen.«

Der Vorsteher einer angesehenen Gemeinde wurde zum Rücktritt veranlaßt, weil er Spendengelder veruntreut hatte. »Aber ich brauchte das Geld doch. Ich habe am härtesten von allen gearbeitet. Was hätte ich denn sonst tun sollen?«

Beide schoben die eigene Verantwortung für ihre Handlungsweise auf Personen oder Umstände ab und beide unterlagen einer Täuschung.

Man kann sich frei für den Weg der Selbstbeherrschung entscheiden

Wenn Sie zugeben, daß *Sie* für Ihr Verhalten verantwortlich sind und selber Entschlüsse fassen, dann haben Sie bereits den ersten und wichtigsten Schritt auf dem Weg zur Selbstbeherrschung unternommen.

»Aber ich wollte doch gar nicht in diese Stadt ziehen«, sagte eine 42-jährige attraktive Frau namens Dee Dee. »Wie kann ich die Verantwortung für mein Verhalten bei mir sehen, wenn doch mein Mann die Entscheidung getroffen hat, hierher zu ziehen?« – »Was denken Sie denn jetzt über Ihr Leben in dieser Stadt?« – »Ich finde es einfach fürchterlich. Ich mag hier nicht leben. Es war eben nicht mein eigener Entschluß. Sie haben gesagt, ich selber treffe eine bestimmte Wahl für mein Leben. Doch bei uns sieht es so aus, daß mein Mann die Entscheidungen fällt, nicht ich.« – »Ist Ihr Mann für Ihre Gefühle verantwortlich?« – »Er verursacht sie jedenfalls.« – »Er verursacht Ihre Gefühle? Wie kann das sein? Schwingt Ihr Mann einen Hammer über Ihnen und sagt: ›Empfinde jetzt dieses oder jenes oder ich mache dich fertig‹?« – »Nein, das nicht. Aber er sagt mir immer, was ich *tun* soll.« – »Und Sie tun es dann auch?« – »Ja. Täte ich es nicht, könnte er mich ja verlassen oder aufhören, mich zu lieben oder sonst etwas. Mein Mann ist sehr dominant. Ich habe immer getan, was er vorhatte, einschließlich unseres Umzugs hierher, den ich eigentlich gar nicht wollte.« – »Aber Sie haben es dennoch getan.« – »Ja, es blieb mir nichts anderes übrig.« – »Das stimmt nicht ganz. Sie haben sich selbst dazu entschlossen.« – *Er* hat den Entschluß gefaßt, nicht ich.« – »Aber Sie *haben* ihn diesen Entschluß *fällen lassen.* « – »Mir blieb doch nichts anderes übrig.« – »Nein, das stimmt nicht. Sie haben zunächst die Umstände abgewogen und haben sich dann entschlossen, Ihren Mann die Entscheidung wegen des Umzugs treffen zu lassen. Sie haben sich eingeredet, alles tun zu müssen, was er will, um ihn nicht zu verlieren. Das war Ihre freie Wahl.« – »Das ist bereits seit Beginn unserer Ehe so. Wir tun immer, was er will. Ich habe recht wenig zu sagen.« – »Diesen Weg haben Sie sich selbst gewählt.« – »Nein! Es ist einfach so. Das hat mit eigener Wahl *nichts* zu tun. Ich bin weder dumm noch hilflos und sollte daher wirklich mehr zu sagen haben.«

Dee Dee setzte sich daraufhin mit folgenden drei Punkten auseinander:
1. Geben Sie zu, daß Sie eine bestimmte Wahl treffen.
2. Erinnern Sie sich daran, daß Sie für Ihre Handlungsweise verantwortlich sind.
3. Seien Sie bereit, die Konsequenzen Ihrer Verhaltensweise zu tragen, auch wenn sie unangenehm sind.

Wir halfen Dee Dee bei der Analyse ihrer Selbstgespräche. Sie empfand es als wenig angenehm, die Wahrheit aufzudecken. »Ich bin mit der Absicht hergekommen, an meiner Launenhaftigkeit zu arbeiten und Selbstbeherrschung zu lernen. Ich muß gestehen, ich hatte gehofft, Sie würden mir ein Medikament verschreiben.«

Sie gab sich viel Mühe, sich selbst und ihre Verhaltensweise im richtigen Licht zu sehen. Der Erfolg war größer als sie erwartet hatte. Sie entwickelte Fähigkeiten, die die momentane Wirkung eines Medikamentes bei weitem überstiegen. Nach mehreren Beratungsstunden gab sie folgende Erklärung für die drei oben genannten Punkte ab:

»Zunächst einmal muß ich zugeben, daß ich selber bestimmte Entscheidungen treffe. Ich dachte immer, andere Menschen würden über mich verfügen. Ich hätte nie gedacht, daß ich mich für eine bestimmte Empfindung bewußt entscheide. Ich habe die Schuld für meine schlimmsten Launen immer bei anderen gesehen. Zweitens muß ich mich daran erinnern, daß ich für meine Handlungsweise selbst verantwortlich bin. Das ist nicht einfach. Es fällt mir schwer zuzugeben, daß ich für den größten Teil meines Unglücks selbst verantwortlich bin. Ich sehe, daß ich aus eigenem Willen den Entschluß gefaßt habe, meinem Mann zu erlauben, sich agressiv zu verhalten und mich zu verletzen. Ich sehe auch, daß ich für schlechte Launen selbst verantwortlich bin.«

Dee Dee ist auf dem richtigen Weg.

»Drittens«, fuhr sie fort, »denke ich über die Konsequenzen meines Handelns nach. Ich trage die Verantwortung, darum muß ich auch die Folgen akzeptieren, selbst wenn sie unangenehm sind. Ich habe meinem Mann vorgeworfen, mich zu diesem Umzug gezwungen zu haben. Das war mein Fehler. In Wahrheit habe ich mich *entschieden*, ihn diesen Entschluß fällen zu lassen. Ich habe mich auch entschlossen, mit dem Umzugsgedanken zu hadern. Die negativen Folgen meiner Entscheidung, als ›Fußmatte‹ anderer zu leben, sind tiefgreifend.«

»Können Sie einige dieser Konsequenzen nennen?« – »Ja, meine schlechte Laune! Ich war enttäuscht und ärgerlich über meinen Mann, doch entschloß ich mich, nicht mit ihm über diese Dinge zu sprechen. Ich hatte mich entschieden, ihn in seiner Haltung, mich als ›Fußmatte‹ zu behandeln, noch zu unterstützen.«

Dee Dee unterhielt sich immer häufiger mit ihrem Mann, und zu ihrem Erstaunen fand er sogar Gefallen an ihrer Offenheit. Mit Hilfe des Herrn wurde ihr Eheleben gestärkt und bereichert. »Ich werde meinen Mann nie wieder dazu anleiten, mich als ›Fußmatte‹ zu behandeln, sagte uns Dee Dee vor kurzem. »Ich werde ihn auch nie wieder als Tyrannen behandeln. Ich habe erkannt, daß er wirklich sehr sympathisch ist, und daß ich ihm nie die Möglichkeit gelassen hatte, ein ausgezeichneter Ehemann zu sein.«

Sie müssen lernen, sich selbst zu belohnen

Oft erscheint uns der entsagungsvolle Weg zur Selbstbeherrschung nicht der Mühe wert, weil es keine Aussicht auf Belohnung gibt.

Nehmen Sie Fred als Beispiel, der 60 Pfund abnehmen wollte. Seine Fastenzeit betrug 6 Monate. Er begann, nach einem bestimmten Programm vorzugehen und hatte nach zwei Wochen bereits sieben Pfund abgenommen. Statt diesen Sieg zu feiern, war er nahe daran, aufzugeben. Er dachte an die restlichen 53 Pfund, die ihm immer drohender erschienen. Der Geruch von frischer Pizza war für ihn eine böse Versuchung. Sich strikt an einen systematischen Plan zur Gewichtsabnahme zu halten, war so wenig attraktiv. Der Gedanke an eine halbe Pizza schien dagegen weitaus lohnender. Wo blieb die Belohnung für die bereits abgenommenen sieben Pfund? Suchen Sie für sich selbst eine angemessene *Belohnung*. (Wenn Sie jedoch abnehmen wollen, sollten Sie sich niemals mit Nahrungsmitteln belohnen.)

— *Belohnen* Sie sich, wenn Sie ein von Ihnen gestecktes Ziel erreicht haben.

— *Belohnen* Sie sich häufig.

— *Belohnen* Sie sich für einen Akt der Selbstbeherrschung.

- *Belohnen* Sie sich auch dann, wenn niemand anders auf die Idee kommt.
- *Belohnen* Sie sich, wenn Sie hart an einer bestimmten Sache gearbeitet haben.
- Lassen Sie die *Belohnung* nicht auf sich warten.

Auf manche Christen hat der Gedanke einer Belohnung eine geradezu schokkierende Wirkung. »*Ich* soll *mich* belohnen? (Es folgt ein nervöses Lachen) Ja, womit denn?«

Wir antworten dann folgendermaßen auf diese Frage: »Haben Sie sich schon einmal bestraft?« – Die spontane Antwort lautet meist: »Ja, häufig.« – Welches von beidem ist göttlicher? Entspricht es mehr dem Wesen Christi, einen Menschen zu strafen, ihn für jeden Fehler und Irrtum zu verurteilen, oder ist es besser, einen Menschen durch freundliche Worte so häufig wie möglich zu segnen und glücklich zu machen?

Billy ist ein kleiner Junge von sieben Jahren, der an seinen Fingernägeln kaut. Seine Mutter straft ihn dafür auf verschiedene Weisen. Sie gibt ihm einen Klaps, verbietet ihm dies und jenes, bestreicht seinen Finger mit einer Salzlösung, schimpft ihn aus, tut laut ihren Ekel kund, läßt ihn zur Strafe in der Ecke sitzen und spricht solange Drohungen aus, bis sie selbst müde wird. Doch nichts hilft. Eines Tages versucht sie, ihn dafür zu belohnen, daß er einmal nicht an seinen Fingernägeln gekaut hat. Diese Methode war viel wirkungsvoller als alle vorherigen Strafmaßnahmen.

Von diesem Zeitpunkt an begann sie, Billy *häufig* und regelmäßig zu belohnen, wenn er nicht an seinen Nägeln gekaut hatte. Für jede Stunde, die er aushalten konnte, ohne einen Nagel in den Mund zu stecken, sagte sie ihm jetzt ernst und freundlich: »Eine ganze Stunde lang hast du es geschafft, nicht zu kauen. Ich bin richtig stolz auf dich. Das war eine gute Leistung.«

Wir rieten ihr, ihn jeweils stündlich zu Beginn des Programms zu belohnen, und die Belohnungen dann dem Fortschritt entsprechend langsam einzustellen.

Wenn Sie Ihre Verhaltensweise einer Wandlung unterziehen und den Weg der Selbstbeherrschung beschreiten wollen, belohnen Sie sich so oft wie möglich für jeden bereits erzielten Erfolg. Wenn sich eine Veränderung bereits eingestellt hat, lassen Sie die Belohnungen seltener werden, ohne sie jedoch ganz einzustellen.

Was bedeutet »Belohnung«? – Am wichtigsten sind zunächst die *Worte*, die Sie sich zur Belohnung sagen. Die Mutter ließ Billy regelmäßig wissen, wie gut es war, wenn er nicht an seinen Nägeln gekaut hatte. Anhand eines zuhause eingeführten Punktesystems wurde er verschiedentlich belohnt.

Jeweils zu Beginn der Woche einigten sich Billy und seine Eltern, daß er für die Erreichung einer bestimmten Punktezahl eine Belohnung erhalten würde. In der ersten Woche entschieden sie sich dafür, daß Billy nach Erreichung von fünf Punkten abends eine halbe Stunde länger aufbleiben dürfte. Er wünschte sich dann noch andere Dinge. Erstens sollte sein Freund eine Nacht bei ihm schlafen dürfen und zweitens bat er seinen Vater, mit ihm zu einem Fußballturnier zu gehen. Er reagierte sehr bereitwillig auf diese Methode. Bereits nach wenigen Wochen war das Problem des Nägelkauens beseitigt.

Billy erkannte bald, wie gut es ist, Selbstbeherrschung zu üben. Es hat nichts mit Strafe zu tun. Wie oft schrecken wir von jeder Form der Selbstbeherrschung zurück, weil wir sie als schwierig und schmerzvoll betrachten. Doch Billy erkannte, daß das Gegenteil der Fall ist. Er freute sich über die Belohnung und war glücklich über seine Erfolge. Jede Strafe vertiefte jedoch nur seinen Selbsthaß, und er kaute umso mehr an seinen Nägeln.

Die Kontrolle über sich selbst erlernen Sie nicht, indem Sie sich für jedes Versagen bestrafen.

Wenn Sie zehn Pfund abgenommen und danach wieder drei zugenommen haben, bestrafen Sie sich für die drei Pfund Gewichtszunahme oder gratulieren Sie sich zu den sieben Pfund, die Sie abgenommen haben? Sehr wahrscheinlich werden Sie sich bestrafen.

Gott vergeudet seine Zeit nicht mit Bestrafungen. Er hat uns so sehr geliebt, daß er seinen Sohn Jesus Christus gesandt hat, um die Strafe für unsere Schuld von uns zu nehmen. Die Vergebung ist eines unserer kostbarsten Geschenke. Die Ablehnung der Vergebung bedeutet, das Werk am Kreuz zu verhöhnen. Gott ist Liebe!

Stellen Sie sich vor, wie der Herr zu Ihnen sagt: »Das hast du gut gemacht, du treuer Knecht«, wenn Sie sich beherrscht oder einen Irrglauben überwunden haben. Sagen Sie sich laut: »Das hast du gut gemacht!« Freuen Sie sich an sich selbst. Sie haben es verdient! Verweilen Sie nicht bei Negativem und führen Sie keine Liste über Ihr Versagen. Verletzen Sie sich nicht durch Worte, beschimpfen Sie sich nicht und sagen Sie nicht, was für ein schlechter Christ Sie doch seien. Hören Sie auf, sich einzureden, Gottes Segen nicht zu verdienen. Verstricken Sie sich nicht in Schuld- und Verdammungsgedanken. Jesus ist für Sie am Kreuz gestorben, um Sie von Schuld und Verdammnis zu befreien. Wenn Sie sich ernsthaft von Ihren Sünden abgewandt haben, gehen Sie von dem neu gewonnenen Standpunkt aus und verweilen Sie nicht bei alten Verhaltensweisen. Laufen Sie vorwärts.

Natürlich sollen Sie sich nicht für ein Versagen belohnen oder vorgeben, besser zu sein, als Sie wirklich sind. Doch hören Sie auf, sich für Ihr Versagen zu bestrafen. Sie werden weitaus bessere Erfolge erzielen, wenn Sie sich für bestimmte Ergebnisse belohnen, als wenn Sie sich für Mißerfolge bestrafen.

»Jetzt gibt es keine Verurteilung mehr für die, welche in Christus Jesus sind.« (RÖM. 8,1)

Wer hat es getan, JESUS oder ich?

Eine falsche Vorstellung, die viele Christen daran hindert, sich für ein erreichtes Ziel zu belohnen, ist der Gedanke, daß nicht sie, sondern der Herr dieses Resultat erzielt hätte. Doch handelt es sich hierbei um einen Irrglauben, der in einer unwirklichen und unbiblischen Psychologie begründet ist.

Es ist *wahr*, daß aus unserem alten, sündigen Wesen nichts Gutes erwachsen kann. Es ist *wahr*, daß wir ohne den Heiligen Geist nichts (Gutes) tun können. Aber es ist ebenso *wahr*, daß wir mit Hilfe des Heiligen Geistes in uns das Gute *tun*.

Ohne die Gabe des Glaubens können Sie nicht glauben, doch der Glaube, mit dem Sie glauben, ist Ihr Glaube. *Sie* sind der Glaubende. Es ist nicht der Glaube des Heiligen Geistes, sondern *Ihr* Glaube, der Sie gerettet hat. Wenn Sie einen kleinen Sieg über eine schlechte Gewohnheit errungen haben, mögen Sie sich versucht fühlen zu behaupten, Sie hätten gar nichts damit zu tun. Und dennoch hatten Sie eine ganze Menge damit zu tun. Durch den Geist Gottes ist es *Ihnen* gelungen.

Es ist wahr, daß Sie ohne Ihn nichts erreichen und auch keinen Sieg über die Sünde erringen können: ». . . denn getrennt von mir könnt ihr nichts vollbringen« (Joh. 15,5), sagt Jesus. Doch müssen wir uns darüber im klaren sein, daß wir *durch* ihn, *in* ihm und *mit* ihm leben. Bei Ihrer Wiedergeburt haben Sie Ihren physischen Leib nicht verlassen. Sie existieren heute genauso wie vorher, nur sind Sie jetzt ein neuer Mensch mit göttlichem Wesen. (»Das Alte ist vergangen, Neues ist geworden.« (2. KOR. 5,17)

Der Apostel Paulus sagte: »Ich bin mit Christus gekreuzigt worden; nicht mehr ich lebe, sondern Christus lebt in mir. Soweit ich aber jetzt noch in dieser Welt lebe, lebe ich im Glauben an den Sohn Gottes, der mich geliebt und sich für mich hingegeben hat.« (GAL. 2,19+20) Hierdurch macht Paulus deutlich, daß er – durch freien Willensentschluß – gekreuzigt und das eigene Wesen, das sein Leben vorher bestimmt hat, getötet wurde. Als Jesus willentlich ans Kreuz ging, schenkte er uns die großartige Möglichkeit, von unserem *eigenen Wesen befreit* zu werden, wenn sein Leben Einlaß in unser Leben findet und wir durch sein Leben verändert werden.

Als Christen haben wir die Möglichkeit, uns dauerhaft und in allen Bereichen an den Herrn zu binden, so daß die Versuchung der Sünde und Selbstliebe nicht mehr die gleiche zwingende Macht wie früher auf uns ausüben kann. Christus, der durch seinen Heiligen Geist in uns lebt, nimmt die Herrschaftsstellung in unserem Leben ein. Diese umwerfende Wahrheit klar herauszustellen, ist die Absicht dieses Buches. Wir möchten Ihnen einen praktischen Weg zeigen, wie Sie mit dem Geschenk Christi umgehen und lernen können, ihr »Fleisch mit all seinen Gelüsten«, dessen Sklave Sie früher waren, zu kreuzigen. Das befreite und wiedergeborene Wesen eines Christen, in dessen Innerem der Heilige Geist wohnt, soll *sieghaft* in Ihnen zum Ausdruck kommen.

Preisen Sie Gott für jeden Sieg, den Sie errungen haben! Durch Christus wurde dieser Sieg erst möglich. Lassen Sie sich in Form von freundlichen und sanften Worten eine Belohnung für Ihren Gehorsam zukommen.

Wie man sich selbst belohnen kann

— *Belohnen* Sie sich, indem Sie sich sagen: »Das hast du gut gemacht!« Oder finden Sie andere anerkennende Worte.
— *Belohnen* Sie sich mit Dingen, an denen Sie Freude haben. Zum Beispiel: »Wenn ich den Backofen gesäubert und die Roste gereinigt habe, werde ich mich zunächst einmal mit Worten belohnen und mir anschließend ein ausgiebiges Bad genehmigen.« Oder: »Nachdem ich jetzt zweieinhalb Pfund abgenommen habe, belohne ich mich, indem ich mir einen ganzen Abend Zeit nehme und mich in aller Ruhe in meinen Lieblingssessel setze und ohne Unterbrechung lese.«
— Belohnen Sie sich mit handfesten Dingen. Beispielsweise: »Diese Bücherwand habe ich so phantastisch aufgestellt, daß ich mir jetzt einen Satz neuer Schraubenzieher gönne.« Oder: »Inzwischen gelingt es mir fast vollständig, pünktlich zu sein. Ich bin sehr zufrieden mit mir. Zur Belohnung lasse ich jetzt meine Standuhr reparieren.«
— Belohnen Sie sich für geistliche Siege, indem Sie sich ganz der vom Heiligen Geist bewirkten Freude und Zufriedenheit hingeben.

Entschärfen Sie die Bombe

Machen Sie sich eine Liste aller »Explosionsauslöser«. Was sind die Auslöser für eine Verhaltensweise, die Sie im Grunde verabscheuen? Beginnen Sie, die Zündschnüre nacheinander zu durchtrennen, indem Sie darauf achten, daß die Situationen, die eine bestimmte Verhaltensweise hervorrufen, langsam seltener werden. Wenn Sie versuchen wollen, das Rauchen einzustellen, beseitigen Sie die Auslöser der Versuchung, die in Ihnen bewirken, daß Sie immer wieder an Zigaretten denken. Solche Auslöser können sein:

1. Nach dem Essen bei einer Tasse Kaffee am Tisch sitzen zu bleiben;
2. sich irgendwo in ein Raucherabteil zu setzen;
3. eine kleine Trinkpause zu machen.

Nachdem Sie diese Auslöser nach und nach ausgeschaltet haben, lassen Sie diese Situationen einmal vor Ihrem inneren Auge passieren und stellen Sie sich bildhaft vor, wie Sie diese Situationen *ohne Zigarette* durchleben. Bereiten Sie sich darauf vor, daß Sie nicht rauchen werden.

Wenn Sie schließlich alle Auslöser mit Ausnahme eines einzigen aus ihrem Leben beseitigt haben, können Sie entweder die besagte Verhaltensweise völlig aus Ihrem Leben verbannen oder aber Sie müssen an Ihrem alten Verhalten festhalten, weil Sie diesen einen kleinen Auslöser nicht beseitigt haben.

Sie können sich einen großen Gefallen tun, indem Sie alle Zündschnüre, die die Bombe zur Explosion bringen könnten, beseitigen. Gestatten Sie sich nicht, mit Ihrer Freundin oder Ihrem Freund an einen Ort zu fahren, der Ihnen zur Anfechtung wird, wenn Sie gerade versuchen wollen, die Sünde der fleischlichen Begierde zu meistern. Lassen Sie keine Süßigkeiten in der Küche herumstehen, wenn Sie abnehmen wollen. Lassen Sie Ihre Scheckkarte zuhause, wenn Sie einen Einkaufsbummel machen und einem Kaufzwang unterliegen.

Wenn Sie die Verbindung zwischen Abzug und Zündschnur durchtrennen, wird das Gewehr nicht abfeuern. Dieses Beispiel läßt sich auf die verschiedensten Verhaltensweisen übertragen, denn die meisten Verhaltensweisen werden durch ganz bestimmte Situationen hervorgerufen. Finden Sie nun heraus, welche Situationen bei Ihnen solchen Zündschnüren entsprechen.

Auch Sie können Selbstbeherrschung erlernen!

»Wer Asche hütet, der hat sein Herz verführt und betrogen. Er wird sein Leben nicht retten und wird nicht sagen: Ich halte ja nur ein Trugbild in meiner rechten Hand.« (JES. 44,20)

Der beste Weg, Selbstbeherrschung zu erlernen, ist der, irrige Überzeugungen im Selbstgespräch aufzudecken. Als zweiter Schritt folgt dann die Infragestellung dieser Überzeugungen. Lassen Sie keinerlei Irrglauben in Ihrem Selbstgespräch zu. Gebrauchen Sie alle Entschlußkraft und Energie zur Aufdeckung und Zurückweisung jeglichen Irrglaubens mit Hilfe der Wahrheit.

Sie können auf jedem nur denkbaren Gebiet Selbstbeherrschung erlernen. Menschen, die sich im Praktizieren der Selbstbeherrschung üben, haben einen wesentlichen Schlüssel zu einem erfüllten Leben entdeckt.

Faulheit, Apathie und Lethargie sowie mangelnde Verantwortungsbereitschaft machen weder glücklich noch führen sie zu einem erfüllten Leben. Es ist nicht verwunderlich, wenn ein Mensch sich über mangelnde Selbstbeherrschung beklagt und gleichzeitig über Schuldgefühle, allgemeine Unzufriedenheit mit dem Leben und mangelndes Selbstvertrauen stöhnt.

Selbstbeherrschung als Frucht des Heiligen Geistes wird zu einem Bestandteil Ihres Wesens, wenn Sie diese Frucht entsprechend pflegen. Das geschieht durch energische Zurückweisung jeglicher Entmutigung und durch Belohnung bereits erzielter Erfolge. »Laßt uns nicht müde werden, das Gute zu tun; denn wenn wir darin nicht nachlassen, werden wir ernten, sobald die Zeit dafür gekommen ist«, sagt der Apostel Paulus im Brief an die Galater (GAL. 6,9). Erlauben Sie dem Heiligen Geist, Ihnen hilfreich zur Seite zu stehen. Mit Gottes Hilfe ist nichts unmöglich. Mag manches zeitweise noch so schwierig aussehen, mit Gottes Hilfe, Kraft und Führung wird Ihnen nichts unmöglich sein.

Sie können laut vor aller Welt ausrufen: »Er (der Heilige Geist), der in mir ist, ist größer als jener (der Teufel, der mich zur Sünde verführt), der in der Welt ist.« (1. JOH. 4,4)

ACHTES KAPITEL

Irrige Überzeugungen, die Selbsthaß bewirken

Arnie ist 29 Jahre alt und leidet unter schweren Angstanfällen. Er ist nervös und angespannt und klagt über Depressionen, die anscheinend »völlig grundlos« auftreten. Zuhause kommt es häufig zu Zornesausbrüchen, wobei er sich über die kleinsten Dinge maßlos ärgert. Außerhalb der eigenen vier Wände macht er in der Regel den Eindruck eines lammfrommen Menschen. Auf seiner Arbeitsstelle nennen ihn die Kollegen »Herrn Sonnenschein«, und in der Gemeinde ist er bekannt dafür, stets bereitwillig zu helfen. Man nennt ihn den »Guten Arnie«.

Schon seit vielen Jahren hat Arnie ausschließlich anderen zu Gefallen gelebt. Er hat sich immer so verhalten, wie er glaubte, daß die anderen es von ihm erwarteten. Alle lebenswichtigen Entscheidungen wie Ausbildung, Heirat und Berufswahl hat er größtenteils unter dem Einfluß anderer getroffen. Wenn er bei seinen Mitmenschen Anerkennung fand, glaubte er, richtig gehandelt zu haben. Er maß seinen Wert an dem Wohlwollen und an der Anerkennung anderer.

Während der Pubertät legte er größten Wert auf die Anerkennung durch die Gruppe. Er gab sich alle nur erdenkliche Mühe, beliebt zu sein und als »cooler Typ« zu erscheinen. Die Gleichaltrigen schätzten ihn und er hatte viele Freunde. Bei den Mädchen war er ebenfalls sehr beliebt. An diesem Verhalten war nichts Besonderes, denn alle Teenager suchen Anerkennung und Gruppenrespekt. In diesem Alter ist die Angst vor sozialer Isolation größer als die Furcht vor Verletzungen und Tod. Es sieht also so aus, als ob Arnie den Typ eines durchschnittlichen Teenagers verkörperte, weil er wie alle anderen nach Sympathie und Anerkennung aus war.

Doch dann kam für Arnie die Zeit des Schulabschlusses. Weil die meisten seiner Freunde anschließend die Universität besuchten, tat auch er das Gleiche. Drogen und Alkohol standen hoch im Kurs. Arnie bewegte sich im Strom der Masse. Als Arnies Freunde »high« waren, war auch er »high«. Seine Freunde hatten lose Sitten und Arnie genauso. Seine Eltern machten sich Sorgen, weil er immer mehr den Anschluß im Studium verpaßte. Gut Freund mit jedem, fiel er bereits nach zwei Semestern durch die Klausuren. Man gewährte ihm noch eine Probezeit. Doch ein Freund nach dem anderen mußte die Universität vorzeitig verlassen. Einige von ihnen heirateten. Arnie befreundete sich mit einem Mädchen, das nicht rauchte und nicht trank, was seinen Eltern sehr gefiel. Sie unterstützten das Verhältnis. Arnie war sich jedoch nicht im klaren, ob er es ernst mit dem Mädchen meinte. Als er sich entschlossen hatte, die Verbindung zu lösen, teilte sie ihm mit, daß sie schwanger war.

Arnie heiratete das Mädchen – ganz, wie man es von ihm erwartete. Er brach seine universitäre Ausbildung endgültig ab, gab auch den Gedanken an Abendschule auf und nahm eine Stelle in der Firma seines Schwiegervaters an, wo er bis zum heutigen Tag arbeitet.

Vor drei Jahren erlebten Arnie und seine Frau eine Bekehrung. Beide übergaben ihr Leben Jesus Christus. Auch ihre beiden Kinder sind Christen und lieben Jesus. Die ganze Familie ist in der Gemeinde engagiert. Doch Arnie ist nicht glücklich.

Er sieht nicht, wo die Dinge ungut verlaufen sind. Als er Christ geworden war, hatte er oft Zeugnis abgelegt von dem, was der Herr für ihn getan hatte und wovon er befreit worden war. Er hatte von seiner Drogenzeit und seinem schlechten Lebenswandel berichtet, auch davon, wie glücklich er nun sei, durch das Blut Christi ein neuer Mensch geworden zu sein. Die Christen in seiner Gemeinde waren ergriffen von dem, was die Macht Gottes bei einem Menschen auszurichten vermag. Doch wo liegt die Ursache für sein Unglücklichsein?

»Was stimmt denn nicht mit mir?«, fragte sich Arnie. »Ich sollte mich doch eigentlich allezeit freuen, ich bin doch Christ!« Er dachte, er müsse seine negativen Gefühle besser unter Kontrolle halten, weil die anderen es so von ihm erwarteten. Er glaubte, von seiner Umwelt verurteilt zu werden, wenn er seinen tatsächlichen Gefühlen freien Lauf ließe. Er hatte bezeugt, wieviel besser sein Leben jetzt als Christ sei und er hatte Angst, als Heuchler zu erscheinen, wenn er seine Niedergeschlagenheit und sein Unglücklichsein zugeben würde.

Seit Jahren hat Arnie sich darin geübt, den Erwartungen seiner Umwelt zu entsprechen. In der Gemeinde handelt und spricht er genau nach den Vorstellungen der anderen. Er kleidet sich, redet und geht, wie er glaubt, daß der Pastor und die Gemeinde es von einem »guten Christen« erwarten würden.

Auch in seinem Beruf verhält er sich, wie man es von ihm erwartet. Er genießt die Anerkennung seines Schwiegervaters und kommt daher auch gut mit ihm aus. In Wahrheit schätzt er seine Arbeit nicht sehr, doch ist ihm die Wertschätzung anderer wichtiger als eine Arbeit, die ihm gefallen und seinem eigenen Willen entsprechen würde. Er wirft beide Faktoren durcheinander und sieht eine Verbindung zwischen der Anerkennung anderer und dem Gefühl von Glücklichsein.

Zuhause glaubt er, seine Frau hätte bestimmte Erwartungen an ihn, und er versucht, diesen Erwartungen zu entsprechen. Für alles sorgt er ausgezeichnet: Für das Haus, den Wagen, die Einrichtung, die Haushaltsgeräte, auch für den Urlaub. Alle sind zufrieden, alles klappt großartig. Wo sollte also etwas nicht in Ordnung sein?

Die meiste Zeit seines Lebens hat Arnie dem Gedanken an sich selbst wenig Raum gelassen und seine persönlichen Bedürfnisse als unwichtig angesehen. Diese Haltung hat er in sein Leben als Christ übertragen. Da es nicht immer einfach ist, diese Bedürfnisse zu ermitteln, konnte er sein Sonnenscheingesicht erfolgreich mit sich herumtragen, ohne je von seiner Umwelt erkannt zu werden, geschweige denn von sich selbst. Ist es schließlich nicht die Pflicht eines jeden Christen, seinen Nächsten höher als sich selbst zu achten?

Sie können Ihrem Nächsten allerdings keine gebührende Achtung entgegenbringen, wenn Sie sich selbst gering achten. Ihre Gefühlswelt wird auf kurz oder lang neurotische, selbsterniedrigende Züge tragen. Gott will nicht, daß wir uns selbst herabwürdigen. Er möchte, daß wir ein geistig durch und durch gesundes Leben führen.

Wer sich selbst erniedrigt, schmeichelt anderen, um ihnen zu gefallen. Wird die gewünschte Anerkennung solch einem Menschen nicht zuteil, fühlt er sich wertlos. Die eigene Meinung von sich selbst ist für ihn bedeutungslos. Das, was zählt, ist die Meinung anderer.

Arnie betrachtete seine eigenen Bedürfnisse und Gefühle als nebensächlich. Solange er bei anderen Gefallen findet, glaubt er, sein Leben laufe in der richtigen Bahn und alles scheint ihm in Ordnung zu sein. Doch jetzt erkennt er langsam, daß die Wirklichkeit völlig anders aussieht.

Im Alter von dreißig Jahren leidet er noch unter den gleichen Ängsten wie ein Jugendlicher im Pubertätsalter. Deshalb ist er auch unfähig, andere aufrichtig zu lieben.

Hier folgen irrige Überzeugungen, die für Arnie typisch sind:

1. Um von anderen geliebt zu werden, muß ich so sein, wie sie es erwarten und das tun, was ihnen gefällt.
2. Es entspricht mehr dem Leben eines Christen, anderen zu gefallen, als mir selbst.
3. Den anderen steht das Recht zu, meine Handlungsweise zu beurteilen.
4. Es ist falsch und unchristlich, an meine eigenen Bedürfnisse zu denken oder ihnen im Vergleich zu den Wünschen anderer Bedeutung beizumessen.
5. Es ist vollkommen richtig, meine eigenen Wünsche zurückzustellen, um meinen Freunden und meiner Familie zu gefallen und ihre Wünsche zu erfüllen.
6. Wenn ich anderen zu Gefallen lebe, verleiht mir das die Garantie, daß auch sie nett zu mir sein werden. Wenn ich einmal in Not bin, werden auch sie ihre Bedürfnisse zurückstellen, um mir zu helfen.

7. Wenn die anderen nicht mit mir zufrieden sind, werde ich keinen einzigen Augenblick inneren Frieden und Glück empfinden können.
8. Die Anerkennung anderer hat wesentlichen Einfluß auf mein Wohlbefinden und meinen inneren Frieden; denn Gott will, daß ich glücklich bin, wenn alle anderen mich bestätigen.
9. Die einzige Möglichkeit, Liebe zu empfangen, besteht darin, so zu leben, wie die Umwelt es erwartet.
10. Ich kann nur dann Freunde gewinnen, wenn ich anderen zu Gefallen lebe und tue, was sie von mir erwarten.

Wenn Sie auch nur einer dieser irrigen Überzeugungen Glauben schenken, glauben Sie einer Lüge.

In 1. Samuel 18,1 lesen wir, daß Jonathan und David sehr eng miteinander verbunden waren und daß Jonathan David »wie seine eigene Seele« liebte. Wenn bei einer echten Freundschaft solch innige Verbundenheit zweier Seelen entsteht, ist das nicht anrüchig und auch nicht verwerflich. Es bedeutet nicht, daß jeder nur nach der Anerkennung des anderen trachtet. Es zeugt lediglich von der *Innigkeit* einer Beziehung zwischen zwei Menschen. Jesus lehrt uns, daß wir unseren Nächsten *wie* uns selbst lieben sollen (MATTH. 19,19).

Die Aussage »Du sollst deinen Nächsten lieben wie dich selbst« bedeutet, daß man die Bedürfnisse des anderen als *genauso* wichtig ansehen soll, wie die eigenen, daß man die Meinung anderer der eigenen gleichstellt und die Rechte anderer ebenso respektiert wie die eigenen. Es bedeutet, daß der andere nicht weniger wichtig ist als wir selbst, und umgekehrt ist der andere nicht wichtiger als wir es sind. Diese Denkweise bedarf einiger Anstrengung. Manchmal ist es einfacher und bequemer, sich selbst zurückzustellen und zu glauben, daß die Meinung anderer in bezug auf uns selbst wichtiger sei als unsere eigene. Arnie verließ sich in seinem Selbstbewußtsein ganz auf andere. Wenn jemand ihn nicht mochte und auch nicht anerkannte, dachte er sogleich, etwas sei mit ihm nicht in Ordnung.

Die Bibel lehrt uns zwei große Wahrheiten im Hinblick auf unser Selbstwertgefühl:

1. Unser Leben – einschließlich unserer Meinung, unserer Gefühle, Wünsche und Bedürfnisse – ist nicht weniger wertvoll oder wichtig, als das anderer Menschen.
2. Unser Leben – einschließlich unserer Meinung, unserer Gefühle, Wünsche und Bedürfnisse – ist nicht wertvoller und wichtiger als das anderer Menschen.

Wenn Sie aus dem Fenster eines Touristenbusses die hungernden und ungebildeten Bewohner eines unterprivilegierten Landes sehen, sollten Sie sich daran erinnern, daß die Bedürfnisse dieser Menschen nicht weniger wichtig sind als Ihre eigenen.

Mit seinem Wort »Es gibt keine größere Liebe, als wenn einer sein Leben für seine Freunde hingibt« (JOH. 15,13), zeigt Jesus uns den Weg, uns selbst in geheiligter Art und Weise zu lieben. Mit seinem Leib sind nicht nur Verdammnis und Schuld, sondern auch Verzweiflung, Selbsterniedrigung, Schande und Selbsthaß ans Kreuz geschlagen worden. Dadurch, daß er unsere Sünden ans Kreuz genommen hat, hat er uns die Freiheit geschenkt, ein gesundes und erfülltes Leben zu leben und unsere alte Verhaltensweise einer gründlichen Reinigung zu unterziehen, damit sie eine gesunde und geradlinige Ausrichtung bekommt. Ein in den Augen Gottes makelloses Leben ist ein geheiligtes und gereinigtes Leben. Wie anders könnten wir ihm gefallen, wenn nicht durch ein gerechtes Leben nach der Art, wie er es uns selbst vorgelebt hat? Wenn wir Schuld und Selbsthaß in unserem Leben nicht ein Ende setzen, leben wir nicht nach den Worten des oben zitierten Verses: »Größere Liebe hat niemand ...«

»Daran haben wir die Liebe erkannt, daß er sein Leben für uns hingegeben hat. So müssen auch wir für die Brüder das Leben hingeben.« (1. JOH. 3,16)

Welchen Gefallen tun Sie Gott oder Menschen, wenn Sie Ihr Leben beenden wollen, weil Sie sich selbst nicht mehr ausstehen können? Jesus ist für Sie am Kreuz gestorben. Durch Selbstverachtung kränken Sie ihn. Wir verachten die Sünde, doch niemals den Menschen.

Wir wollen nicht vergessen, daß unser Leben für Ehrlichkeit, Mut, Humor und – das Beste von allem – für die *Weisheit* geschaffen ist. Diese Wesenszüge können wir anderen als liebendes, selbstloses Geschenk übermitteln.

Elaine ist eine Frau, die mit Arnie vieles gemeinsam hat. Doch im Gegensatz zu Arnie, der auf seine irrigen Überzeugungen mit Depressionen und Vergrämung reagiert, begegnet Elaine ihrem Irrglauben mit Wutausbrüchen. Obgleich sie erst 35 Jahre alt ist, sieht sie aus wie eine Frau in den Vierzigern. Sie macht einen verhärmten, abgespannten und ermatteten Eindruck. Jede Form von Entspannung und Lachen scheint ihr fremd. Jahrelang hat sie geglaubt, ihre eigenen Wünsche zugunsten anderer unterdrücken zu müssen. Heute ist sie die Sache leid. Sie sagt, sie sei für Familie und Freunde eine Fußmatte. Selbst Fremde gingen willkürlich mit ihr um. »Die Bibel befiehlt uns, zu geben, und so gebe ich eben«, sagt sie ärgerlich. Wegen ihres Ärgers empfindet sie wiederum Schuldgefühle. Aus ihren Worten klingt Groll und Bitterkeit. »Für mich setzt sich niemand ein«, sagt sie, »ganz egal, wie ich mich verhalte, mich respektiert niemand. Man *benutzt* mich einfach wie einen *Gegenstand*. Ich weiß, daß ich mich nicht ärgern sollte. Wahrscheinlich ist das alles nur meine Ichbezogenheit. Ich weiß nicht, was ich machen soll. Sicherlich bin ich ein schlechter Christ, aber ich kann es nicht ändern.«

Das Wort Gottes spricht davon, daß wir Gemeinschaft miteinander haben, uns lieben, verschenken, mitteilen und einander vergeben sollen. Darüber hinaus heißt es, daß wir freundlich, freigiebig und voller Mitgefühl zu sein hätten. Der Herr sagt uns tatsächlich, daß wir unser Leben an den anderen verschenken sollen, doch nicht auf kriecherische Art und Weise und auch nicht aus einer Haltung falscher Selbsterniedrigung. Wir sollen nicht Sklaven fremder Launen werden, nichts aus dem Motiv heraus tun, anderen zu gefallen. All diese Verhaltensweisen deuten auf Selbsthaß hin. Elaines »Fußmattenmentalität« ist ein deutliches Zeichen für ihre *Ichbezogenheit*, nur in einem etwas anderen Gewand.

»Aus welchem Grunde glauben Sie, ein schlechter Christ zu sein?«, fragten wir Elaine. – »Ein Christ sollte nicht so wütend werden, wie es bei mir geschieht. Ich weiß, daß ich über alledem stehen sollte. Ich soll immer geben, geben und nochmals geben und von niemandem eine Gegenleistung fordern. Ich kenne die Forderung der Selbstverleugnung sehr wohl.« Sie schlägt mit der flachen Hand auf die Sessellehne. »Ich gebe mein Letztes für meine Freunde, meine Kinder und meinen Mann. Doch nicht genug damit, ich habe auch noch eine Mutter, die enorme Forderungen an mich stellt. Sie verlangt von mir, daß ich sie quer durch die ganze Stadt fahre, weil sie selbst nicht fahren kann. Ich habe sechs Kinder, und wenn ich gerade beim Mittagessen bin, ruft sie an und verlangt, daß ich alles stehen und liegen lasse, um schleunigst zu ihr zu kommen.« – »Tun Sie das denn auch?« – »Ja, natürlich! Sie würde wahrscheinlich einen Herzinfarkt bekommen, wenn ich es nicht täte. Sie erwartet es einfach von mir. In gleicher Weise behandeln mich die anderen auch. Ich bin eben nur ein *Gebrauchsgegenstand*.« – »Das haben Sie bereits gesagt. Was ist das denn, ein ›*Gebrauchsgegenstand*‹?« – »Ich bin einfach nichts. *Gar nichts*!« »Wer sagt das?« – »Jeder sagt das. Sie brauchen sich bloß anzuschauen, wie man mit mir umgeht!« – »Entscheiden alle anderen über den Grad Ihrer Wichtigkeit?« – »Was meinen Sie damit?« – »Nun, warum glauben Sie denn, daß alle anderen darüber entscheiden, ob Sie persönlich wertvoll und wichtig sind? Welche Einstellung haben Sie denn zu sich selbst?« – »Ich halte nicht viel von mir.« – »Wenn das so ist, können Sie doch nicht erwarten, daß andere Ihnen mit Rücksicht und Achtung begegnen!« – »Ich weiß es nicht, es kümmert mich auch nicht. Ich weiß nur, daß mir die ganze Welt gestohlen bleiben kann.«

Sie hören die Bitterkeit aus Elaines Worten heraus. Ihr Leben lang hat sie sich um Anerkennung und Liebe bemüht und ist nun zu der Erkenntnis gelangt, daß ihre Bemühungen umsonst waren. Als Antwort auf ihr entsagungsvolles Leben sieht sie nur Staub und Leere. Sie hat sich selbst zum Opfer der Launen anderer gemacht, um ihnen zu gefallen und von ihnen

Anerkennung und Liebe zu ernten. Wenn ihr jemand sagen würde, sie sei stets hilfsbereit und liebenswert, würde sie sich vielleicht für einen kurzen Augenblick als wertvoll empfinden, obgleich sie dem Gesagten sicherlich nicht zustimmen könnte. Hört sie jedoch keinerlei Wort des Respekts und der Anerkennung, empfindet sie Verzweiflung und Hilflosigkeit. Sie glaubt wirklich, nur ein *Gebrauchsgegenstand* zu sein.

Gerade die Menschen, denen Elaine am meisten gegeben hatte, zeigten am wenigsten Anerkennung und Liebe, so zum Beispiel ihre Mutter, die es keineswegs für eine Zumutung hielt, ihre Tochter zu jeder denkbaren Stunde des Tages anzurufen, um von ihr irgendwo hingefahren zu werden. Elaine glaubte, sich ihren Wert *verdienen* zu müssen, ebenso auch das Recht, geliebt zu werden. Je stärker sie sich abmühte, desto elender wurde sie.

Höchstwahrscheinlich haben Sie bereits viele irrige Überzeugungen feststellen können.

– Wenn ich nicht immer nur gebe und nochmals gebe, bin ich kein guter Christ. (Elaine *verschenkte* nicht im eigentlichen Sinne. Sie gab etwas weg, um ihrerseits etwas dafür zu bekommen.)
– Die anderen müssen mich aufgrund meiner schenkenden Haltung schätzen. (Der wahrhaft Schenkende fragt nicht nach Anerkennung.)
– Mein Selbstwertgefühl ist abhängig von der Meinung anderer.
– Anerkennung muß man sich durch *mühevolle Arbeit verdienen.*
– Wenn ich nicht tue, was die andern wollen, *verdiene* ich weder ihre Anerkennung noch ihre Freundschaft.
– Die anderen haben das Recht, alles von mir zu fordern, denn ich will niemandem wehtun.
– Wenn mir niemand sagt, daß ich ein guter Mensch bin, dann bin ich auch keiner.
– Wenn mich jemand nicht leiden mag, muß etwas mit mir nicht in Ordnung sein.
– Wenn sich jemand über mich ärgert, muß der Fehler bei mir liegen.
– Es ist meine Pflicht, für jedermanns Glück und Wohlbefinden zu sorgen.
– Es ist meine Pflicht, mich für meine Familie aufzureiben. Tue ich es nicht, könnten sie mich ablehnen.

Elaine glaubte ihr Problem darin zu sehen, *nicht genug* geben zu können. Hier folgen einige weitere Lügen:

– Es ist furchtbar, abgelehnt und nicht geliebt zu werden.
– Trotz meiner Bemühungen, Anerkennung zu finden, mögen mich doch einige Menschen nicht und lehnen mich ab. Darum muß ich wohl ein schlechter Mensch sein.

- Ich ärgere mich. Darum bin ich ein schlechter Mensch.
- Es ist schlimm, für andere ein *Gebrauchsgegenstand* zu sein.
- Ich bin ein Gebrauchsgegenstand für andere. Darum bin ich schlecht.
- Es ist schlimm, nicht Herr über meine schlechten Gefühle werden zu können.
- Weil ich nicht Herr über diese Gefühle werden kann, bin ich ein schlechter Mensch.

Elaine mußte lernen, daß sie ein wichtiger und wertvoller Mensch ist, erstens, weil Gott es so sagt, und zweitens, weil sie mit Gott in Einklang steht. Die Umwelt reagiert niemals freundlich auf einen Menschen, der sich selbst haßt. Elaine erwartete von ihren Freunden und ihrer Familie Anerkennung, doch erkannte sie sich selbst nicht an, weil sie sich ihrer ichbezogenen Motive durchaus bewußt war. Sie hatte sich vom Urteil anderer im Hinblick auf ihren Eigenwert abhängig gemacht. Niemand brachte ihr die Anerkennung entgegen, nach der sie so fieberhaft suchte.

Es besteht ein Unterschied zwischen Selbstachtung und Eigenliebe. Wer sich selbst achtet, ist aufrichtig an anderen interessiert und kann sich furchtlos verschenken. Manchmal kommt man dann zu der Einsicht, daß es das Beste für einen anderen ist, ihm ein »nein« zu sagen. Ein ichbezogener Mensch ist jedoch von Begierde getrieben und neigt zu Furcht und Manipulation. Elaine wies einige dieser Verhaltensmuster auf und sah sich nun gezwungen, sich diesem Problem zu stellen. Meist wird ein Mensch durch seinen Hang zu Habgier und Ichbezogenheit dazu motiviert, ständig nach Anerkennung anderer zu suchen. Unermüdlich strebt er danach, eigene unersättliche Bedürfnisse zu befriedigen.

Sowohl Elaine als auch Arnie mußten lernen, daß man als Christ wichtig, einzigartig und geliebt ist. Das steht zweifellos fest. Unser Selbstwertgefühl ist nicht abhängig von der Meinung anderer; es orientiert sich einzig und allein am Anspruch Gottes. Wir sind der Tempel Gottes auf dieser Erde — lebendige Tempel, Wesen, die aufrichtig leben und in denen der mächtige König Wohnung nimmt. »Wißt ihr nicht, daß ihr Gottes Tempel seid und der Geist Gottes in euch wohnt?« (1. Kor. 3,16) Wenn Sie sich selbst lieben und achten, entspricht dies dem göttlichen Wesen am meisten.

»*Göttlich?*«, fragte Elaine, »wie kann es göttlich sein, wenn ich mich selbst liebe? Ich dachte, das sei nur ein Zeichen von Eitelkeit.« Wenn Sie sich selbst lieben wollen, müssen Sie zuerst ein liebenswerter Mensch sein. Dies geschieht am ehesten dadurch, daß ein Mensch es zuläßt, daß er für die Sünde (Ichbezogenheit) gekreuzigt und durch die Kraft des Heiligen Geistes zum Leben mit Gott auferweckt wird.

Eitelkeit wird niemals von Zufriedenheit und innerem Frieden begleitet. Sie können göttliche Motive in Ihrem Innern an der gleichzeitig auftretenden tiefen Zufriedenheit und dem innewohnenden Frieden erkennen. Alle innere Zerrissenheit hat ein Ende, wenn Ihre Motivationen von Gott gelenkt werden.

Göttlichkeit und Zufriedenheit

»Gewiß, Frömmigkeit*, verbunden mit Selbstbescheidung, ist ein großer Gewinn.« (1. Tɪᴍ. 6,6) Dieser Vers ist für Menschen geschrieben, die sich selbst hassen. Wenn Sie tun, was Ihnen der Herr zeigt, werden Sie selbst in harten Zeiten und inmitten schwerer Aufgaben echte innere Zufriedenheit erleben. Menschen, die nur andern zu Gefallen leben, sind stets an einem Mangel an Zufriedenheit zu erkennen. Wenn sich die Lage zuspitzt, werden solche Menschen sofort Fehler suchen und ins Klagen verfallen. Verschlechtert sich die Lage weiterhin, reagieren sie mit Zorn.

»Die ganze Welt kann mir gestohlen bleiben«, sagte Elaine äußerst gereizt. Arnie ließ seine Laune zuhause aus und schrie seine Kinder wegen der geringsten Kleinigkeit an.

Sich selbst lieben heißt, mit sich zufrieden zu sein, egal, ob man von anderen anerkannt wird oder nicht. Wenn Sie Gottes Anerkennung genießen, brauchen Sie nicht mehr länger nach Liebe und Annahme bei Menschen zu suchen. Sie sind frei, sich selbst zu lieben.

Sich selbst zu lieben ist kein Zeichen von Egoismus. Sie werden nicht mehr wie ein wütender Stier die größten Forderungen an Ihre Umwelt stellen. Solche Gedanken werden Ihnen fern sein.

Wenn Sie für sich selbst wahre Liebe empfinden, kann man das an Ihrer Selbstachtung, Weisheit und Lauterkeit erkennen. Sie wissen um die Würde der Demut. Sie lieben und achten sich, weil Sie zu Jesus Christus gehören. Ihr Leben ist sein Eigentum, und im Tempel Ihres Wesens lebt der Heilige Geist. Der Herr hat Sie herrlich erschaffen und gestaltet, wie er es mit jedem Menschen getan hat. Weil Sie sich selbst lieben, können Sie auch anderen mit Liebe begegnen.

Für Arnie kam der Augenblick der Erkenntnis, als wir ihn baten, folgende Frage ehrlich zu beantworten: »Wie wichtig ist es für Sie, anderen in jeder Lage zu gefallen und von ihnen anerkannt zu werden?«

Für ihn war die Erkenntnis niederschmetternd, wie sehr sein Leben danach ausgerichtet war, ausschließlich andern zu gefallen und Eindruck auf sie zu machen. Es hat sich vieles daraufhin in seinem Leben verändert und er hat gelernt, sich selbst aufgrund seiner persönlichen Beschaffenheit mit Achtung zu begegnen.

Auch in Elaines Leben sind viele Änderungen eingetreten. Durch die Ver-

---

* Anmerk. d. Übers.: Der Begriff »Frömmigkeit« ist im Englischen mit »godliness« (Göttlichkeit) wiedergegeben.

änderung ihrer Verhaltensweise und ihrer früheren irrigen Überzeugungen, die wir uns ja bereits genauer angesehen haben, ist sie zu der Erkenntnis gelangt, daß sie am ehesten von anderen anerkannt wird, wenn sie ihr eigenes Wesen auslebt.

Wenn Sie mit Ihrem Streben nach Anerkennung endgültig Schluß machen, werden Sie die Anerkennung mühelos erlangen. Wenn Sie sich selbst schätzen, werden Sie auch von anderen geschätzt werden. Und wenn Ihre Umwelt Ihnen nun keine Anerkennung zukommen läßt und Ihnen keine Liebe entgegenbringt? Was geschieht dann?

Sie werden feststellen, daß Sie auch damit leben können. Es ist *nicht schlimm*, wenn andere uns nicht mögen.

Wiederholen Sie sich diese Worte der Wahrheit statt des Irrglaubens, der sich in Ihrem Glaubenssystem eingenistet haben mag. *Es macht überhaupt nichts, wenn niemand mich mag.*

Die Wahrheit

— Es ist nicht nötig, von jedem gemocht zu werden.
— Ich bin nicht darauf angewiesen, mir den Beifall oder die Anerkennung anderer zu erkämpfen.
— Ich bin ein Kind Gottes. Von Gott werde ich tief geliebt. Er hat mir vergeben, und darum bin ich von ihm angenommen. Ich nehme mich selbst an.
— Meine Wünsche und Bedürfnisse sind genauso wichtig wie die anderer Menschen.
— Ablehnung ist *nichts Schlimmes*. Es mag zwar unangenehm sein, ist aber nicht schlimm.
— Mangelnder Beifall und mangelnde Anerkennung von seiten anderer ist *nichts Schlimmes*. Es ist zwar nicht wünschenswert, aber wirklich nicht schlimm.
— Wenn ein Mensch mich nicht ausstehen kann, kann ich dennoch mit dieser Tatsache leben. Ich brauche mich nicht fieberhaft um seine Gunst zu bemühen.
— Ich kann meine schlechten Gefühle überwinden, indem ich lerne, Wahrheit von Irrglauben zu unterscheiden.
— Der Gedanke, andern zu gefallen und von ihnen Anerkennung erlangen zu müssen, ist ein Irrglaube.
— Jesus ist für mich am Kreuz gestorben und hat mich damit auch von dem Irrglauben befreit, andere hätten über meinen Wert zu entscheiden.

Denken Sie einmal über Folgendes nach:

1. Das Trachten, andern zu gefallen, kann möglicherweise in krassem Gegensatz zu der Hauptausrichtung des christlichen Lebens stehen, nämlich

Gott zu gefallen. Gottes Wille für Sie mag sich von dem Anspruch, den Forderungen und den Launen anderer Menschen deutlich unterscheiden. Gottes Wille für Jesus, beispielsweise, stand in deutlichem Gegensatz zu den Forderungen der Masse, die ihn nach der Speisung der Fünftausend zum König erheben wollte (JOH. 6). Auch die Jünger widersprachen dem Willen Gottes für Jesus sehr heftig, als er ihnen seine kommende Kreuzigung und seinen Tod vorhersagte. Petrus war von dem Gehörten sehr getroffen. »Das geschehe niemals!«, sagte er. Jesus antwortete daraufhin: »Weiche von mir, Satan.«

2. Häufig wird der Wille Gottes von Ihnen fordern, daß Sie Ihre eigenen Bedürfnisse an die erste Stelle setzen und die Wünsche anderer an zweiter Stelle einordnen. Es gab auch Zeiten, in denen Jesus sein persönliches Bedürfnis nach Ruhe und Essen über seinen Dienst der Verkündigung stellte. Wenn Sie sich und Ihre Bedürfnisse vernachlässigen (es sei denn, Sie haben eine direkte Weisung vom Herrn), werden Sie eine ganze Menge geistlicher und psychologischer Schwierigkeiten in Ihrem Leben bekommen. Härte gegen sich selbst muß nicht unbedingt etwas mit Heilung zu tun haben. Jesus hat stellvertretend für Sie am Kreuz Buße getan. Sie haben jetzt die Freiheit, ein Leben der Liebe zu leben und gleichzeitig zu empfangen und weiterzugeben. Sie sollen nur das weitergeben, was Sie empfangen haben.

3. Wenn es um die Beurteilung dessen geht, was Sie tun sollen, machen Sie es sich zu einfach, wenn Sie sich in erster Linie an die Faustregel halten: Was andern gefällt, muß wohl immer richtig sein. Natürlich wird es sich häufig als notwendig erweisen, bestimmte Bedürfnisse eines anderen Menschen den eigenen Plänen und weniger dringlichen Bedürfnissen vorzuziehen. Wenn beispielsweise ein Sterbender vor Ihrer Haustür liegt und Sie gerade im Begriff sind, zu einer Gebetsversammlung zu gehen, werden Sie höchstwahrscheinlich den Gedanken an die Gebetsversammlung aufgeben und dem Sterbenden Hilfe leisten. Doch beachten Sie bitte, daß es hier nicht auf die Frage ankommt: »Erwartet dies jemand von mir?«, sondern vielmehr auf die Frage: »Befiehlt Gott mir, dies oder jenes zu tun?«

4. Wenn Sie nur leben, um anderen zu gefallen, wird jede negative Reaktion, jede Kritik und Mißfallensäußerung Sie beinahe umwerfen. Der Gedanke, daß andere mit Ihnen nicht ganz zufrieden sein könnten, wird Sie stark beunruhigen. Sie müssen lernen, mit Kritik umzugehen und sie als etwas Nebensächliches zu betrachten, um den Apostel Paulus zu zitieren, der wußte, daß allein der Herr der wahre Richter ist. (1. Kor. 4,3)

5. Selbst wenn niemand Sie mag und alle Sie verurteilen, werden Sie dennoch überleben. Jesus ging es nicht anders. Viele haben es bereits geschafft, trotz starker Mißbilligung anderer zu leben. Wenn Sie Gott beim Wort nehmen wollen, der gesagt hat: »Ich lasse dich nicht fallen und verlasse

dich nicht« (Hebr. 13:5), gibt es keinen Grund für Sie zu glauben, Sie brächen zusammen, wenn andere Sie verurteilen. Natürlich fällt es uns oft schwer, Mißfallensäußerungen zu tolerieren; mangelnde Anerkennung von seiten eines uns Nahestehenden ist häufig sehr schwer zu ertragen. Aber dennoch können wir es aushalten, wenn wir es müssen. Außerdem ist die Mißbilligung anderer in den meisten Fällen beschränkt auf eine bestimmte Sache und daher von kurzer Dauer. Es ist unwahrscheinlich, daß wir je in die Lage versetzt werden, in der absolut *jeder* etwas gegen uns hat.

Durch das konventionell festgelegte soziale Verhaltensmuster wird uns frühzeitig beigebracht, alles zu tun, um Beifall und Anerkennung zu erlangen. Laden wir die Familie Jones zum Essen ein, wird sie ihrerseits mit einer Einladung antworten. Helfen Sie der Familie Jones, ihr Haus zu streichen, wird auch sie Ihnen helfen. Diese Verhaltensweisen kann man als Philosophie des »wie du mir, so ich dir« bezeichnen.

Doch die göttlichen Motive sind höher. Sie besagen: »Ich kümmere mich um dich, und ich möchte, daß du dich auch um mich kümmerst, doch ich bestehe nicht darauf. Ich werde mich weder fieberhaft um deine Anerkennung noch um deine Sympathie oder Freundschaft bemühen. Ich kümmere mich um dich und mich, weil Jesus für uns beide gestorben ist.«

Das göttliche Motiv besagt: »Wir sind beide gleich wichtig. Jesus liebt uns beide gleich stark.«

Sie können für immer von der Herrschaft des Selbsthasses befreit werden, wenn Sie sich darüber im klaren sind, daß die Anerkennung Gottes viel kostbarer ist als alle menschliche Anerkennung es je sein könnte.

NEUNTES KAPITEL

Irrige Überzeugungen, die Angst vor Veränderungen bewirken

»Ich bin eben so, wie ich bin und werde mich auch niemals ändern«, sagt Lila, eine 34 Jahre alte Grundschullehrerin. Völlig gereizt läßt sie am Ende eines Tages so manche Bemerkung fallen: »Meine dritte Klasse macht mich ganz wild. Wahrscheinlich hätte ich wegen meiner mangelnden Toleranzfähigkeit gar nicht erst Lehrerin werden sollen.« Sie hatte die Klasse angeschrien, die Geduld verloren und manchmal auch ein Kind bei den Schultern genommen und kräftig geschüttelt. Jetzt ist sie völlig niedergeschlagen und über ihre mangelnde Selbstbeherrschung erschüttert.

Joe ist 25 Jahre alt und ein begabter Student auf der Ingenieurschule. Seine Verlobte macht sich wegen seiner häufigen Wutausbrüche Sorgen und versucht, mit ihm über dieses Problem zu sprechen. Er pflegt dann nur mit den Achseln zu zucken und zu sagen: »Ich bin eben so. Entweder du akzeptierst mich so, wie ich bin, oder du läßt es sein. Das liegt an meinem Temperament. Wenn mich etwas ärgert, zeige ich es eben. Ich kann auch nichts daran ändern.« Gewöhnlich beendet er die Diskussion mit dem Satz: »Ich bin ganz wie mein Vater. Der hat das gleiche Temperament.«

Shirley ist Patientin im Christlichen Psychologischen Beratungszentrum und begegnet ihrem Therapeuten nun zum dritten Mal. Sie sitzt etwas steif und aufrecht in dem bequemen Sessel und hat vom Weinen geschwollene Augen. Shirley ist 29 Jahre alt und leidet unter Übergewicht. Aus ihrer ganzen Erscheinung kann man deutlich ablesen, daß sie sich selbst völlig egal ist. Unter Tränen gibt sie zu, daß sie sich davor fürchtet, ihren Mann zu verlieren. Er wirft ihr Schlamperei vor und liegt ihr ständig in den Ohren, doch endlich abzunehmen. Sie glaubt, daß er sich mit einer anderen Frau trifft.

»Ich weiß, daß ich zu dick bin«, sagt sie unter Tränen. »Er braucht mir das gar nicht zu sagen. Wenn ich schlanker wäre, würde alles ganz anders aussehen. Er würde sich nicht nach anderen Frauen umsehen.«

Sie unterbricht kurz, um sich die Nase zu putzen. »Ich *kann* einfach *nicht* abnehmen. Er hat es gern, wenn ich ihm sehr fettes, reichhaltiges Essen koche. Er ist schmal und kann all die Dinge essen, die ich nicht essen darf. Wie soll ich denn abnehmen, wenn er all die Dinge ißt, die ich so gern mag? Es geht einfach nicht.«

Lila, Joe und Shirley haben mehrere irrige Überzeugungen gemeinsam. Lila glaubt, ihre dritte Klasse bringe sie in Rage und bemerkt nicht, daß sie selbst sich erlaubt, überhaupt wütend zu werden. Sie ist davon überzeugt, daß Ärger ein Wesenszug von ihr sei. Doch das stimmt nicht. Jesus ist am Kreuz gestorben, um uns sowohl von unseren Sünden als auch von anderen »Hemmschwellen« wie beispielsweise mangelnder Toleranz zu befreien. Lila beraubt sich jeglicher Möglichkeit, eine konstruktive Veränderung in ihrem Leben geschehen zu lassen und tritt auf diese Weise das Werk Jesu mit Füßen.

Joe glaubt, es sei zulässig, seinen Wutausbrüchen bei jeder Gelegenheit freien Lauf zu lassen, weil sein Vater es ja schließlich genauso getan habe. Er sagt sich und anderen: »Ich bin so, wie ich bin. Entweder ihr nehmt mich an oder ihr laßt es sein«. Er will damit sagen: »Ich kann (oder will) mich nicht ändern.«

Shirley sieht die Schuld für ihr Übergewicht und ihr schlampiges Äußeres bei ihrem Mann. Sie sagt sich, daß nicht sie im Letzten für ihr Leben verantwortlich sei, sondern er. Jetzt fürchtet sie, er könne sie verlassen und hat Angst davor, in eigener Verantwortung zu handeln. Sie scheut die Anstrengung der Selbstbeherrschung und hat Angst vor neuen Richtlinien in ihrem Leben.

Lila, Joe und Shirley glauben, der Grund aller unbefriedigenden Bedingungen und Umstände läge *außerhalb ihrer Kontrolle*. Sie haben ihre eigene Verantwortung für ihre Gefühle und Handlungsweisen umgangen. Alle drei glauben, sich nicht ändern zu können.

Zuweilen fällt es uns leicht zu glauben, wir seien das Opfer der Umstände. Blicken Sie doch einen Augenblick zurück. Wie häufig pro Tag oder Woche schieben Sie die Verantwortung für Ihre Gefühle und Handlungsweisen ab auf Dinge oder Menschen außerhalb Ihres Kontrollbereichs? Sind Sie vielleicht über Ihre eigenen Füße gestolpert und haben sich daraufhin umgedreht, als sei eine Bohle im Fußboden locker gewesen oder irgendeine Unebenheit im Boden der Grund für Ihr Stolpern? Wer ist daran schuld, wenn Sie sich den Mund verbrennen durch zu heißes Trinken? Warum starren Sie so auf Ihre Tasse? Wie oft haben Sie *jemand anderen* beschuldigt, der *Grund* Ihres Ärgers, Ihrer Enttäuschung oder Ihres Unglücks zu sein?

Kein Außenstehender kann diese Haltung unmittelbar in Ihnen bewirken. Sie selbst sind der Agierende. Niemand zwingt Sie, in einer bestimmten Weise zu fühlen, zu denken oder sich zu benehmen. Ein Mann Anfang dreißig sagte einmal: »Ich nehme Drogen, weil meine Freunde alle das Gleiche tun. Man hat mich wegen Rauschgifthandel verhaftet und nun stehe ich unmittelbar vor einer Gefängnisstrafe. Daß man mich geschnappt hat, war nicht mein Fehler.« Hören Sie damit auf, die Schuld für Ihre Schwierigkeiten und Sünden bei anderen zu suchen. Niemand *veranlaßt* Sie, irgendetwas zu tun. Was Sie tun, tun Sie von sich aus.

Natürlich werden sowohl die Umstände als auch Ihre Umwelt einen bestimmten Einfluß auf Ihr Leben ausüben. Sie fühlen sich beispielsweise nicht wohl, wenn Sie Grippe haben oder wenn Ihr Ehepartner Sie jedesmal grob anfährt, wenn Sie eine trockene Kehle haben und husten müssen. Sie reagieren dann anders, als wenn er Ihnen einen Kuß geben würde. Mit der Aussage dieses Buches bezwecken wir, Ihnen deutlich zu machen, daß *Sie sich selbst* zu einer bestimmten Reaktion auf Umstände und Ereignisse durch Ihre innere Glaubenshaltung *entscheiden*. Es ist Ihre Entscheidung, ob Sie sich genauso wie Ihre Freunde verhalten, ob es sich nun um einen Klubbeitritt, das Einnehmen von Drogen oder irgendetwas anderes handelt.

Es entspräche nicht der Wahrheit zu behaupten: »Ich bin so griesgrämig, weil ich Grippe habe.« Die *Wahrheit* lautet: »Ich habe selbst meine schlechte Laune verursacht und mir erlaubt, griesgrämig zu sein. Die Grippe bewirkt zwar unangenehme Empfindungen in meinem Körper und in meinem Gefühl, doch brauche ich darauf nicht zu reagieren und anderen dadurch das Leben schwer zu machen. Ich kann mich genauso gut entscheiden, fröhlich zu sein.«

Dieser unangenehmen Verhaltensweise liegt der Irrglaube zugrunde: »Solange ich krank bin, ist jede ichbezogene und unliebenswürdige Haltung entschuldbar.«

Allzu häufig machen wir anderen Menschen Vorwürfe wegen unserer Gefühle. Stellen Sie sich vor, Sie wären mit einer Frau verheiratet, die in ihrem Zorn ständig mit Tellern nach Ihnen wirft. Es wäre absolut falsch zu behaupten: »Ich bin nur solch ein Nervenbündel, weil meine Frau mit Tellern nach mir wirft.«

Der Irrglaube sieht folgendermaßen aus: »Mein innerer Friede hängt vom Verhalten der anderen ab, und an deren Verhalten kann ich nichts ändern.« Die *Wahrheit* lautet: »Es ist sehr unangenehm, mit Tellern beworfen zu werden, es mißfällt mir sogar sehr.« Aber dann muß es heißen: »Wenn ich diese Verhaltensweise weiterhin zulasse, glaubt meine Frau noch, es sei völlig in Ordnung, so mit mir umzugehen.«

Wenn Sie sich dabei ertappen, daß Sie sich wiederholt irrige Überzeugungen einreden, sollte eine Alarmlampe in Ihnen aufleuchten, von den Worten begleitet: »Das stimmt nicht!« *In Wahrheit bin ich für meine Gefühle und mein Verhalten verantwortlich! Die Verantwortung liegt bei niemand anderem als bei mir.*

Bei folgenden irrigen Überzeugungen sollte Ihre Alarmlampe aufleuchten:

- »Ich bin so, wie ich bin, weil ich schon von Geburt an so war.«
- »Hätte ich eine bessere Ausbildung gehabt, würde ich heute mehr geschätzt werden.«
- »Wenn ich so wäre wie X, wäre ich bestimmt glücklicher.«

- »Wenn ich besser aussähe, wäre ich glücklicher.«
- »Es kommt nicht auf Sachkenntnis, sondern auf die Kenntnis der richtigen Personen an. Aus diesem Grunde habe ich nicht mehr Erfolg.«
- »Kinder machen mich gereizt und nervös. Das Gleiche gilt auch für die Familie meines Mannes/meiner Frau.«
- »Du machst mich verrückt.«
- »Wenn ich doch bloß jünger wäre, dann hätte ich mehr Energie und wäre glücklicher.«
- »Wenn ich doch bloß angenehme Nachbarn hätte, dann wäre ich glücklich.«
- »Dieses Haus macht mich ganz depressiv.«
- »Ich weiß, daß ich mich verändern sollte, aber ich kann nicht.«
- »Ich trinke, weil die Last des Alltags so groß ist.«
- »Ich fluche nur, weil alle im Büro fluchen.«
- »Ich stehle nur, weil mein Chef zu geizig ist, mir die Gehaltserhöhung zu zahlen, die mir eigentlich zustünde.«

Wenn Sie diesen Erfindungen Glauben schenken, sehen Sie den Schuldigen in der falschen Person. Ihren schlimmsten Feind finden Sie in Ihrem eigenen Inneren, nicht in Ihrer Umwelt. In den meisten Fällen haben Sie so zu denken, zu fühlen und zu handeln *gelernt*, wie Sie es heute tun. Daher können Sie auch *umlernen*. Sie können Ihre alten Denk- und Verhaltensmuster *verlernen*, soweit dies nötig ist.

Suchen Sie die Schuld für das Unglück, das Sie gerade erleiden, bei anderen? Gibt es irgendeine Situation in Ihrem Leben, die Sie zulassen und von der Sie sich einreden, sie sei der Grund Ihres Stresses?

Verlernen Sie, so zu denken, wie Sie es gewohnt sind

1. Erinnern Sie sich daran, daß alle Freude aus unserer Beziehung zu Gott und seiner unwandelbaren Treue kommt.

Sie brauchen nicht in den denkbar günstigsten Umständen zu leben, um glücklich zu sein. Sie benötigen noch nicht einmal die Liebe und Wertschätzung anderer, um glücklich zu sein. Es ist sehr schön, geliebt und geschätzt zu werden. Es *entscheidet* jedoch *nicht* über Ihr persönliches Glück.

Die Bibel berichtet davon, daß zwei Männer Gottes, Paulus und Silas, in Philippi vor ein römisches Gericht gestellt, mit Peitschen geschlagen und ins Gefängnis geworfen wurden. Blutend und von Schmerzen gequält lagen sie auf dem kalten Gefängnisboden. Ihre Füße waren im Schraubstock eingespannt. Haben Paulus und Silas etwa geklagt und gesagt: »Wenn die Grausamkeit der Ungläubigen nicht wäre, wären auch wir nicht verwundet worden und würden jetzt nicht so bluten. Dann wären wir glücklicher!«?

Haben sie etwa in ihrem Schmerz wehklagend ausgerufen: »Diese ungerechten, gemeinen, durch und durch verdorbenen Heiden! Seht doch bloß, was sie uns angetan haben!«? Wir wollen uns vorstellen, daß Sie oder ich dort auf dem völlig verschmutzten Gefängnisboden lägen, inmitten des eigenen Blutes, umgeben von Ratten und Ungeziefer. Würden wir wohl klagen: »Dieses Evangelistenleben ist einfach fürchterlich. Nichts als Schmach und Leid! Für wen soll das gut sein? Keiner kümmert sich, keiner hilft uns, niemand will die Gute Nachricht hören. Jetzt liege ich hier halbtot und frage mich bloß, wozu? Wer weiß, ob Gott noch zu mir hält?«

Der Glaube des Paulus und Silas war so stark, daß er über Umstände, Menschen und Gefühle erhaben war. Selbst Schmerzen konnten diesem Glauben nichts anhaben. Ihr Glaube war in der Person, Vollmacht und Gegenwart Jesu Christi begründet. Sie glaubten, ihr Leiden sei nicht so wichtig wie die ihnen aufgetragene Botschaft.

Statt sich in Schmerzen und Klagen zu winden, beteten sie und stimmten Loblieder zur Ehre Gottes an. Sie murrten nicht, sahen für ihre physische Qual auch niemanden als den Schuldigen an, noch ertrugen sie ihren Schmerz im Stillen, indem sie sich auf die Lippen bissen und sich verzweifelt fragten, weshalb Gott solch ein grausames Schicksal zuließe. Stattdessen sangen sie so laut, daß ihre Stimmen im ganzen Gefängnis zu hören waren! Aber nicht nur das, Gott erhörte sie und öffnete ihnen die Tore des Gefängnisses. Ihr Glück lag begründet in ihrem Vertrauen zu dem lebenden Christus in ihnen. Die Umstände waren für sie unwesentlich.

2. Sie können Ihr Glück oder Unglück selbst steuern.

Sie entscheiden sich für ihr Glück. *Sie* entscheiden sich für Gedanken der Wahrheit im Hinblick auf sich und andere. *Sie* sind es, die entscheiden, ob Sie bei anderen die Schuld für Ihr Unglück sehen wollen. *Sie* entscheiden sich, Ihr unlauteres Verhalten nicht länger zu entschuldigen und andere nicht mehr für Ihre Handlungsweise zur Verantwortung zu ziehen. *Sie* bieten sich selbst die Stirn und sehen sich ganz so, wie Sie im Augenblick sind. *Sie* übernehmen die Verantwortung für Ihre Gedanken, Gefühle und Verhaltensweisen.

Nicht die anderen machen Sie ärgerlich, traurig und krank. Sie selbst *gestatten* sich, ärgerlich, traurig oder krank zu werden. Das Ausleben von Zornesausbrüchen ist eine Verhaltensweise, die Sie sich angelernt haben. Sie geben sich einer Täuschung hin, wenn Sie meinen, Ihre Verhaltensweise nicht ändern zu können.

Irrglaube	Wahrheit
1. Deine Worte machen mich ärgerlich.	Ich lasse zu, daß ich ärgerlich werde wegen der Dinge, die du mir gesagt hast.
2. Bei mir gerät alles durcheinander, wenn das Mittagessen nicht rechtzeitig fertig ist.	Ich lasse es zu, daß alles durcheinander gerät, wenn das Essen nicht zu der von mir erwarteten Zeit fertig ist.

Es sind weniger die äußeren Dinge, die die Störung bei Ihnen hervorrufen, als vielmehr der Standpunkt, von dem aus Sie die Dinge betrachten, d. h., Ihre innere Glaubenshaltung, mit der Sie den Umständen begegnen.

Im Leben eines Christen sollten niemals irgendwelche äußeren Umstände dominierend sein. Manches Leid wird nur dadurch verursacht, daß wir nicht gelernt haben, richtig mit der Lehre der Bibel umzugehen, die uns genaue Anweisung zu einem glücklichen Leben gibt: »Ich habe es gelernt, in jeder Lage zufrieden zu sein.« Wir glauben immer, Liebe und Glück seien abhängig von anderen Menschen, Umständen, Ereignissen, materiellen Gütern, Erfolg, erreichten Zielen, Fähigkeiten und vielem mehr.

Vielleicht sind Sie deswegen unglücklich, weil Sie an der falschen Stelle nach Ihrem Glück Ausschau halten.

Sie können sich verändern!

Die Haltung »in jeder Lage zufrieden zu sein« bedeutet nicht unbedingt, Leid im Stillen ertragen zu müssen. Es bedeutet vielmehr, daß unsere Freude nicht in den Umständen begründet ist, sondern aus unserem Inneren kommt. Durch die Kraft des Heiligen Geistes und durch das Leben Christi in Ihnen gewinnen Sie die Fähigkeit, in Christus Friede und Zufriedenheit zu finden.

Die Veränderung so mancher Umstände liegt in Ihrer Hand. Das stille Ertragen des Leides ist noch keine Tugend (obwohl es Zeiten gibt, in denen der Herr uns ins Schweigen führt, uns leitet, allein auf ihn zu harren, auch wenn wir gerade durch eine extrem schwierige Zeit gehen.) Doch in vielen Fällen ist es weitaus schädlicher, sich schweigsam von Sorgen zerfressen zu lassen, statt sich aufzumachen und etwas zu unternehmen. Viele Menschen tun nichts, um ihr Leid zu mildern, weil sie sich davor fürchten. Der Hauptgrund dafür mag die Furcht vor Menschen sein.

Shirley sagte sich: »Mein Mann könnte sich ärgern, sobald ich ihm sage, er solle in Zukunft kein Eis und keine Pizza mehr mitbringen, wenn ich versuche, abzunehmen. Deshalb sage ich lieber nichts und esse stattdessen stillschweigend, was er mitbringt. Natürlich werde ich weiterhin zunehmen, doch liegt das nicht an mir. Das ist seine Sache.«

Lila sagt: »Ich möchte nicht, daß die anderen Lehrer sehen, daß ich Schwierigkeiten mit meiner Klasse habe. Sie könnten denken, ich sei eine schlechte Lehrerin.«

Der Vater von Joe glaubt, ein Mann müsse schroff und Frauen gegenüber feindlich eingestellt sein. Statt darüber nachzudenken und diese Verhaltensweise bei sich selbst in Frage zu stellen, macht Joe seinem Vater alles nach. Dieses Risiko ist auf jeden Fall kleiner, als eine eigene Entscheidung zu treffen, die zur Folge haben könnte, daß sein Vater ihn auslacht.

Sie verändern nicht nur Ihre Verhaltensweise, Sie verändern auch Ihre Einstellung hinsichtlich der Folgen dieser Veränderungen. Shirley hat die Möglichkeit, das Essen der mitgebrachten Pizza und der Eiscreme einzustellen, sobald sie sich bewußt wird, daß sie als einziger Mensch auf Erden die Macht hat, sich selbst schlanker oder auch dicker werden zu lassen. Wenn ihrem Mann diese Veränderung nicht gefällt, hat Shirley die Möglichkeit, sich auf die negativen Folgen vorzubereiten.

Sie kann sich sagen: »Es schadet nichts, wenn meinem Mann meine neue Diät mißfällt. Ich brauche keine Anerkennung für meine Entscheidung. Irgendwann wird er akzeptieren, daß ich nichts Fetthaltiges mehr esse. Ich *kann* die Lage verändern!

Lila ändert ihre Haltung gegenüber ihrer dritten Klasse, indem sie sich deutlich macht, daß sie allein für ihren Ärger verantwortlich ist. Sie entwikkelt Geschick im Umgang *mit sich selbst* und im Umgang mit ihrer dritten Klasse. Sie erkennt, daß die Wurzeln für Enttäuschung und Ärger nicht nur in ihrem Beruf liegen. Indem sie lernt, ihr emotionales Leben selbst in die Hand zu nehmen, ist sie besser ausgerüstet, mit dem Irrglauben des Ärgers und der Enttäuschung umzugehen. »Es ist nicht schlimm, wenn ich nicht vollkommen bin«, sagt sie sich. »Ich bin ja nicht immer unbeherrscht. Ich *kann* mich verändern und ich *tue* es auch!«

Wenn Sie sich für eine Veränderung entscheiden

1. Notieren Sie sich, wieviele Male am Tag Sie Ihre Gefühle den äußeren Umständen zuschreiben.
2. Notieren Sie sich alle negativen Äußerungen, sobald Sie sie ausgesprochen haben.
3. Notieren Sie sich eine *gesündere* Einstellung gemäß den Leitlinien dieses Buches. Diese Notizen mögen folgendermaßen aussehen:

Irrglaube	Wahrheit
8.00 Uhr Ich war wegen des Regens schlechter Laune.	Ich kann trotz des Regens fröhlich sein, wenn ich nur will.

10.00 Uhr	Ich habe zu Jimmy gesagt: »Deine ewige Nörgelei macht mich ganz wahnsinnig.«	Wenn Jimmy nörgelt, möchte ich am liebsten wahnsinnig werden.
14.00 Uhr	Meine Kollegen sind Schuld daran, daß ich überarbeitet bin. Sie haben mir alle Arbeit aufgebürdet.	Ich habe es selbst zugelassen, daß ich überarbeitet bin. Indem ich es still ertrage, lade ich mir nur noch mehr auf.
22.00 Uhr	Ich habe mich sehr über die Nachbarn geärgert und wäre am liebsten ausgezogen, habe ihnen meine Gefühle aber nicht mitgeteilt.	Ich habe meinen Ärger selbst zugelassen und mich entschlossen, alles still zu ertragen. Ich kann meine Gefühle auch so äußern, daß ich dadurch niemanden anklage.

Nehmen Sie sich Zeit, täglich Ihre irrationale Denkweise zu korrigieren. Setzen Sie dazu eine ganz bestimmte Tageszeit fest, beispielsweise die Mittagspause, die Kaffeepause, eine Zeit vor dem Zubettgehen oder wann immer es paßt. Dieser Schritt ist sehr wichtig. Das Erkennen der irrationalen Denkweise ist der erste wesentliche Schritt. An zweiter Stelle steht die Erkenntnis, wie wir die falsche Denkweise verändern können. Und schließlich ist es wichtig, die ganze Sache tatkräftig *in Angriff* zu nehmen!

»Meine Kollegen sind nicht Schuld an meiner Überarbeitung. Ich habe selbst zugelassen, daß es soweit kam. Am Donnerstag werde ich während der Sitzung darum bitten, daß ein Teil meiner Verantwortung anderen übertragen wird.«

»Ich lasse selbst zu, daß Jimmys Nörgelei mich verrückt macht. Nörgelei ist eine erlernte Verhaltensweise. Ich werde von jetzt an Jimmy dafür belohnen, wenn er nicht nörgelt, auch dann, wenn er sich so verhält, daß es mir Freude macht.«

Gestehen Sie sich ein, daß Ihre negative Denkweise der Grund für Ihr Unglücklichsein ist. Halten Sie sich an die Verheißung des Herrn, die er seinem Volk gegeben hat: »*Ich werde einen neuen Geist in euch legen.*« Lassen Sie dem Heiligen Geist Raum, Ihr Denken zu bestimmen. Wenn Sie das tun, werden Sie feststellen, daß der *bewußte Entschluß*, irrige Überzeugungen zu ändern, mehr als reine Selbsthilfe ist. Er bedeutet vielmehr, im Herrn und in der Macht seiner Stärke stark zu sein.

Sie *können* sich verändern. Die Bibel berichtet von zahlreichen Veränderungen im Leben vieler Menschen durch die Kraft Gottes. Durch den Glauben treten Sie mit der Macht Gottes in Verbindung. Niemand anders kann Glauben in Sie hineinlegen. Sie sind der einzige, der den Glauben selbst ergreifen kann. Entweder Sie ergreifen den Glauben, vertrauen auf Jesus Christus und bewirken dadurch, daß Sie in Christus sind, oder aber Sie gehen durchs Leben als ein Opfer von Umständen, Menschen, Ereignissen und Situationen, die alle außerhalb Ihres Kontrollbereichs liegen.

Einige dieser Personen, deren Leben durch den Glauben an Gott radikal verändert wurde, sind Hiob (der trotz seines schrecklichen Leides an der Souveränität Gottes festhielt), Moses (der auf seinen Rang als Herrscher des Hauses Ägypten willentlich verzichtete und sich dem jüdischen Sklavenvolk anschloß, um es aus der Sklaverei herauszuführen), Jakob (der 14 Jahre Wartezeit mit harter Arbeit verbrachte, um endlich Rahel heiraten zu können), Joseph (der viele Jahre eine Gefängnisstrafe für ein nie begangenes Unrecht absaß) und David (der jahrelang vor dem Zorn des Königs Saul fliehen mußte). Doch das sind nur einige Wenige. Es ist wirklich wahr, daß jeder Mann, jede Frau, jedes Kind, ja jeder Mensch, der Jesus Christus begegnet und ihn als seinen Herrn annimmt, eine Veränderung in seinem Leben erfährt. Die Veränderung besteht in der Umwandlung und Erneuerung der Seele durch das Lebendigwerden des menschlichen Geistes. Von den Neugewordenen heißt es: »die nicht aus dem Blut, nicht aus dem Willen des Fleisches, nicht aus dem Willen des Mannes, sondern aus Gott geboren sind.« (JOH. 1,13) »Wenn also jemand in Christus ist, dann ist er eine neue Schöpfung: das Alte ist vergangen. Neues ist geworden.« (2. KOR. 5,17)

Wie Sie die Umstände verändern können

Keine einzige Bemerkung in diesem Kapitel und in diesem Buch läßt darauf schließen, daß Sie die Umstände so lassen sollten, wie sie nun eben einmal sind. Es ist nicht unsere Absicht, Verschweigen und Passivität zu lehren. Wir sagen nicht, im Fall einer Diskrepanz zwischen Ihnen und den Umständen gäbe es lediglich den einen Weg, sich selbst zu verändern.

Manchmal werden Sie es vorziehen, die Umstände zu verändern, statt die Begebenheiten noch länger zu ertragen und sich ausschließlich auf die Veränderung der Selbstgespräche zu konzentrieren. Dies schließt die Bitte an andere ein, bestimmte Verhaltensweisen zu ändern, die Ihnen Schwierigkeiten bereiten.

Als Jesus in Gegenwart des Volkes von seiner Göttlichkeit sprach, wurde er von dem empörten Volk beinahe gesteinigt. Jesus sagte: »Wenn ich nicht die Werke meines Vaters vollbringe, dann glaubt ihr mir nicht. Aber wenn ich sie vollbringe, dann glaubt wenigstens den Werken, wenn ihr mir schon nicht glaubt. Dann werdet ihr erkennen und einsehen, daß in mir der Vater ist und ich im Vater.« Diese Worte machten sie so wütend, daß sie ihn existentiell bedrohten. Jesus aber entzog sich ihrem Zugriff. Er ging an die andere Seite des Jordan und blieb an dem Ort, an dem er von Johannes getauft worden war. (JOH. 10,31–42)

Jesus änderte die Umstände.

Zeitweise werden Sie die Umstände lieber verändern wollen, als sich ihnen noch länger auszusetzen. Sie können dies tun, indem Sie andere bitten, Verhaltensweisen zu ändern, die ganz besonders unangenehm, verletzend oder schädlich sind.

Es ist nicht wahr, daß Sie jede schmerzvolle Situation ertragen und sie als schweres Los in Ihrem Leben akzeptieren müßten. Oft entspricht es vielmehr dem göttlichen Wesen, die Situation zu verändern, als tapfer in ihr auszuhalten und weiterhin zu leiden, was keinerlei Nutzen bringen würde.

Sie haben eine phantastische Möglichkeit, die wir als ›freien Entschluß‹ bezeichnen wollen.

Gott will nicht, daß wir weiterhin unser altes fleischliches Leben führen, das Zerstörung, Krankheit, Verwirrung und Leid mit sich brachte. Er sagt uns: »Ich schenke euch ein neues Herz und lege einen neuen Geist in euch. Ich nehme das Herz von Stein aus eurer Brust und gebe euch ein Herz von Fleisch.« (HES. 36,26)

Gott verspricht dem die Fülle des Segens, der sich gegen allen Irrglauben wehrt, einen Irrglauben, der die Macht und Herrlichkeit Gottes verneint.

»Er ist wie ein Baum, der an Wasserbächen gepflanzt ist, der zur rechten Zeit seine Frucht bringt und dessen Blätter nicht welken. Alles, was er tut, wird ihm gut gelingen.« (Ps. 1,3)

»Also kehrt um und tut Buße, damit eure Sünden getilgt werden und der Herr Zeiten des Aufatmens kommen läßt.« (APG. 3,19)

Wenn sich der hartherzige Gefängnismeister von Philippi verändern konnte, können auch Sie sich verändern. Wenn sich die Samariterin mit ihrem fragwürdigen Ruf verändern und zu einer Botschafterin der Wahrheit werden konnte, können auch Sie sich verändern. Wenn sich der blutgierige Saulus, der jüdische Verfolger, verändern und zu dem warmherzigen Apostel Paulus, dem liebevollen Schreiber der 13 Bücher des Neuen Testamentes werden konnte, so können auch Sie sich verändern.

Ihre Verhaltensweise, Ihre Entschlußkraft und Ihr Glauben machen Ihr eigentliches Wesen aus.

ZEHNTES KAPITEL

Irrige Überzeugungen, die Risikoscheu bewirken

Wenn Menschen glauben, sie sollten niemals ein Risiko eingehen, halten sie meist noch an einer ganzen Reihe ähnlich gelagerter Lügen fest:

1. Es ist absolut notwendig, jeglicher Form von Verletzung aus dem Wege zu gehen. Egal, worum es sich handelt, ich will niemals verletzt werden.
2. Das Eingehen eines Risikos könnte zu einem Unglück führen. Ich könnte dadurch eine Verletzung erleiden.
3. Sicherheit ist wichtiger als alles andere. Es ist schrecklich, sich in Gefahr zu begeben.
4. Es ist schlimm, eine falsche Entscheidung zu treffen.
5. Wenn ich ein Risiko eingehe, könnte ich lebenswichtige Dinge wie Geld, Freunde, Anerkennung, Zeit und Sicherheit verlieren.
6. Ich will niemals etwas verlieren. Verluste jeglicher Art sind schrecklich.
7. Ich traue mich nicht, Fehler zu machen. Fehler sind etwas Schlimmes.
8. Ich muß immer vorausdenken, um rechtzeitig jedes nur denkbare Unglück zu erkennen.
9. Jede Aktion muß bis ins Detail geplant werden und jedes Wort muß gründlich überlegt werden, um Verlust, Schmerz und Schande zu vermeiden.
10. Gott schätzt keine Risiken.

Roland ist zu seiner ersten Behandlung zwanzig Minuten zu früh in die Klinik gekommen. Um die übrige Zeit gut zu nutzen, liest er im Wartezimmer eine christliche Zeitschrift. Er muß sich zum Lesen zwingen, was bei ihm nichts Ungewöhnliches bedeutet. Er tut so manches mit zusammengebissenen Zähnen.

»In letzter Zeit bin ich derart angespannt und nervös, daß ich kaum noch zur Arbeit gehen kann«, sagt er zu Beginn des Gesprächs lächelnd, wobei sein Lächeln nur Ausdruck seiner verkrampften Gesichtszüge ist. Es gibt keinen Grund zum Lachen. Auch seine Augen lassen auf kein echtes Lachen schließen.

»Eigentlich hat es mir wenig ausgemacht, doch letzten Monat hat man einen jungen Mann befördert, der vorher rangmäßig unter mir stand.« Er wartet, holt kurz Luft und fährt dann fort: »Von diesem Zeitpunkt an bin ich in Bezug auf meine Arbeit sehr nervös geworden.« Während des Gesprächs stellt sich heraus, daß Roland seine Arbeit genauso wie sein ganzes Leben betrachtet: als einen Hindernislauf mit mancherlei Risiken. Sein Motto: alle Hindernisse zu bewältigen, ohne ein Risiko eingehen oder etwas Neues beginnen zu müssen.

Der Mann, den man befördert hatte, war ein Mensch, der bereitwillig das nutzte, was Roland als ungerechtfertigtes Risiko für seine Firma ansah. Der bloße Gedanke daran, Vermutungen über Dinge anzustellen, die hinter der verschlossenen Tür seines Chefs ablaufen, flößt Roland Furcht ein. Seiner Ansicht nach waren die Risiken, auf die man sich eingelassen hatte, unerhört und gefährlich.

Roland hätte man niemals für eine falsche Entscheidung verantwortlich machen können. Er konnte nicht verstehen, daß andere, die hinsichtlich des Kapitals der Firma und deren Reputation äußerst riskante Entscheidungen gewagt hatten, zu höheren Posten befördert wurden, während er ganz im Hintergrund blieb und nicht befördert wurde. Er dachte, sein guter Ruf, stets das Beste für die Firma zu suchen, sollte entsprechend honoriert werden.

In der Gemeinde gehörte er zu den Diakonen. Die anderen Mitglieder des Ausschusses empfanden bei den Gemeindesitzungen häufig Spannungen, weil Roland jegliche Neuerung ablehnte. Wann immer man versuchte, in der Gemeinde eine neue Richtung einzuschlagen oder irgendetwas zu verändern, reagierte Roland gewöhnlich mit lautstarkem Protest oder er hüllte sich in düsteres Schweigen.

Seine Frau stellte für ihn ein weiteres Problem dar. Als sie gerade die letzte Rate für ihre beiden Autos bezahlt hatten, sprach sie bereits davon, ein neues Haus kaufen zu wollen. Für Roland bedeutete das nur eine neue Belastung, diesmal durch eine Hypothek, bei der er im voraus nicht mit Sicherheit sagen konnte, ob die Schulden jemals abbezahlt würden.

»Ich verstehe nicht, warum die anderen nicht die Richtigkeit meiner Entscheidungen einsehen«, beklagt sich Roland.

Roland ist ein Mensch, der äußerst selten einen Fehler macht. Er hat immer auf Sicherheit gebaut und stets auf einen Schritt verzichtet, wenn ihm der leiseste Zweifel wegen möglicher Folgen seiner Entscheidung kam. Er war stolz darauf, auf ein beinahe fehlerloses Leben zurückschauen zu können. Er sah seine Begabung darin, richtige Entscheidungen zu treffen.

Doch leider war sich Roland nicht bewußt, daß er eine Menge Fehler begangen hatte, und zwar sehr schwerwiegende. Nur handelte es sich bei diesen Fehlern nicht etwa um falsche Entscheidungen wie bei jemandem, der sehr impulsiv handelt, sondern es waren Fehler einer ganz anderen Art.

Seine Fehler waren Versäumnisfehler.

»Roland, sind Sie davon überzeugt, daß Sie unrecht handeln würden, wenn Sie ein Risiko in einer bestimmten Situation eingingen?« – »Ja, das glaube ich wirklich. Ich kann meine Überzeugung an Hand der Tatsache verdeutlichen, daß ich zwei schuldenfreie Wagen fahre, mein Haus so gut wie vollständig abbezahlt ist und ich zusätzlich über ein ganz beträchtliches Sparkonto verfüge . . .«

Während seiner Ausführungen wird uns deutlich, daß ihm seine irrigen Überzeugungen tiefgehende Unruhe bereiten. Er verteidigt seine Abwehr gegen jedes Risiko, kann jedoch nicht begreifen, daß andere Menschen für seine Weisheit keinerlei Verständnis zeigen.

Als Folge seiner irrigen Überzeugungen hat er wiederholt Entscheidungen gemieden, deren Ausgang unvorhersehbar schien. Stattdessen hat er sich entschlossen, auf jedes Wort und jede Handlung zu verzichten, wenn es so aussah, als brächte die Situation ein Risiko mit sich. Wann immer es möglich ist, entscheidet er sich für die größte Sicherheit. Gerade wegen seiner ständigen Bemühungen um Sicherheit hat er häufig versäumt, in einer ganzen Reihe von Fällen verantwortlich zu handeln. Er ist im Vergleich zu anderen Menschen, die willig sind, Risiken auf sich zu nehmen, auch niemals wirklich belohnt worden. Rolands irrige Überzeugungen lassen sich etwa so zusammenfassen:

1. Gott steht ausdrücklich auf der Seite dessen, der jede Angelegenheit mehrfach überprüft, um sich von der Richtigkeit seiner Entscheidung zu überzeugen.
2. Es ist undenkbar, ja eine Sünde, eine Entscheidung zu fällen, die auf einen Verlust hinauslaufen könnte.
3. Wenn ein Mensch eine Entscheidung fällt, die sich im Nachhinein als falsch erweist, ist das ein Zeichen von mangelnder Intelligenz. Der Verantwortliche macht sich außerdem schuldig.
4. Fällt jemand eine Entscheidung ohne vorherige Absicherung der etwaigen Folgen, läßt das auf fahrlässiges und liederliches Verhalten schließen.
6. Selbstschutz und äußerste Sicherheit, Vorausschau und Abwehr jeglichen Schadens ist Sinn und Zweck des Lebens.

Mit seinem Versuch, Unruhe zu vermeiden, hat Roland sich selbst einen Unruheherd geschaffen. Das Vermeiden jeglicher Unruhe bedeutet für ihn innere Zufriedenheit, doch gibt es ganz offensichtlich keinen einzigen Ort echten Friedens in seinem Leben, an dem nicht gleichzeitig auch Unruhe wäre.

Julia ist eine Witwe von 57 Jahren. Ihr Arzt hat ihr geraten, aus dem nördlichen Teil des Mittleren Westens der Vereinigten Staaten in das mildere Klima des Südens zu ziehen, doch der bloße Gedanke daran jagte ihr Schrekken ein.

»Ich bin hier fest verwurzelt«, sagte sie leise. »Ich kenne in der neuen Umgebung niemanden, und alles wird mir fremd sein.« Sie rieb sich die

Augen, um gegen die Tränen anzukämpfen. In ihrem derzeitigen Zuhause fühlt sie sich sehr unglücklich, und mit ihrer Gesundheit geht es auch bergab. Wenn sie nicht in ein wärmeres und trockneres Klima zieht, kann es durchaus sein, daß sie bald sterben wird. Doch der Gedanke an eine Ortsveränderung scheint ihr so bedrohlich, daß sie einen Umzug als Katastrophe betrachtet. Wenn dieser Schritt nun falsch ist? Was ist, wenn die neue Stadt sich als unfreundlich und kühl erweist? Was ist, wenn dort Einsamkeit auf sie wartet? Was ist, wenn; was ist, wenn . . .? Sie kann die sorgenvollen Gedanken nicht mehr ertragen, zieht ein Taschentuch aus ihrem Ärmel und beginnt zu schluchzen.

»Und wenn Sie nun einen Fehler machen, Julia? Was ist dann?« – »Ja, was dann? Ich wäre dann an einem total fremden Ort, ohne jemanden zu kennen und würde sehr einsam sein. Einfach fürchterlich!« – »Sind Sie denn dort, wo Sie jetzt wohnen, so glücklich?« – »Nein, überhaupt nicht! Ganz im Gegenteil. Mein Mann lebt nicht mehr und meine Kinder wohnen in ganz anderen Teilen des Landes. Die meiste Zeit bin ich krank. Ich habe auch kaum etwas zu tun.«

Doch sie hält weiterhin daran fest, daß ein Umzug wie der, zu dem der Arzt ihr geraten hat, für sie nicht in Frage komme. Das Risiko sei zu groß. Sie hat sich schon immer vorgenommen, kein Risiko einzugehen, obgleich die Nichtbefolgung dieses Ratschlags für sie akute Lebensgefahr bedeutet.

Mancher würde tatsächlich lieber sterben, als eine Veränderung oder ein Risiko in Kauf zu nehmen. Paradoxerweise ereignet sich das, wovor die Menschen sich am meisten fürchten, genau dann, wenn sie das Risiko *nicht* eingehen. Nicht aufgrund von Weisheit scheuen viele Menschen das Risiko, sondern aus Furcht, Gesundheit, Sicherheit, Schutz, Altbekanntes, Bequemlichkeit, genau Voraussehbares, eigene Kontrolle und Machtpositionen zu verlieren. Die Gefahr scheint zu groß, als daß man sie wagen könnte.

Rolands Gefühl der Verunsicherung war so stark geworden, daß er meinte, alles um ihn herum würde zusammenstürzen. Nachdem er nicht befördert worden war, fühlte er sich auf seiner Arbeitsstelle bedroht und unglücklich, denn er meinte, eine Beförderung sehr wohl verdient zu haben. Zuhause fühlte er sich bedrückt und bedroht, weil seine Frau häufig vom Kauf des neuen Hauses sprach. Einen weiteren Anlaß zur Bedrohung sah er in seinen Kindern, die älter wurden und eigene Entscheidungen fällten; Entscheidungen, über die Roland keine Kontrolle hatte und die sich mit seinen von Furcht geleiteten Erwartungen nicht in Einklang bringen ließen. Wegen so mancher Angelegenheit fühlte er sich bedrückt und bedroht: durch seine Nachbarn, die sich einen Campingwagen gekauft hatten, von dem er genau wußte, daß sie ihn sich nicht leisten konnten; durch den Beschluß der Gemeinde, verschiedene Sachen für ein Sommerlager zu kaufen; durch die neuen Steuergesetze, das Wetter, die Benzinpreise, durch den Wunsch seines

Sohnes, Musiker zu werden, durch die Abwehr seiner Mutter, in ein Altersheim zu gehen, wo sie zwar sicherer, aber weniger glücklich als zuhause gewesen wäre. Er konnte nicht verstehen, weshalb die Menschen so unvernünftig waren.

Im Verlauf weiterer Beratungsstunden begann Roland, seine festgefahrenen Gewohnheiten gründlich zu überprüfen. Mit fremder Hilfe gelang es ihm festzustellen, in welchen Situationen er sich jeweils Lügen eingeredet hatte, Lügen, die sich auf das Eingehen von Risiken und auf das Ergreifen von Chancen bezogen.

Es war für ihn sehr unangenehm, sich an seine Teenagerjahre zu erinnern. »Ich weiß noch genau, wie unglücklich ich damals war. Ich war so einsam. Wenn ich am liebsten jemanden angerufen hätte oder zu jemandem hingegangen wäre, konnte ich mich doch nicht überwinden. Wenn ich eine Gruppe von Gleichaltrigen zusammenstehen sah, traute ich mich nicht, auf sie zuzugehen. Ich nehme an, daß es an meiner Angst lag, abgelehnt zu werden. Als ich noch kleiner war, hat meine Mutter alle Anrufe für mich erledigt. Bei Kinderveranstaltungen rief sie andere Mütter an, um für mich eine Mitfahrgelegenheit sicherzustellen. Sie lud ihre eigenen Freunde ein, die Jungen in meinem Alter hatten. Sie kannte alle Kinder aus der Siedlung und lud sie zu bestimmten Gelegenheiten ein, die sie selbst arrangierte. Eigentlich kam ich ganz gut damit zurecht. Doch als ich in die Teenagerjahre kam, ging alles irgendwie in die Brüche. Die Schule war mir verhaßt, obwohl mir jeder sagte, wie klug ich doch sei. Ich konnte niemanden darum bitten, etwas gemeinsam mit mir zu unternehmen. Ich brachte es nicht fertig, zu jemandem hinzugehen, um einfach nur mit ihm zu reden oder herumzulaufen, wie Jugendliche es sonst tun.«

»Wissen Sie, woran das lag?« – »Ich glaube, es lag an meiner Furcht, der andere hätte nichts mit mir zu tun haben wollen. Ich fürchtete mich davor, ein Junge könnte meine Bitte, zu mir herüber zu kommen, ablehnen. Darum rief ich erst gar nicht an. Ich war so gehemmt und voller Furcht. Ich brauche heute nur daran zu denken, und schon wird mir schlecht. Wie kommt das?«

»Das hat mehrere Gründe. Hätte es für Sie ein Risiko bedeutet, einen Freund anzurufen?« – »Ja, er hätte sich ja von mir abwenden können.«

Roland wurde immer aufgeregter. Während er sprach, fingerte er an seiner Plastikkaffeetasse herum. »Ich wußte, daß ich in vielen Dingen durchaus mit den andern mithalten konnte, aber ich traute mich eben nicht. Ich konnte mich nicht dazu durchringen, auch zur Diskussionsgruppe oder zum Sport zu gehen. Ich war *so einsam*. Darüber hinaus habe ich mich auch häufig geärgert. Manchmal kam mir der Gedanke, andere zu erschießen. Das gleiche kenne ich auch heute noch, wenn ich enttäuscht oder ärgerlich bin. Ich stelle mir dann vor, wie ich zu einem Gewehr greife und mitten in einem Ausschuß oder in einer Sitzung plötzlich abfeuere.«

Rolands irrige Überzeugungen hatten seine Gedanken und Handlungsweisen fest im Griff. Auch wenn sich die Gelegenheit böte, würde er dennoch niemals wirklich losschießen. Er war ganz unglücklich über die Tatsache, daß ihm solche Gedanken überhaupt kamen. »Ich bin doch ein Christ!« rief er aus, »wie kann ich dann solche Gedanken haben?«

Wenn uns etwas sehr unangenehm ist, versuchen wir sofort, davon loszukommen, ganz gleich, ob es sich um einen Gedanken, eine Handlung, ein Ereignis, eine Situation oder eine körperliche Angelegenheit handelt. »Mammi, mach doch, daß das Aua aufhört!«, ruft das Kind, und die Mutter küßt die Stelle, die gerade weh tut, streichelt das Kind, pustet einmal kurz, betet, und das Kind fühlt sich sichtlich erleichtert. Der Erwachsene erleidet Schmerz und ruft: »Hilfe! Hilf mir doch einer! Hilfe!« Wenn die Schmerzen nicht weichen und er auch keine Antwort bekommt, greift er zu den bisher bewährten Mitteln. Eines dieser schmerzstillenden Mittel mag darin bestehen, sich der Menschen zu entledigen, die den Schmerz verursacht haben. Ein weiteres Mittel mag auch darin bestehen, die Gegenwart glücklicher Menschen zu meiden, die doch nur an das eigene Unglück und an den eigenen Schmerz erinnern. Aus diesem Grunde empfinden wir häufig Erleichterung, wenn wir von dem tragischen Geschick anderer lesen oder von anderer Leute Versagen hören. Irgendwie befreit uns das ein Stück von unseren eigenen Sorgen: »Dann steht es mit mir doch nicht ganz so schlecht. Schließlich hat hier ein Mann seine Frau und seine vier Kinder beim Brand seines Hauses verloren, ein anderer ist wegen Unterschlagung inhaftiert worden, und ein Filmschauspieler ist an einer Überdosis Schlaftabletten gestorben. Im Vergleich dazu geht es mir ja noch ganz gut.«

Rolands Wunsch, den Schmerz seiner Einsamkeit und Verlassenheit zu dämpfen, fand seinen Ausdruck in der Vorstellung, jemanden erschießen zu können. Das würde für ihn bedeuten, seinen Schmerz durch das Töten fremden Lebens zu betäuben.

»Ich weiß nicht, warum ich solche Angst davor hatte, abgelehnt zu werden. Menschen haben mich immer eingeschüchtert. Jemand sagte einmal zu mir, daß ich niemals Freunde haben würde, wenn ich mich nicht aktiv darum kümmern würde. Das stimmt. Ich stand immer im Abseits. Niemand kam zu mir, um mit mir Freundschaft zu schließen. Ich sah nicht sehr freundlich aus. Wie sollte ich auch? Ich habe mich tödlich vor allen gefürchtet.«

Rolands Furcht vor Risiken machte eine glückliche und produktive Jugendzeit unmöglich. Seine Teenagerjahre bestanden aus einem Gemisch von Sorge und Leid, denn er glaubte, das Eingehen eines Risikos hätte für ihn negative Folgen.

Er glaubte, das Eingehen eines Risikos könne die Ablehnung anderer zur Folge haben. Es wäre ja so schrecklich, abgelehnt zu werden. Dies sind einige seiner irrigen Überzeugungen:

1. Niemand darf mich ablehnen.
2. Jeder sollte nett zu mir sein.
3. Niemand sollte jemals meine Gefühle verletzen oder in irgendeiner Weise gegen mich sein.
4. Es wäre ganz schrecklich, wenn jemand meine Gefühle absichtlich verletzen würde.

Alles Lüge!

Wenn Sie auch nur einer dieser irrigen Überzeugungen Glauben schenken, betrachten Sie doch bitte einen Augenblick lang die Wahrheit.

Gott selbst hat das Risiko eines großen Verlustes auf sich genommen, als er den Bau des Reiches Gottes begann. Er ging das größte Risiko seit Menschengedenken ein, als er seinen Sohn Jesus unsretwillen auf die Erde sandte. Bereits zu Beginn seines Dienstes riskierte Jesus den Verlust seines Rufes, seiner Familie, allerirdischen Sicherheit, eines Zuhauses, den Verlust von Beliebtheit und Freunden – buchstäblich all dessen, was ein Mensch überhaupt verlieren kann – einzig und allein, um den Willen seines Vaters im Himmel zu tun.

Denken Sie einmal über das Risiko nach, das Gott einging, als er den Menschen mit einem freien Willen schuf. Er ging das Risiko ein, daß der Mensch seinen Willen dazu benutzen würde, *gegen* Gott, seinen Schöpfer und Beschützer, zu rebellieren. Und genau das ist auch eingetreten.

Das Ergebnis des von Gott eingegangenen Risikos war, daß das Schlimmste, was je hätte passieren können, tatsächlich auch *eingetreten* ist. Der Mensch *hat* gegen Gott *rebelliert* und ist seinen eigenen Weg gegangen. »Wir hatten uns alle verirrt wie Schafe, und jeder ging für sich seinen Weg« (Jes. 53,6), sagt uns das Wort Gottes. »Alle haben gesündigt und die Herrlichkeit Gottes verloren.« (Röm. 3,23) Und dennoch hat Gott den Menschen *in seiner Sicht* vollkommen, untadelig, sündlos, heilig und »gut« geschaffen. Er hat den Menschen nach seinem Bilde geschaffen. (Gen. 1,26) Das Risiko, das er einging, war sehr groß, und Sie sehen, was daraus geworden ist.

Wir können nicht einfach folgern, Gott habe nicht gewußt, was er tat, oder daß er, gerade weil er ein Risiko eingegangen ist, impulsiv und ohne richtige Beurteilung der Lage gehandelt hätte (wie wir es uns selbst vorwerfen, wenn wir ein Risiko eingehen). Für Gott war der Einsatz so hoch, daß es das Risiko wert war.

Gott möchte, daß wir es ihm nachmachen. »Ahmt Gott nach«, lesen wir in Eph. 5,1. Als Nachfolger Christi sollen wir ihn nachahmen. Diese Forderung schließt auch die Willigkeit ein – genauso wie er – Risiken einzugehen. Manchmal werden Sie nur einen kleinen Schritt Ihres Weges deutlich vor Augen haben, und Sie können Gott vertrauen, daß er Sie in Ihren weiteren

Schritten leitet. Sie können Gott vertrauen, daß er die Folgen so sicher in seiner Hand hat, wie Sie es niemals könnten. Sie können glauben, daß es gesund ist, Risiken einzugehen.

Glaube an sich ist bereits ein Risiko. Sie müssen Gott vertrauen und im Glauben handeln, um den für Sie noch unsichtbaren Schritt gehen zu können. Wenn Sie auf dem Wasser gehen wollen, müssen Sie das Risiko auf sich nehmen, bis auf den Grund zu versinken.

— Ohne Risiko können Sie kein glückliches, friedvolles Leben führen.
— Um Freunde zu gewinnen, müssen Sie das Risiko der Ablehnung auf sich nehmen.
— Wenn Sie sich mit jemandem anderen Geschlechts verabreden wollen, müssen Sie das Risiko eingehen, auf Ablehnung und Abneigung zu stoßen.
— Wenn Sie Ihre Stimme erheben, um von anderen gehört zu werden, müssen Sie immer eine Abfuhr, Korrektur oder Mißbilligung riskieren.
— Um beachtet zu werden, riskieren Sie, ignoriert zu werden.
— Wenn Sie eine Arbeitsstelle annehmen wollen, riskieren Sie, daß Ihre Bewerbung abgelehnt wird.
— Wenn Sie andere führen wollen, müssen Sie Kritik und Opposition riskieren.
— Um befördert zu werden, riskieren Sie, daß andere Ihretwegen übergangen werden.
— Um einen Gewinn zu erzielen, riskieren Sie eine Niederlage.
— Diese Risiken sind nicht nachteilig.

Der Irrglaube, es sei dumm oder Sünde, eine Entscheidung zu treffen, die sich im Nachhinein als falsch erweisen könnte, ist unbegründet. Es ist uns gesagt worden, daß wir klug wie die Schlangen und ohne Falsch wie die Tauben sein sollen (Matth. 10,16). Weisheit bedeutet nicht, aus Furcht oder Feigheit zu handeln.

Der Ausspruch »die vollkommene Liebe treibt die Furcht aus« (1. Joh. 4,18) bedeutet, daß die Liebe Gottes unsere Lebensfurcht zum Verlöschen bringt, wenn wir uns der göttlichen Methoden der Furchtbewältigung bedienen. »Werft alle eure Sorge auf ihn, denn er kümmert sich um euch!« (1. Petr. 5,7), lesen wir in der Schrift. »Gebt mir eure Sorgen, denn ich weiß, was damit zu tun ist«, heißt das für uns im Klartext. Wenn wir uns auf die Aussagen Gottes gründen, sind wir frei, Risiken einzugehen.

Unser größtes Anliegen ist dann nicht mehr der Erfolg oder Mißerfolg eines Risikos. Wir sind wegen der negativen Folgen nicht mehr Sklaven der Furcht. Aus freiem Willen gestehen wir uns ein mögliches Versagen und negative Folgen ein. Qualvolle Angst und Sorge spielen dann keine dominierende Rolle mehr in unserem Leben.

Der Christ, der vom Heiligen Geist geleitet wird und den Willen Gottes tut, kann darauf vertrauen, daß die Folgen seiner Glaubenshandlungen ganz in Gottes Hand liegen. Für den Christen gibt es in Wahrheit *kein* Unheil, *keine* Katastrophe, *keine* schlimme Niederlage. Als Christen brauchen wir nicht in diesen Kategorien zu denken.

Gott macht keine Fehler.

Folgendes Sprichwort läßt sich auch auf die Kinder Gottes anwenden: »Wer wagt, der gewinnt«. Ob wir an Moses denken, der das Volk Israel durch die Wüste führte, oder an Abraham, der sein Vaterland verließ, ohne seinen letztlichen Bestimmungsort zu kennen, oder an Daniel, der trotz des königlichen Erlasses weiterhin zu seinem Gott betete, oder an die Apostel, die trotz größter Repressalien den gekreuzigten, auferstandenen und wiederkommenden Christus predigten – sie alle gingen ein Risiko ein. Sie gingen das Wagnis aufgrund der Erkenntnis ein, daß sie ohne Einsatz nichts gewinnen würden.

Ich sehe alles als Verlust an, weil die Erkenntnis Christi Jesu, meines Herrn, alles übertrifft. Seinetwegen habe ich alles aufgegeben und halte es für Unrat, um Christus zu gewinnen und in ihm zu sein. (PHIL. 3,8)

Diese Worte kommen nicht aus dem Mund eines unerfüllten Mannes, der von den Wogen der Angst hin- und hergeworfen wird, etwas Kostbares verlieren zu können. Der Apostel Paulus war gewillt, alles auf eine Karte zu setzen, weil er mit Sicherheit wußte, zu wem er gehörte. Seine enge Beziehung zu Jesus Christus war ihm mehr wert als sein eigenes Leben und aller Komfort.

Jeder Mensch muß irgendwann in seinem Leben einmal Entscheidungen treffen, ohne sich über die Folgen völlig im klaren sein zu können. Auch unser unglücklicher Freund Roland kam zu dieser Erkenntnis und begann, seine irrigen Überzeugungen im Hinblick auf das Eingehen von Risiken aufzudecken. Anhand unseres Drei-Punkte-Systems *stellte* er seine irrigen Überzeugungen *fest*, begann, sie *in Frage zu stellen* und durch die Wahrheit zu *ersetzen*. Er hielt sich dabei an die vorgegebene Ordnung. Aber es war ein langwieriger Prozeß.

Irrglaube:

Es ist Sünde, einen Fehler zu machen.

Gegenargument:

Fehler müssen nicht unbedingt Sünde sein. Viele Fehler sind in der Tatsache begründet, daß ich als menschliches Wesen nicht allwissend bin, und daran ist nichts Böses. Wenn ich einen Fehler mache, weil ich ›nach dem Fleisch‹ gehandelt habe, kann ich mich an meinen Retter wenden, der mich von meinem Irrglauben befreit und mich zurück auf den Weg der Wahrheit bringt. Ich will nicht ›nach dem Fleisch‹ handeln, will auch keine Fehler aus Unwissenheit begehen, sondern nach bestem Wissen entscheiden. Darum will ich jetzt im Glauben handeln, auch wenn ich weiß, daß ich das Risiko eingehe, einen Fehler zu machen.

Der Irrglaube wird durch die Wahrheit ersetzt.

Ich habe zuviel Wert darauf gelegt, immer im Recht zu sein und stets anerkannt zu werden. Es ist für mich nicht lebensnotwendig, anerkannt zu werden und immer 100% richtig zu liegen. Gott macht keinen Fehler. Ich setze mein ganzes Vertrauen auf ihn. Früher habe ich versucht, mein eigener Herr zu sein, doch jetzt, wo ich bereit bin, Risiken einzugehen, überlasse ich ihm die Herrschaft über mein Leben.

Roland kam zu der Erkenntnis, daß es für ihn nicht den Weltuntergang bedeutet, wenn er einen Freund anruft, um mit ihm Kegeln oder Fischen zu gehen und dieser die Einladung nicht annimmt. Ihm wurde auch bewußt, daß es keine Katastrophe bedeutet, wenn er nicht immer den sichersten Weg geht. »Ich weiß, daß ich nicht stärker als Jesus auf Sicherheit zu reflektieren brauche«, folgerte er. Er entdeckte, daß er Ablehnung durchaus ertragen konnte, selbst dann, wenn das Ergebnis seiner Entscheidungen anders aussah, als er es sich gewünscht oder erwartet hatte. Er konnte es ertragen!

Schwieriger war für Roland der Lernprozeß, Risiken im Hinblick auf seine Karriere und seine Finanzen einzugehen, weil hier der Einsatz um einiges höher war. Doch machte er auch auf diesem Gebiet Fortschritte, indem er beharrlich seine irrigen Überzeugungen der Wahrheit gegenüberstellte. Er handelte nun auf der Grundlage dessen, was er als Wahrheit erkannt hatte.

Auch Sie können sich selbst bei Ihrer eigenen Veränderung behilflich sein. Wenn Sie eine der in diesem Zusammenhang genannten irrigen Überzeugungen bei sich entdecken, können Sie an der Veränderung dieses Irrglaubens und an Ihrer Handlungsweise arbeiten.

Prüfen Sie die unten angegebenen Verhaltensweisen, die Sie in jedem Fall vermeiden wollen, weil sie Ihnen zu riskant erscheinen:

— einem anderen Menschen eigene Schwachstellen, Sünden und Fehler zu zeigen;
— Geld in eine Sache zu investieren, bei der es fraglich scheint, ob sie sich am Ende auch bezahlt macht;
— um eine Verabredung zu bitten;
— eine Verabredung anzunehmen;

- jemanden um eine Gefälligkeit zu bitten;
- einem Menschen zu sagen, daß Sie ihn/sie sehr gern haben;
- einem Menschen zu sagen, daß Sie ihn/sie lieben;
- jemanden anzusprechen, der Sie früher einmal eingeschüchtert hat;
- einem anderen Menschen Ihre Wünsche und Bedürfnisse mitzuteilen;
- einen Menschen zu Jesus Christus als zu seinem Herrn und Heiland zu führen;
- einen fremden Menschen im Wartezimmer oder im Bus anzusprechen;
- jemanden außerhalb Ihres Angehörigenkreises darum zu bitten, den Abend/Nachmittag/Morgen bei Ihnen zu verbringen.

Diese Liste stellt keinerlei Anspruch auf Vollständigkeit. Bitten Sie daher den Herrn, Ihnen in Erinnerung zu bringen, auf welchem Gebiet Sie sich jeweils vor einem Risiko scheuen. Achten Sie besonders auf Dinge, die im Zusammenhang mit einem Leben stehen, das Gott gefällt. Der Heilige Geist wird Ihnen diese Dinge sehr rasch ins Gedächtnis rufen. Notieren Sie nun diese Gedanken. Notieren Sie irrige Überzeugungen, die sich auf das Eingehen von Risiken beziehen und die Sie hindern, in der jeweiligen Situation richtig zu handeln.

Hier folgt nun ein Auszug aus einem Notizbuch:
»Irrglaube«: Es ist nicht gut, andere meine Schwachstellen erkennen zu lassen. Ich fürchte mich davor, das Risiko einzugehen und jemandem in meine Schwachstellen Einblick gewähren zu lassen. Ich habe mir fortwährend eingeredet, daß es viel zu persönlich und gefährlich wäre, eine derartige Selbstoffenbarung zu wagen. Wenn ich mich einem Menschen zu stark öffne, könnte er mich eines Tages ablehnen. In solch einem Fall würde ich mir immer wünschen, mich niemals über derart persönliche Dinge ausgelassen zu haben. Und was ist, wenn der andere schlecht von mir denkt, weil er Einblick in meine wahren Gefühle bekommen hat? Das wäre schrecklich und würde mich restlos zerstören. Es ist immer sicherer, nicht zuviel von sich zu erzählen. Es ist besser, eine gewisse Distanz zu wahren.

Nachdem Sie Ihre Gedanken notiert haben, vergleichen Sie Ihre irrigen Überzeugungen mit den folgenden Bibelzitaten und stellen Sie sich diese Fragen:

1. »Doch was mir damals ein Gewinn war, das habe ich um Christi willen als Verlust erkannt.« (PHIL. 3,7) *Will ich wirklich um Christi Willen Verluste einstecken?*
2. »Ohne Glauben ist es unmöglich, Gott zu gefallen; denn wer zu Gott kommen will, muß glauben, daß er Gott ist, und daß er denen, die ihn suchen, ihren Lohn geben wird.« (HEBR. 11,6) *Will ich wirklich im Glauben handeln, indem ich Gott vollkommen vertraue?*
3. Lesen Sie das Gleichnis von den Talenten in Matth. 25,14–50, durch das

Jesus uns lehrt, daß er von uns das Eingehen eines Risikos erwartet. Wenn wir nicht bereit sind, ein Risiko einzugehen, können wir die kostbaren Gaben des Herrn nicht in rechter Weise einsetzen. Wenn wir kein Risiko eingehen wollen, können wir mit den Gaben des Heiligen Geistes nicht umgehen. Wir werden für Jesus kein Zeugnis ablegen, wir werden niemals um Heilung für einen Menschen beten, werden auch niemals einen anderen bitten, für uns im Gebet einzutreten oder großzügig für die Sache Gottes spenden. Wir werden weder lieben, vergeben noch anbeten oder bitten, damit uns gegeben werde. Wir werden niemals dorthin kommen, wohin der Herr uns ruft. Stattdessen werden wir alles, was Gott uns geschenkt hat, im kalten und harten Boden vergraben, wie es der Knecht in dem Gleichnis tat. An diesem Beispiel macht Gott uns sehr deutlich, daß er nicht auf Seiten unserer Risikoängstlichkeit steht.

Achten Sie auf Ihre Selbstgespräche

Zuweilen wird Ihr Selbstgespräch mehr einer Folge von Eindrücken als klar und präzise formulierten Sätzen gleichen. Julia, die ältere Dame, die trotz gesundheitlicher Notwendigkeit nicht in ein wärmeres Klima ziehen wollte, war zunächst außerstande, ihre Selbstgespräche klar herauszustellen, da sie nicht in deutlich vernehmbaren Sätzen zu sich sprach, wie beispielsweise: »Ich spreche jetzt von meinem Irrglauben, daß es doch schrecklich wäre, allein in einer völlig fremden Stadt zu leben.« Ihre Haltung glich mehr einem Gefühl der Angst, das sie empfand, als sie sich vorstellte, wie sie als gescheiterter, einsamer Mensch an einem fremden Ort leben würde.

Doch sobald Sie einen Irrglauben bei sich *festgestellt* haben, beginnen Sie, ihn sofort *zu hinterfragen* und Einwände gegen diesen Irrglauben zu sammeln. »Nein, es wäre gar nicht schlimm, in einer fremden Stadt allein zu sein. Gott hat mir die klare Verheißung gegeben, daß er mich nicht verlassen noch versäumen will. Das anzuzweifeln, wäre eine Dummheit. Außerdem gibt es in jeder Stadt Gemeinden mit Christen, die man schnell erreichen kann. Es wird sehr interessant sein, neue Christen kennenzulernen und sich mit ihnen anzufreunden. Das wird geradezu ein Abenteuer werden. Ich danke Gott, daß er mir noch in meinem Alter die Möglichkeit zu Abenteuern und spannendem Erleben gibt!«

Versäumen Sie nie die Gelegenheit, einen Irrglauben durch die Wahrheit zu ersetzen. Wenn Sie sich wirklich Mühe mit Ihrer persönlichen Veränderung geben, werden Sie neue Verhaltensweisen entwickeln, die Ihnen bis zum Ende Ihres Lebens zu eigen sein werden. Jedesmal, wenn sich ein Irrglaube in Ihre Gedanken einschleicht, werden Sie ihn als solchen erkennen, Gegenargumente finden und den Irrglauben durch die Wahrheit ersetzen. *Jesus Christus ist der Herr meines Lebens!*

Die Veränderung

Um eine möglichst hohe Wirkung zu erzielen, sollten Sie die Veränderung Ihrer von Furcht geprägten Verhaltensweise nur langsam und Schritt für Schritt in Angriff nehmen. Beginnen Sie zunächst mit kleineren Risiken, um eine völlige Erlahmung Ihrerseits zu vermeiden, und gehen Sie dann langsam zu jeweils größeren Risiken über. Die Wirkung dieser Vorgehensweise kann folgendermaßen beschrieben werden:

1. Sie werden lernen, *den Herrn* in jeder Situation, die Ihnen früher Angst einflößte, nach seinem Willen *zu fragen*.
2. Sie werden *dem Herrn vertrauen*, daß er nach seinem Willen zu Ihren Gunsten handeln wird.
3. Sie werden lernen, *dem Herrn zu gehorchen*, indem Sie seine Handlungsanweisungen befolgen.
4. Sie werden *den Segen des Herrn* erfahren, indem Sie alle Ihre Ängste mit ihm besprechen.

Indem Sie gerade die Sache in Angriff nehmen, die Sie so befürchtet hatten, werden Sie Ihre Furcht überwinden. Dieser Prozeß verläuft schrittweise, sozusagen von einem Risiko zum anderen. Wenn Sie sich ausschließlich große Risiken notiert haben, sollten Sie den Herrn bitten, Ihnen doch weniger große zu zeigen, mit denen Sie beginnen können. Von dort aus können Sie zu weiteren Risiken fortschreiten und gleichzeitig die Veränderung in Ihrem Leben beobachten. Es wird Ihnen ähnlich gehen wie Roland, nachdem er die Papiere für sein neues Haus unterzeichnet hatte: »Ich erlebe etwas völlig Neues in meinem Leben – *Frieden!*«

ELFTES KAPITEL

Irrige Überzeugungen, die ein gestörtes Verhältnis zu anderen Menschen bewirken

Die Stimme der in Verwirrung geratenen Dame klang hoch und beinahe schrill. Sie sprach recht kurzatmig, wobei sie die Satzendungen fast verschluckte.

»Dieser schreckliche Mensch von einem Ehemann rührt aber auch keinen Finger im Haus! Selbst wenn alles zusammenfiele, würde er sich um nichts kümmern! Immer muß *ich* den Weg harken, den Rasen mähen, die Lichtschalter reparieren, den Müll wegtragen – und was tut er? Einfach gar nichts!«

Nach den Worten dieser Frau hatte der Mann seinen Teil der ehelichen Pflichten absolut nicht erfüllt. Sie fuhr fort: »Wer ruft bei der Werkstatt an, wenn unser Auto kaputt ist? *Ich* natürlich. Wer hat sich im letzten Herbst um die Reparatur des Heißwasserboilers gekümmert? *Ich.* Was immer im Hause anfällt, erledige *ich.*«

»Ihr gehässiger Angriff ist gar nicht gerechtfertigt. An welcher Stelle bestimmt das Gesetz, daß der Mann mähen, harken und Dinge reparieren soll?« – »Aber ich koche außerdem, mache sauber, spiele den Chauffeur, erziehe die Kinder, mache alle Einkäufe. Er sollte die Männerarbeit tun.«

Mit anderen Worten, ihr Mann soll *ihren Erwartungen entsprechen.* Er entspricht ihren Erwartungen jedoch nicht und handelt damit gegen das von ihr erdachte Gesetz bezüglich aller männlichen Verpflichtungen. Daher ist er in den Augen seiner Frau im Unrecht, ein Schlappschwanz und kein Mann.

Doch es sind durchaus nicht immer nur die Ehefrauen, die so hohe Ansprüche stellen und deren Erfüllung sie unbedingt erwarten. Sie brauchen bloß an die zahlreichen Ehemänner zu denken, die den Gedanken verabscheuen, daß ihre Frau arbeiten ginge und eine Hilfskraft einstellen würde, um den Haushalt zu übernehmen. »Eine Frau gehört ins Haus!«, lautet der Protest. Solch ein Mann wird nicht verstehen, wie eine Frau sich diesen Erwartungen widersetzen kann.

»Ich spüle doch kein Geschirr«, behauptet er hartnäckig. »Das ist Frauenarbeit.« Er sieht außer ihrem Interesse, arbeiten zu gehen, noch eine weitere Gefahr: sie könnte ja den gleichen Lohn mit nachhause bringen wie er, vielleicht sogar noch mehr verdienen. Seine Vorstellung von weiblichen Verpflichtungen sagt ihm aber, daß seine Frau unrecht handelt.

Wenn ich von anderen erwarte, daß sie gemäß meinen Vorstellungen leben sollen, bedeutet dies, daß ich mir einrede, andere seien verpflichtet, meinen Erwartungen zu entsprechen, ganz gleich, ob ich nun im Recht oder im Unrecht bin. Hier liegt eine Hauptwurzel für das eigene, persönliche Unglück. Darüber hinaus machen Sie auch andere Menschen unglücklich, ohne zu wissen, weshalb.

Indem Sie eine ganze Liste von Erwartungen aufstellen, die andere erfüllen sollen, bereiten Sie sich selbst den Boden für mancherlei Enttäuschungen. Diese richterliche Funktion, der Sie andere unterwerfen, steht in deutlichem Kontrast zum Wort Gottes.

An keiner einzigen Stelle der Heiligen Schrift heißt es vom Ehemann, »Du sollst den Weg harken, den Rasen mähen und alle Dinge im Haushalt reparieren«, auch heißt es nirgends »Frau, du darfst das Haus nicht verlassen, noch darfst du jemals von deinem Mann erwarten, daß er das Geschirr spült.«

Das ganze Leben kann ein einziger Alptraum von Verpflichtungen sein. Es brauchen aber nicht immer nur die Verpflichtungen sein, die wir anderen auferlegen, es können auch die Verpflichtungen sein, die andere uns auferlegen.

Carrie ist eine ständig beschäftigte Frau. Sie gehört zu den Menschen, die immer völlig außer Atem sind, wenn sie ans Telefon gehen. Man hat das Gefühl, ihr Zeit zu rauben, wenn man von ihr erwartet, daß sie ans Telefon gehen soll. Sie arbeitet mehr als alle anderen, doch wenn man sie bittet, einem einen Gefallen zu tun, steht sie immer zur Verfügung.

Eines Tages gestand sie ganz erschöpft: »Ich stehe furchtbar unter Druck, bin völlig überarbeitet und renne mir für andere die Hacken ab. Ich komme mir vor wie ein automatisches Spielzeug. Man braucht bloß auf den Knopf zu drücken, und schon bin ich dabei, eine gute Tat zu tun.«

Die meisten Handlungen Carries waren von einem falschen Pflichtbewußtsein motiviert. Sie putzte ihre Wohnung, weil sie meinte, sie müsse es (Ich *muß* doch eine saubere Wohnung haben!); sie versorgte ihre Kinder weit über alle Verpflichtung hinaus (schließlich hat die Mutter meines Mannes alle Kinderkleider selbst genäht. Daher muß ich das Gleiche tun!); sie machte zahlreiche Gänge für andere, half ihren Eltern, wo sie nur konnte, war Mitglied in verschiedenen Ausschüssen in Gemeinde und Schule, hatte wenigstens zweimal die Woche Gäste, diente im Krankenhaus als freiwillige Helferin und außerdem gab es bei ihr nur selbstgemachte Teigwaren und selbstgebackenes Brot. Zweimal die Woche bügelte sie Bettlaken und Kopfkissenbezüge. Wenn sie außerdem noch etwas Zeit hatte, wusch und bügelte sie die Wäsche der Nachbarin . . .

Kurz, sie war ein Sklave aller Verpflichtungen, denn ein Großteil ihrer

Geschäftigkeit war weniger von dem Wunsch des Dienens getrieben als vielmehr von falschen Forderungen gegen sich selbst.

Carries soziales Leben war eine deutliche Reaktion auf ihre Liste von Verpflichtungen. »Wir *müssen* die Riccis einladen. Schließlich haben sie uns letzte Woche eingeladen«, oder »Valerie hat mir zum Geburtstag eine Karte geschrieben, also muß ich auch eine schreiben«, oder »Jimmy hat meinem kleinen Artie zu Weihnachten ein sehr teures Geschenk gemacht. Daher müssen wir ihm ebenfalls etwas Teures schenken.«

Alles, was sie für andere tat, unternahm sie nur, weil sie meinte, sie *müsse* es tun. Sie lud sich Gäste ein, weil sie meinte, sie *müsse* es. Sie nahm Einladungen an, weil sie meinte, sie *müsse* es. Sie tat ihre Sympathie kund, schrieb Gratulations- und Abschiedskarten und sonstige Grüße, weil sie meinte, dazu verpflichtet zu sein.

Carrie ist ein Glied in der niemals endenden Kette all derer, die aufgrund des Irrglaubens, daß alle menschlichen Beziehungen nur Ausdruck eines reinen Pflichtvertrages seien, in eine Falle geraten sind.

Es gibt nur zwei Hauptpflichten, zwei Dinge, die wir tun *müssen*: »Du sollst den Herrn, deinen Gott, lieben mit ganzem Herzen, mit ganzer Seele und mit all deinen Gedanken. Das ist das wichtigste und erste Gebot. Ebenso wichtig ist das zweite: Du sollst deinen Nächsten lieben wie dich selbst.« (Matth. 22,37–39)

Gott legt großen Wert auf die *Qualität* unserer Beziehungen. Echte Qualität kann nur durch Liebe erlangt werden. Die Liebe sagt: »Ich möchte, daß du so bist, wie du bist. Auch möchte ich selbst so sein, wie ich bin. Daher befreie ich dich von allen Verpflichtungen und Erwartungen, die möglicherweise bei mir vorhanden sind. Und ich befreie mich meinerseits von deinen unrealistischen Erwartungen und Pflichtvorstellungen.«

Gott ist unmittelbar an Ihren Beziehungen zu Ihren Mitmenschen interessiert und möchte gern im Mittelpunkt dieser Beziehungen stehen, damit er das Zentrum Ihrer Zuneigung und Fürsorge wird. Die Motivation seines Herzens ist allein auf Liebe begründet.

Falsche Verpflichtungen:	Verpflichtung aus Liebe:
»Ich muß, weil ich dazu verpflichtet bin.«	»Ich werde es tun, weil ich mich dazu entschlossen habe.«
»Ich wollte es tun, weil man es von mir erwartet.«	»Ich will es tun, weil ich Interesse daran habe.«
»Ich werde es tun, weil ich es soll.«	»Ich möchte es gern tun.«

Hier stehen sich Versklavung und Freiheit, Gesetz und Freiheit, der Buchstabe des Gesetzes und der Geist des Lebens unmittelbar gegenüber.

Für manche Christen mag der Ausspruch »ich entscheide mich für ...« etwas bisher Unbekanntes, nie Gehörtes bedeuten. Sie sind durch alle gesetzlichen Forderungen derart versklavt, daß sie sich nur dann schuldlos fühlen, wenn sie sich sagen: »*Ich muß*«. Carrie gestand, daß sie sich gerade dann am heiligsten fühle, wenn sie unter Druck stehe und völlig überarbeitet sei und auf diese Weise allen Verpflichtungen nachkomme.

Der Ausspruch »ich muß« geht dem Schuldgefühl voraus. Carrie sagt: »Ich *muß* meine Mutter zum Essen einladen«. Dann lädt sie ihre Mutter doch nicht ein, weil sie im Grunde genommen gar *nicht will* und gibt als Entschuldigung Zeitmangel oder sonstige terminliche Verpflichtungen an. Das Ergebnis bei ihr ist ein Schuldgefühl. »Ich *hätte* meine Mutter wirklich einladen *sollen*.«

Wenn sie ihre Mutter wirklich hätte einladen sollen, hätte sie es auch getan. Wenn sie sich dazu *entschlossen* hätte, kann man annehmen, daß sie sonstige Termine verschoben hätte. Sonst hätte Carrie noch die Möglichkeit gehabt, ihre Mutter für die nächste Woche einzuladen und ihr so die Gelegenheit geben können, sich auf die Einladung zu freuen, und sie selbst hätte auch ein gutes Gefühl dabei gehabt.

Nehmen wir einmal an, Gott hätte uns als Computer geschaffen, der ganz starr mit dem göttlichen Willen programmiert würde. Stellen Sie sich vor, wir wären mit einem Draht direkt an ihn angeschlossen und könnten nichts tun, was im Gegensatz zu seinen Befehlen stünde. Hätte man dann das Recht zu sagen, seine Kinder täten alles *aus Liebe*? Kann denn eine Maschine *aus dem Antrieb der Liebe* funktionieren?

Gottes Liebe entscheidet in Freiheit, einzig und allein aus Liebe. Wie wunderbar ist das! Echte Freiheit besteht darin, sich für eine Tat zu *entscheiden* und so zu leben, wie man soll. Wir haben die großartige Möglichkeit, die Persönlichkeit Jesu und seine Liebe zu entdecken, statt Manipulation, Schuld und falsche Pflichtgefühle zu wählen.

Wie sollte eine Ehe glücklich sein, wenn Mann und Frau ihre traurige Existenz inmitten aller gegenseitigen Erwartungen fristen? (»*Du mußt* die Einkäufe tragen. Mein Vater hat das auch immer gemacht«, oder »*Du sollst* meine Socken möglichst klein zusammenlegen. Meine Mutter hat das auch immer getan.«) Du mußt − es ist deine Pflicht mir gegenüber!

Die Antwort liegt nicht darin, daß wir alles, was wir für den anderen tun, liebend gern tun sollten; die Antwort liegt vielmehr darin, daß wir aufhören, lieblos und ungöttliche Forderungen zu stellen.

Wenn uns das Recht zugestanden würde, unsere Liebestaten frei zu wählen und nach dem Evangelium Christi statt nach dem Evangelium der Mitmenschlichkeit zu leben, würden wir so manche interessante Entdeckung im Hinblick auf unsere menschlichen Beziehungen und unser eigenes Ich machen.

Wir selbst werden von unseren Erwartungen ebenso verletzt wie unsere Mitmenschen. Wenn Sie von anderen erwarten, daß sie Ihre Erwartungen erfüllen, machen Sie sich selbst zur Zielscheibe der Niederlage. Was geschieht mit *Ihnen*, wenn andere Ihren Wünschen nicht entsprechen? Was geschieht mit *Ihnen*, wenn andere Ihnen nicht helfen, sich nicht um Sie kümmern, Sie nicht so behandeln, wie Sie meinen, daß sie es sollten? Was geschieht, wenn ein anderer Ihre Erwartungen durch Wort oder Tat zunichte macht? Stellen Sie sich vor, ein Ihnen nahestehender Mensch entspräche nicht Ihren Erwartungen, was bestimmte Errungenschaften, Erfolg, Ausbildung, Fertigkeiten oder persönliches Glück betrifft? Was geschieht, wenn diese Erwartungen, die Sie sich selbst zurechtgelegt haben, einfach im Wind zerstieben, sich als leer und nutzlos erweisen und keine Früchte tragen?

Hier nun einige unbiblische, ungeistliche Forderungen und Erwartungen sowie deren folgenschwere Resultate:

Erwartungen	Resultate unerfüllter Erwartungen
Gegenseitige Erwartungen von Ehepartnern.	Ein Gefühl von Verletztsein, Ungeliebtsein, Ablehnung, Ärger, Unerfülltsein, Traurigkeit.
Gegenseitige Erwartungen von Freunden.	Ein Gefühl der Feindseligkeit, des Nichtgeliebtseins, der Geringschätzung, der Erfolglosigkeit, der Ablehnung, der Wertlosigkeit.
Erwartungen, die Kinder an ihre Eltern stellen und umgekehrt.	Ein Gefühl des Ungeliebtseins, des Nichtangenommenseins, der Wertlosigkeit, des Versagens, des Ärgers, des Identitätsverlustes.

Stellen Sie sich vor, Sie seien völlig frei von allen menschlichen Verpflichtungen, die auf den oben genannten falschen Voraussetzungen basieren. Stellen Sie sich vor, Sie könnten sich frei entscheiden, aus Liebe zu handeln. Dann wären Sie frei von

1. dem Gedanken, was andere wohl von Ihnen denken oder über Sie sagen könnten;
2. den Erwartungen anderer, so oder ähnlich zu sein und zu handeln;
3. allen Erwartungen, mit denen Sie andere binden und die in Ihnen nur das Gefühl der Verunsicherung und des Unglücklichseins hinterlassen, weil andere sich doch nur selten nach Ihren Forderungen richten.

Dann wären Sie frei, um

1. so zu sein und zu handeln, wie es Gottes Plan für Sie vorsieht;
2. Ihren Nächsten (Mann, Frau, Kinder, Freunde) so zu lieben wie sich selbst.

Stellen Sie sich einmal bildhaft vor, Sie seien innerlich vom Heiligen Geist bewegt, wie ein Baum, der geleitet wird, seine Blätter sprießen zu lassen oder Frucht zu bringen. Das ist etwas ganz Natürliches! Sie *sind* ein Mensch, der lieben kann. Durch die neue Schöpfung Jesu und durch den Geist Jesu, der in Ihnen wohnt, sind Sie zu einem solchen Wesen gemacht worden. Betrachten Sie sich selbst in gleicher Weise, wie Gott Sie sieht. Sie sind vor die freie Wahl gestellt, sich selbst und andere frei von Furcht, Manipulation, Schuld oder falschem Pflichtgefühl zu lieben.

Die Bibel spricht davon, daß die *Liebe* das Gesetz erfüllt (Röm. 13,10) und nicht menschliche Pflicht oder Verantwortlichkeit. ».. . Wer den anderen liebt, hat das Gesetz erfüllt.« (RÖM. 13,8)

Ist der Gedanke, »ich möchte gern«, schlecht?

Manche Christen sind ihren eigenen Wünschen gegenüber sehr argwöhnisch. Sie vermeiden es, zu sagen: »Ich möchte« und sagen stattdessen lieber: »Ich denke, ich *sollte*« oder »Ich habe den Eindruck, daß . . .« oder »Ich sehe mich geführt, . . .«. Diese so fromm klingenden Sätze sind alle gut und schön, doch lassen sie sich nur dann mit der großartigen Möglichkeit der eigenen Wahl in Einklang bringen, wenn wir auch zugeben, daß wir dies oder jenes *tun möchten*. Welche der folgenden Aussagen sähen Sie gern an sich selbst gerichtet?

— »Ich denke, ich *sollte* Sie einmal besuchen«, oder
— »Ich *möchte* Sie gern einmal besuchen«.

Wie steht es mit folgenden Aussagen?

— »Ich habe den Eindruck, ich sollte Sie zum Essen einladen.«
— »Ich würde mich freuen, wenn Sie zum Essen zu mir kämen.«
— »Ich möchte Sie gern einladen. Mögen Sie kommen?«
— »Ich sehe mich geführt, dich zu heiraten.«
— »Ich liebe dich und möchte dich gern heiraten.«

Solange unsere eigenen Wünsche mit dem Wort Gottes in Einklang stehen, ist nichts Böses an ihnen. Das Wort Gottes sagt uns, daß Gott uns schenkt, was unser Herz sich wünscht.

Freue dich innig am Herrn! Dann gibt er dir, was dein Herz begehrt. (Ps. 37,4)

Beachten Sie, daß es zunächst heißt, daß wir unsere Freude am Herrn haben sollen. Wenn Sie sich an ihm und seinen Wegen erfreuen, werden seine Wünsche auch zu den Ihrigen. Dann sind Ihre Wünsche rein und bringen dem Herrn Ehre. Die Gelüste des Fleisches sind böse, weil sie nicht dem Weg

Gottes entsprechen. Selbstsüchtige und gottlose Wünsche müssen wir am Fuß des Kreuzes niederlegen.

Wenn Sie Christ sind, sind Sie ein neuer Mensch geworden. Wenn der Heilige Geist in Ihrem Innern Sie leitet und motiviert, unterscheiden Sie sich grundlegend von dem selbstsüchtigen Sünder, der Sie früher einmal waren.

Wenn also jemand in Christus ist, dann ist er eine neue Schöpfung: das Alte ist vergangen, Neues ist geworden. (2. KOR. 5,17)

Die Frage ist nur, glauben Sie wirklich, daß Sie ein völlig neuer Mensch geworden sind? »Dir geschehe, wie du geglaubt hast.« (Matth. 8,13) Kreisen Sie immer noch um Ihre alten Sünden, Erwartungen und Probleme oder sind Sie längst davon befreit?

Für jeden Christen gibt es diese großartige Möglichkeit:

Ich bin mit Christus gekreuzigt worden; nicht mehr ich lebe, sondern Christus lebt in mir. (GAL. 2,20)

Diese neue Kreatur ist mit dem in Ihnen lebenden Jesus einsgeworden. Seine Wünsche sind zu den Ihren geworden. Weil nun Jesu Wünsche rein und liebevoll sind, können auch die Wünsche Ihres neuen Ichs rein und voller Liebe sein.

Wenn Sie gelegentlich vom richtigen Weg abkommen und den Wünschen des Fleisches oder den Angeboten des Teufels nachgeben, sollten Sie dies Gott sofort bekennen und seine reinigende Vergebung empfangen. Daher sollten wir »alles prüfen«. (1. THESS. 5,21) Die Gemeinschaft mit anderen Christen wird uns helfen, in Zeiten der Unsicherheit unsere Entscheidungen zu prüfen. Liegen wir falsch, können die anderen Alarm schlagen. Auch die Heilige Schrift und unser Gewissen sind eine zuverlässige Alarmanlage, die uns bei der Prüfung unserer Wünsche Hilfestellung leistet.

Manipulation durch Schuld

Auf welche Weise lassen Sie Ihre Umwelt Ihre Wünsche erkennen? Wenn Sie sich mit Ihren Wünschen nicht klar identifizieren können und Ihre Umwelt nicht von Ihren Wünschen in Kenntnis setzen, riskieren Sie, daß andere sich schuldig fühlen, weil Sie Ihre Umwelt durch eine vorgetäuschte Haltung irritieren. Statt ehrlich und offen zu sagen, was Sie wollen, manipulieren Sie Ihre Mitmenschen, indem Sie es zulassen, daß andere ein Gefühl der Schuldigkeit empfinden, weil Sie nicht genau wissen, was Sie eigentlich wollen. Diese Manipulation ist etwas sehr Verletzendes, und diese Schuldgefühle sind etwas sehr Schmerzvolles. Haben Sie je einen Menschen davon sprechen hören, wie schrecklich Schuldgefühle sind? Mit großer Wahrscheinlichkeit nicht.

Die Wahrheit zu sagen ist etwas, was Sie lernen können. Sie können lernen, Ihre Gedankenwelt frei von Beschuldigung, Drohung und Feindseligkeit zu halten. Hier folgen nun einige Beispiele der Manipulation durch Schuld auf der einen und des deutlichen Aussprechens der Wahrheit auf der anderen Seite. Welche Art der Äußerung würden Sie vorziehen, wenn sich ein anderer an Sie wendet?

Manipulation durch Schuld	Aufrichtigkeit im Reden
Ich bin völlig erschöpft von all der Arbeit und den Überstunden. Es macht mir nichts aus, Überstunden zu machen (eine Lüge), weil ich weiß, daß du dir so sehr wünschst, das neue Auto kaufen zu können. Ich mache sogar gerne Überstunden (eine Lüge), damit wir dir den Wagen kaufen können. Trotzdem bin ich ziemlich erschossen (Wahrheit). Diese harte Arbeit geht mir an die Knochen. Ich weiß wirklich nicht, woher ich die Kraft nehmen soll, um Billy heute abend noch zu dem Jugendtreffen zu fahren.	Ich bin heute abend sehr müde. Könntest du bitte Billy heute zum Jugendtreffen fahren?

Liebe kennt keine Manipulation. Liebe wagt es, die Wahrheit zu sagen. Manchmal kommt es vor, daß ein Mensch so darin geübt ist, in anderen Schuldgefühle hervorzurufen, daß die anderen hinter dieser Haltung unmöglich noch *Liebe* erkennen können.

Worte der Manipulation	Worte der Liebe
Mich ruft nie jemand an. Das Telefon klingelt so selten. Ich dagegen rufe *dich* sehr häufig an. In der letzten Woche habe ich *dich* zweimal angerufen.	Du bist mir gegenüber in keiner Weise verpflichtet. Ich liebe dich, ohne dich an mich binden zu wollen.
Wußtest du schon, daß Shirleys Mann ihr jeden Freitag Blumen mitbringt? *Er muß sie* wirklich sehr lieb haben. Mir schenkt ja nie jemand Blumen.	Liebling, ich würde mich ja so freuen, wenn du mir einmal Blumen mitbringen könntest. Was hältst du davon?

Ich habe keine Mitfahrgelegenheit zur Kirche gefunden und muß 12 Straßen weit durch Schnee und Kälte marschieren. Doch das schadet nichts. Ich mache mir nichts draus.

Würde es dir etwas ausmachen, auf dem Weg zur Kirche kurz bei mir vorbeizuschauen und mich mitzunehmen? Nein? Das ist gut. Ob es im Wagen bequem ist oder nicht, ist mir ganz egal.

Sie machen aller Manipulation ein Ende, wenn Sie klar Ihre Meinung sagen und niemanden über Ihre Wünsche in Unkenntnis lassen. Manipulation baut auf dem Schuldgefühl des anderen auf. Wenn es Ihnen gelingt, im anderen ein Schuldgefühl hervorzurufen, bringen Sie ihn dazu, Ihrem Wunsch gemäß zu handeln. Dies dürfte kaum der Handlungsweise Gottes entsprechen.

Herr und Frau L. waren wegen ihrer 16-jährigen Tochter sehr in Sorge. Sie ging jeden Abend aus, trank viel, rauchte, trieb sich mit ihren Freunden herum und hatte intime Beziehungen zu jungen Männern. Ihre Eltern glaubten, ihr gegenüber völlig versagt zu haben und meinten, ihr etwas dafür zu schulden, daß sie sie in die Welt gesetzt hatten. Beide Eltern empfanden Schuldgefühle, weil Frau L. noch vor ihrer Heirat mit Herrn L. schwanger geworden war. So versuchten sie ständig, ihrer Tochter alles zu geben, um ihr Leben lebenswert erscheinen zu lassen und auf diese Weise den Schaden wiedergutzumachen. Sie opferten ihr mageres Gehalt und lebten äußerst sparsam, um ihrer Tochter den Besuch der besten Privatschule zu ermöglichen. Sie kauften ihr teure Kleidung und gestatteten ihr private Klavierstunden, Ballett-, Geigen-, Reit-, Ski- und Eiskunstlaufunterricht. Sie überschütteten sie mit Spielzeug aller Art, kostbaren Möbeln, veranstalteten Parties und Ausflüge für sie, ließen sie zu Sommercamps fahren und erfüllten ihr jeden nur erdenklichen Wunsch. Sie hatten ihre Tochter aufrichtig lieb, doch war ihre Liebe durchzogen von Pflicht- und Schuldgefühlen.

Als sie schließlich Beratung in unserem Zentrum suchte, hatte Frau L. bereits eine ganze Menge erfolgloser manipulativer Verhaltensweisen angehäuft. Sie war verwirrt und enttäuscht über die Tatsache, daß ihre Tochter sich ihren Forderungen und Pflichtvorstellungen widersetzte. Auch Herr L. wußte keine Antwort mehr. Alle Drohungen, Beschimpfungen, Wutausbrüche, Tränen und Forderungen trafen ins Leere. Trotz der vielen Anschuldigungen, mit denen Herr L. und seine Frau in ihrer Tochter Schuldgefühle hervorrufen wollten, (was hatten sie bereits für ihr Kind alles getan) war einfach nichts zu machen. Ihre Tochter war ständig außer Haus und ging ihre eigenen Wege, entgegen aller elterlichen Wünsche.

Herr und Frau L. mußten lernen, ihre Erwartungen loszulassen und sie am Kreuz niederzulegen. Statt Manipulationstechniken, die Schuldgefühle hervorrufen, mußten sie vielmehr lernen, in Liebe die Wahrheit auszusprechen.

Manipulation	Wahrheit
Suzi, du bist in letzter Zeit sehr selten zu Hause. Wir sitzen hier Abend für Abend allein und machen uns Sorgen.	Wir möchten, daß du heute zuhause bleibst und den Abend mit uns verbringst. Wir wollen gemeinsam spielen und uns einen schönen Abend machen.
Was denkst du dir eigentlich dabei, daß du nie mit deinen Eltern zusammensein willst? Bist du dir eigentlich im klaren darüber, welche Opfer wir für dich gebracht haben? Und jetzt willst du nicht einmal einen einzigen Abend mit uns verbringen, wo wir doch die Einzigen auf der Welt sind, die dich wirklich *lieben*.	Wir können gut verstehen, daß du heute abend lieber mit deinen Freunden ausgehen würdest, doch wirst du heute darauf verzichten müssen. Wir wollen heute abend als Familie zusammensein.
Denk doch mal an all das, was wir für dich getan haben, wie sparsam wir gelebt haben, um dir allein alles geben zu können, nur damit dein Leben schön wird.	Du bist sehr eigen. Darum haben wir dich so lieb.

Das Gespräch mit Suzi endete nicht an diesem Punkt. Sie brauchte Zeit, um sich an die neue Verhaltensweise ihrer Eltern zu gewöhnen und auch ihrerseits ihr Verhalten zu ändern.

Jesus Christus wartet nur darauf, uns durch die Kraft des Heiligen Geistes in alle Wahrheit führen zu können. Er hat uns vom Gesetz der Sünde und des Todes befreit. Das alte Gesetz der Forderungen, Verpflichtungen und Erwartungen soll nicht mehr länger über uns herrschen. Wir stehen jetzt unter dem Gesetz der Gnade und sind frei.

Carrie suchte bei Fachleuten Hilfe für ihre Probleme, weil sie befürchtete, die Kontrolle über ihr Leben zu verlieren. Ihre menschlichen Beziehungen bestanden aus einem entmutigenden Knäuel von Verpflichtungen. Sie redete sich ein, jedem etwas schuldig zu sein und tat kaum etwas, ohne sich vorher davon überzeugt zu haben, daß sie es tun *müßte*. Ihr tiefer Groll und ihre unablässigen Schuldgefühle hatten schließlich zu einer depressiven Neurose geführt.

Ihr mußte gezeigt werden, daß das vollendete Sühnewerk Jesu buchstäblich die Ketten der Gesetzlichkeit in ihren Beziehungen zerbrochen hat. Sie mußte zu der Einsicht kommen, daß sie keine einzige dieser Ketten benötigte, um ein guter Mensch zu werden. Der Kern ihrer Persönlichkeit hing einzig und allein vom Werk Jesu am Kreuz ab und nicht von den Gedanken anderer Menschen.

Ein ganz neuer und von Liebe erfüllter Friede nahm schließlich die Stelle ihrer erdachten Pflichtvorstellungen ein. Einige Monate nach Beendigung ihrer Therapie schrieb sie einen Brief an ihren Therapeuten, dessen Inhalt wir Ihnen gern mitteilen möchten:

»... Zum ersten Mal in meinem Leben habe ich es erfahren, daß die Liebe Jesu durch mich hindurch zu anderen Menschen fließt. Jetzt stehe ich morgens mit einem neuen Bewußtsein auf und durchlebe auch so den Tag, nicht etwa, weil ich jemandes Forderungen zu erfüllen hätte oder weil ich irgend jemanden zufrieden stellen *müßte*, sondern weil ich *gerne dienen* möchte ... Es ist einfach herrlich. Ich glaube, der glücklichste Tag meines Lebens war der, an dem ich das Wort *Verpflichtung* aus meinen Gedanken verbannte ... Vielen Dank!«

Ihre Beziehungen verdienen Aufrichtigkeit und Liebe. Und Sie verdienen die Achtung und das Glücksgefühl, das solche Beziehungen mitsichbringen.

Zwölftes Kapitel

Irrige Überzeugungen, die den Gedanken an Unentbehrlichkeit bewirken

»Es tut mir leid, daß ich Sie zu dieser unmöglichen Stunde anrufe«, sagt eine trübe Stimme am anderen Ende der Telefonleitung. Sie greifen zu Ihrer Nachttischlampe: es ist drei Uhr morgens. Sie gähnen und sagen: »Ach, das macht nichts« und murmeln noch irgendetwas Unverständliches. »Sie sind der einzige, an den ich mich wenden kann«, fährt die Stimme fort. »Ich nehme an, Ihre Frau habe ich ebenfalls geweckt, wie beim letzten Anruf. Es tut mir wirklich leid.«

Sie gähnen nochmals und sagen: »Das ist nicht so schlimm« und werfen einen kurzen Blick auf Ihre Frau, die aufrecht im Bett sitzt und stirnrunzelnd auf die Uhr schaut. Das Telefon hat das Baby geweckt, dessen Geschrei den ganzen Raum erfüllt. Ihre Frau steht auf und murmelt etwas vom Recht auf Schlaf. »Nun ja, sicher«, sagen Sie leicht seufzend. »Am besten kommen Sie gleich mal kurz herüber.«

Es ist durchaus nichts Neues, nach Mitternacht per Telefon geweckt zu werden. Sie werden natürlich zu jeder Tages- und Nachtzeit von Menschen bedrängt, wenn diese sich das in den Kopf gesetzt haben. Sie sind sehr stolz darauf von sich behaupten zu können, eine stets offene Tür für Menschen in Not zu haben.

Von Zeit zu Zeit werden Sie von den Tücken der Realität aufgeschreckt, doch weisen Sie diese jedesmal mit fromm klingenden Worten zurück, wie beispielsweise: »Ich muß willig Opfer bringen, um anderen Menschen in Not dienen zu können.« Sie sagen sich, Sie seien in dem Lernprozeß begriffen, »Ihrem eigenen Ich abzusterben«. Doch fragt sich nur, ob dies der Wirklichkeit entspricht, wenn Sie selber todmüde sind und Ihre Familie regelrecht leidet.

Denken Sie doch einmal über die Erfahrung eines jungen Predigers namens John nach. Er und seine Frau Jan versahen einen sehr abwechslungsreichen Dienst in einem Kaffeehaus. Jede Woche passierten mehr als fünfhundert junge Leute ihre Haustür. Das tatkräftige Ehepaar war weithin bekannt und geachtet von allen Gemeinden dieser Gegend. Es wurde von ihnen sogar finanziell unterstützt. Von welchem Standpunkt aus man die Sache auch betrachten mochte, alles sah einfach großartig aus.

Viele junge Leute halfen bei den rein körperlichen Arbeiten, doch die Hauptlast der geistlichen Leitung lag auf Johns und Jans Schultern. Sie übernahmen den Dienst der Seelsorge, den Predigtdienst und die Lehre und darüber hinaus auch die Verantwortung aller sonstigen Arbeit. Ungefähr drei Jahre lang arbeiteten John und Jan Tag und Nacht, ohne sich Urlaub zu gönnen und ohne sich Zeit füreinander zu nehmen. Zeiten der Entspannung und Erholung verbrachten sie stets im Kreis der Jugendlichen. Täglich verbrachten John und Jan ihre Zeit bis tief in die Nacht hinein im Seelsorgedienst an jungen Leuten, die in Not waren.

Ihre Arbeit stand in voller Blüte. Hunderte junger Menschen lernten Jesus Christus als ihren Retter kennen, viele fanden Hilfe in schweren Problemen: in Drogenabhängigkeit, in der Not ohne festen Wohnsitz, in der harten Kriminalität und in sexuellen Problemen.

Doch plötzlich wurde Jan ohne ersichtlichen Grund krank. Sie konnte ihre Beine nicht mehr bewegen und war damit ans Bett gefesselt. Nach einem Monat stand sie auf, konnte etwas laufen, bekam jedoch nach wenigen Monaten einen Rückfall und mußte wiederum im Bett liegen. Sie erholte sich wieder, lag aber nach kurzer Zeit mit den gleichen Symptomen wieder im Bett. Beide betrachteten ihre Lage als Attacke Satans, der ihren Dienst zunichte machen wollte.

Sie sahen nicht, welche Waffen der Teufel benutzte.

Jede nur erdenkliche Minute hatten sie ihrem Dienst geweiht, wobei ihre Ehe langsam und kaum spürbar in die Brüche ging. Dadurch, daß sie niemals Zeit füreinander oder für eine Ruhepause hatten, war ihre Kraft schließlich völlig verbraucht. Die ersten Anzeichen waren Übermüdung, Sorge, Krankheit, Überarbeitung. Dann folgten unfreundliche Worte, Streitereien, kaltes Schweigen. Nach und nach ließ dann auch ihr Gebetsleben an Intensität nach. Lange, bevor sie es selbst erkannten, waren sie bereits in größte Schwierigkeiten geraten.

Trotz aller Probleme versahen sie weiterhin ihren Dienst. Denn John und Jan hatten kein Auge für die eigene Situation. Wenn sie auf die Ereignisse zurückschauten, die schließlich zu dem katastrophalen Ende führten, meinten sie, alle Schwierigkeiten hätten erst mit Jans Krankheit begonnen.

»Wir haben so oft um Heilung für Jan gebetet«, sagten sie, »und haben fest daran *geglaubt*, daß Gott unser Gebet erhören würde.« Doch sah seine Antwort ganz anders aus, als sie erwartet hatten. John stellte immer wieder die gleiche Frage: »Warum hat Gott es zugelassen, daß Jan krank wurde?«

Wenn Sie die Sache genau betrachten, werden Sie feststellen, daß Jans Krankheit durchaus nicht überraschend kam. Wie hätte sie sonst jemals zur Ruhe kommen sollen? Urlaub kam für sie nicht in Frage. Die einzige Möglichkeit für ihren Körper, Ruhe zu finden, bestand darin, krank zu werden und sie auf diese Weise ans Bett zu fesseln. Aufgrund ihres geschwächten körperlichen Zustandes, ihrer verbrauchten Widerstandskraft und der abgearbeiteten Nerven war sie reif für schwächende Krankheit, die sich auch kurz darauf einstellte.

Der einzige Weg, um sicherzustellen, daß alle Überarbeitung, aller Druck und alle Hetze ein Ende haben würde, und die einzige Möglichkeit, sich mit ihrer zerrütteten Ehe auseinanderzusetzen, bestand in längerem Kranksein. Doch trotz alledem erkannte Jan ihre Lage nicht. Sie war nicht mit Absicht krank geworden. Sie hatte ihr geistliches Gespür verloren und lebte »nach dem Fleisch«.

Anhand der Erfahrungen des Mose gibt der Herr uns im zweiten Buch Mose, Kapitel 18, Verse 1–26 ein Beispiel für einen überarbeiteten Mann Gottes. Jethro, der Schwiegervater des Mose, sah die Überforderung Moses in seiner Funktion als Ratgeber und Richter. Vom Morgen bis zum Abend hörte sich der arme Mann die Klagen und Schwierigkeiten der Israeliten an. Er war völlig erschöpft. In seiner Weisheit erkannte Jethro, daß nicht *einer allein* die ganze Arbeit für den Herrn leisten kann. Mose war ein bevollmächtigter Mann Gottes und einer der größten Knechte Gottes, die es je gegeben hat, doch war er nicht unersetzbar.

»Was soll das, was du da für das Volk tust? Warum sitzt du hier *allein*, und die vielen Leute müssen vom Morgen bis zum Abend vor dir anstehen?«, fragte Jethro.

Nun war Mose nicht etwa ein Mann, der sich vor seiner Verantwortung drückte. Er war sich vielmehr seiner Pflicht, der Last und den Anforderungen seines Auftrages bewußt. »Die Leute kommen zu mir, um Gott zu befragen«, war seine einfache Antwort.

Das gleiche dachten auch John und Jan. Die Not ist groß! Schauen Sie sich bloß die ganze Problematik an! Wir müssen doch alles, was in unseren Kräften steht tun, um zu helfen! Wir sind doch die einzig Befähigten dazu!

Die ganze Fähigkeit und Weisheit des Jethro spiegelt sich in seiner Antwort an Mose wider: »Es ist *nicht richtig*, wie du das machst.« Dann fuhr Jethro fort: »So richtest du dich selbst zugrunde und das Volk auch, das bei dir ist. Das ist zu schwer für dich; allein kannst du es nicht bewältigen.« (Vers 18).

Beachten Sie doch, daß er sagte, nicht nur Mose würde sich zugrunde richten, sondern mit sich auch das Volk!

John und Jan verloren ihren Kaffeehausdienst, aber nicht aufgrund der Krankheit Jans, sondern weil sie glaubten, unabkömmlich, ja die Einzigen zu sein, die die ganze Last der Arbeit tragen könnten, die Gott ihnen zugeteilt hatte. Stolz, Ehrgeiz, das Trachten nach Erfolg, Angst vor Versagen und geistliche Unehrlichkeit nahmen überhand. Zunächst verloren sie ihre geistliche Sicht und ihre geistliche Kraft und schließlich den ganzen Dienst.

Der Teufel ist schlau. Er versucht, den Mitarbeiter Gottes mit einer Sache zu fangen, die zunächst einmal ehrenhaft und gut aussieht. Was könnte besser sein als der Wunsch, anderen zu helfen? Was könnte christlicher sein, als Tag und Nacht im Dienst des Herrn zu stehen? Wir wollen uns einige der zunächst unauffälligen Zeichen anschauen, die das reine Herz des Christen nach und nach verunreinigen, und die schließlich den Tod bedeuten.

Wenn das ›Gute‹ sich bei näherem Betrachten als nicht mehr so gut erweist.

Der wiedergeborene Christ kann nicht mehr mit derart offenkundigen und eklatanten Sünden wie Banküberfällen, Drogenhandel oder der Einstellung als Verbindungsmann der Mafia versucht werden. Deshalb bedient sich der Teufel unseres ›Fleisches‹ und redet uns dabei ein, es handelt sich um den Heiligen Geist. Er beweist großes Geschick darin, Stolz, Eifersucht, Geiz, Neid, Zorn, Lust, Gier und Faulheit (die sieben Todsünden) als Motivation für unsere guten Taten und unsere Hilfsbereitschaft zu nutzen.

Sie fragen sich, wie das praktisch aussehen mag. Wir wollen das näher erläutern.

— Ein Mensch mit Minderwertigkeitskomplexen wird gerettet und nimmt anschließend Nichtchristen gegenüber eine Haltung der absoluten Überlegenheit ein. An allen öffentlichen Plätzen predigt er jedem nur Erreichbaren, daß er sich auf dem direkten Weg zur Hölle befindet, wenn er sein Leben nicht ändert. (Stolz)
— Ein anderes Beispiel ist der Pediger, der stets auf alles und jedes eine Antwort weiß. Er hat für jedes Problem eine Lösung und für alles eine besondere Erleuchtung. Er bildet keine weiteren Personen für den Seelsorgedienst aus, sondern sagt allen Gemeindegliedern, sie sollten einzig und allein mit ihren Nöten zu ihm kommen und zu niemand anderem. (Stolz)
— Ein weiteres Beispiel ist ein Gebetsgruppenleiter, der statt zum Beten seine Zeit zum Essen und zum Herumnörgeln an anderen verschwendet. (Unersättlichkeit, Gier, Zorn)
— Oder der Bibelstundenleiter, der innerlich vor Wut kocht, wenn ein sehr gesprächiges Gemeindeglied seinen Standpunkt zu ausführlich erläutert. (Zorn, Neid, Stolz)
— Oder ein Gemeindeältester, der sich von der Aufmerksamkeit einer attraktiven Frau leicht schmeicheln läßt. (Stolz, Lustgefühl)
— Oder ein Gemeindeglied, das zuhause häufig in Zorn gerät und sich einredet, daß alle gegen ihn seien. (Zorn)
— Oder ein Christ, der immer zu spät kommt, der unzuverlässig, überarbeitet, müde, nervös und verärgert ist und immer Forderungen stellt. (Trägheit)

Der Wunsch, anderen zu helfen, ist gut. Der Wunsch, dem Herrn mit Predigt, Lehre und Seelsorge zu dienen, ist zweifellos ebenfalls gut. Gott möchte, daß wir ihm dienen, indem wir anderen helfen, doch können wir seinem heiligen Willen entgegenarbeiten, wenn es uns an geistlicher Weisheit und geistlicher Einsicht mangelt. Dazu kommt noch etwas anderes, worüber wir jetzt sprechen müssen.

Das Beste von allem

Man kann Prediger, Lehrer, geistlicher Führer, ja sogar Märtyrer sein, ohne sich auch nur im geringsten aus anderen etwas zu machen. Man kann einer Gemeinde als Pastor vorstehen, Bibelstunden leiten, predigend um die ganze Welt reisen oder sogar um seines Glaubens willen verfolgt werden, ohne das kleinste Anzeichen der Liebe an sich zu tragen. Diese Aussage finden wir im 1. Korintherbrief im 13. Kapitel näher erläutert. Dort steht, daß wir predigen, lehren, im Glauben Berge versetzen, all unser Eigentum verschenken und uns bis zum Letzten zermartern können, doch ohne Liebe hat alles keinen Wert.

»Sie sind der einzige, an den ich mich wenden kann«, sagt Ihnen ein Mensch in Not. »Es gibt sonst niemanden. Sie sind der einzige, der mir helfen kann.« Dadurch nehmen Sie die Position eines Retters ein. Sie hören das Gesagte an, schließlich helfen Sie ja auch *gern*. Sie sind derjenige, der auf alles eine Antwort und für alles eine Lösung hat. Man könnte Sie mit Mose vergleichen.

Betrachten Sie einmal folgende irrigen Überzeugungen:

1. Ich bin zum Helfen berufen und gesalbt, ich allein bin dazu bestimmt, andere zu führen.
2. Ich bin wie niemand sonst vom Herrn mit einer ganz einzigartigen Gabe ausgestattet worden. Ich kann der Welt meine Erleuchtungen mitteilen.
3. Niemand kann meinen Dienst so gut erfüllen wie ich.
4. Egal, welche Stunde des Tages oder der Nacht es auch sein mag, ich muß ständig erreichbar sein für Menschen, die in Not sind.
5. Wenn ich ihm uneingeschränkt dienen soll, erwartet Jesus von mir, daß ich jegliches Anrecht auf Privatleben, Erholung und Entspannung aufgebe.
6. Um Gott mit ganzem Herzen dienen zu können, muß ich meine Familie meinem Dienst unterordnen.
7. Ich habe meine Kinder dem Herrn übergeben, sodaß der Heilige Geist sie führen und lehren kann, weil ich wegen meines Einsatzes als Christ keine Zeit dafür habe.

8. Gott hat mich gerufen, um bestimmten Menschen zu helfen. Wäre es nicht so, wären diese Menschen in einer bedauernswerten Lage.

9. Als Christ bin ich dazu verpflichtet, all denen mit Antworten und Problemlösungen zur Seite zu stehen, die Gott mir gesandt hat. Tue ich das nicht, muß ich die Konsequenzen selber tragen.

10. Die anderen sollten meine Berufung anerkennen und mir in dem Dienst, zu dem Gott mich berufen hat, helfen und unterstützend zur Seite stehen.

11. Wenn ein anderer weniger geistlich ist als ich, hat er kein Recht dazu, diesen Dienst auszuführen. Er hat auch kein Recht, erfolgreicher zu sein als ich.

Glauben Sie auch nur eine dieser Lügen?

Wann immer Sie sich selbst dabei ertappen, daß Sie von sich behaupten, unentbehrlich oder so etwas ähnliches zu sein, dann sollte Ihre geistliche Warnanlage sofort auf Rot springen. Pastor X erzählte uns, daß er während der ersten Jahre seines Pastorates sein Leben und seinen Dienst fast vollständig ruiniert hätte. »Ich betete zum Herrn wegen der Anzahl derer, die täglich zum seelsorgerlichen Gespräch zu mir ins Büro kamen. Ich sah, daß die Not groß war und fürchtete mich ein wenig, weil die Leute eine Antwort von mir erwarteten. Meine Selbstsicherheit war nicht allzu groß. Ich betete: ›Herr, ich vertraue darauf, daß du mir genau die richtige Anzahl von Leuten schickst, so daß ich mich nicht überarbeiten muß. Bitte schicke mir nur solche Menschen, denen ich auch helfen kann, und nicht solche, denen ich nicht helfen kann.‹

Er räusperte sich und fuhr dann fort. »Zunächst ging alles glatt. Es blieb genug Zeit, um nachts 8 Stunden zu schlafen und ich hatte auch genügend Zeit für meine Familie. Doch dann passierte es. Ich gestattete sonst niemandem, Seelsorgedienste zu übernehmen, da ich mich allein als für diesen Dienst qualifiziert betrachtete. Schließlich war *ich* doch der Pastor. Ich erlaubte niemandem zu predigen oder zu lehren und hatte auch alle kirchlichen Verwaltungsangelegenheiten und Entscheidungen in der Hand. Plötzlich wußte ich nicht mehr, wo mir der Kopf stand. Ich versuchte, jedem in seiner Problematik zu helfen und jedem alles zu sein. Ich fand kaum noch Zeit für meine Familie und verlor in dieser Zeit immer mehr an Körpergewicht.«

John und Jan hätten ihren Nutzen aus den Erfahrungen dieses Pastors ziehen können. »Als ich einem Nervenzusammenbruch nahe war, zeigte mir der Herr, daß ich falsch lag. Ich hatte mich an ein Gebet gebunden, das seine Gültigkeit längst verloren hatte. Ich hatte dem Herrn *vorgeschrieben*, was er tun sollte und fragte mich dann, wie es kam, daß alles in die falsche Richtung ging. Gott sei Dank beschloß ich daraufhin, einiges zu verändern. Ich verteilte die Verantwortung auf mehrere Personen. Ich war völlig überrascht, als ich erkannte, welche geistlichen Fähigkeiten in meiner Gemeinde vorhanden waren. Ich versah den Seelsorgedienst nicht länger mehr allein. Tatsächlich glaube ich heute, daß manch anderer ein weitaus besserer Seelsorger ist als ich. Wahrscheinlich war ich nie ein besonders guter Seelsorger. Ich hatte gedacht, ich sei *unabkömmlich*. Ich glaubte, der einzige zu sein, der anderen helfen könnte.«

Es kommt der Zeitpunkt, an dem auch Sie Ihre unglückliche Lage ändern müssen, statt an ihr festzuhalten. Leider geschieht es sehr häufig, daß die Veränderung nicht rechtzeitig eintritt. Sie sind der einzige, der diese Veränderung vornehmen kann. Auf eine Veränderung der Situation zu warten, ist nicht die Lösung.

Die Wahrheit

Pastor X tat den Schritt, bevor es zu spät war. Er nahm Abschied von der hochstaplerischen Vorstellung von sich selbst. Er sagte sich die *Wahrheit*.

Die Wahrheit:

1. Ich bin *nicht* der einzige, den Gott berufen hat, um anderen zu helfen.
2. Ich bin wirklich einzigartig. Doch die anderen Diener Gottes sind genauso einzigartig. Mein Dienst ist nicht der wichtigste auf Erden.
3. Andere haben die gleiche Gabe des Dienens wie ich.
4. Jesus nahm sich immer Zeit zur Erholung und Entspannung (Matth. 14,23). Ich muß das Gleiche tun.
5. Jesus erwartet nicht von mir, daß ich mich irgendwelchen Zwängen oder einem bedrückenden Getriebensein unterwerfe. Er erwartet von mir, daß ich ihm in Weisheit und innerem Frieden diene. Ein friedevolles Herz findet mitten im Sturm zur Ruhe.
6. Um Gott mit meinem ganzen Herzen zu dienen, muß ich mich so um meine Familie kümmern, wie er es mir aufgetragen hat. Wenn ich die kostbaren Wesen vernachlässige, die er mir als meine eigene Familie anvertraut hat, dann vernachlässige ich meine erste und wichtigste Berufung.
7. Ich trage die Verantwortung für meine Kinder und will diese auch nicht vernachlässigen. Gott hat sie mir anvertraut, und ich will darauf achten, daß ich täglich Zeit für sie habe.
8. Gott hat mich zwar berufen, anderen zu helfen, aber er könnte ihnen auch ohne mich helfen. Ich freue mich, daß Gott mich für diesen Dienst geeignet hält und bin mir gleichzeitig bewußt, daß andere ohne mich nicht in eine bedauernswerte Lage geraten.
9. Es ist eine Ehre, von Gott gebraucht zu werden. Mir ist jedoch klar, daß ich nicht auf alle Fragen eine Antwort und für jedes Problem eine Lösung

zu haben brauche. Er ist der Retter – und ich bin sein Diener. Ich kann Menschen den richtigen Weg zeigen, die einzelnen Schritte kann ich ihnen jedoch nicht abnehmen.

10. Andere Menschen haben das Recht, die Lasten meines Dienstes *nicht* mit mir zu teilen.

11. Ich freue mich an den Arbeitern, die Gott zu Ehren gerufen hat und sage allem Neid und aller Eifersucht ab. Ich bin zufrieden mit dem, was ich habe.

John und Jan brauchten mehrere Jahre, um ihren Irrglauben durch die Wahrheit zu ersetzen. Sie lernten, sich selbst zu lieben und ihren Dienst mit den Augen der Liebe zu sehen. Während wir von ihnen berichten, beginnen sie bereits von neuem als freiwillige Helfer in einer großen nationalen Jugendorganisation. Außerdem arbeiten sie mit Jugendlichen in ihrer örtlichen Gemeinde. Sie sind nicht mehr länger unersetzbar. Sie sind Glieder einer großen Mitarbeitergruppe, die ihr Leben ganz für Gott eingesetzt hat. Sie haben sich mit Brüdern und Schwestern aus aller Welt zusammengetan und ein volles ›Ja‹ zur *Liebe* gefunden. Sie haben mit allen zwingenden und ehrgeizigen irrigen Überzeugungen des Stolzes, denen sie früher versklavt waren, Schluß gemacht.

Stellen Sie sich vor, Ihr Telefon klingele bereits das dritte Mal in dieser Woche morgens um 3 Uhr und jemand würde zu Ihnen sagen: »Sie sind der *einzige*, mit dem ich sprechen kann.« Was würden Sie tun? Würden Sie ganz von Ihrer Wichtigkeit überzeugt aufseufzen und wieder einmal auf Ihren nächtlichen Schlaf verzichten, um diesem Menschen in seiner Not zu helfen? Oder würden Sie sich selbst die *Wahrheit* sagen?

Ich bin NICHT der EINZIGE der eine Antwort auf die Not anderer hat. Ich bin NICHT unersetzbar. Ich werde nach meinem Vermögen helfen, und das zu angebrachter Zeit. Meine Familie ist wichtig, und ich bin wichtig. Ebenso wichtig ist dieser Mensch, der gerade in Not ist.

Sie beten um Weisheit und Erkenntnis, und dann sagen Sie ohne zu zögern: »Ich weiß, daß Sie in Not sind, und das ist mir nicht gleichgültig. Jesus ist sowohl Ihre als auch meine einzige Antwort. Ich möchte mich mit Ihnen treffen und gemeinsam mit Ihnen an dem Problem arbeiten, doch nicht jetzt. Bitte rufen Sie mich morgen an. Dann machen wir einen Termin aus, und Sie kommen mich besuchen. Wir werden uns dann ganz auf Ihr Problem konzentrieren.«

Der Herr offenbart sich durch Sie in der Herrlichkeit von Liebe und Wahrheit. Sie sind wichtig, einzigartig, besonders und wundervoll gestaltet, *doch Gott sei Dank ist niemand von uns unersetzbar.*

DREIZEHNTES KAPITEL

Weitere irrige Überzeugungen, die Sie unglücklich machen

Wenn Sie bis zu diesem Punkt gelesen haben, werden Sie höchstwahrscheinlich ein gewisses Geschick entwickelt haben, Ihre irrigen Überzeugungen klar zu erkennen und dagegen vorzugehen.

Denken Sie daran, daß der erste Schritt immer darin besteht, einen Irrglauben *aufzudecken*. Als zweites muß dieser Irrglaube völlig *in Frage gestellt* und als drittes *durch die Wahrheit ersetzt* werden. Stellen Sie sich vor, Sie seien entmutigt. Sie sind unruhig und nervös und sagen sich: »Ich wünschte, ich hätte mehr Energie. Es sieht ganz so aus, als ob ich es nicht einmal mehr schaffen würde, einen Tag zu durchleben, ohne bereits nach der Hälfte der Zeit schlapp zu werden.«

Sie sind sich Ihrer Selbstgespräche und deren Bedeutung in Ihrem Leben bewußt und achten jetzt besonders auf Ihre Gedanken und Worte. Sie hören sehr genau auf alle Einzelheiten, weil Sie wissen, daß Ihre Selbstgespräche nicht immer in vollständigen Sätzen wahrnehmbar sind. Oft handelt es sich lediglich um einen Eindruck, ein Gefühl oder eine allgemeine Stimmung, die auf einem bestimmten Glauben beziehungsweise Irrglauben beruht.

Es mag sein, daß Sie eine undefinierbare Unzufriedenheit äußern, ohne Ihre Empfindung in Worte zu kleiden. Vielleicht drücken Sie sich so aus: »Ich wünschte, ich könnte den ganzen Tag im Bett liegen und brauchte nicht aufzustehen.« (Doch hören Sie weiter: *Was* sagen Sie sich *wirklich?*) »Ich fühle mich so nichtsnutzig.« Bestimmen Sie Ihren Irrglauben! »Zwei meiner besten Freunde werden heiraten. Ich wünschte, ich könnte heiraten.« (Fahren Sie fort, so gut es geht). »Ich habe nicht das, was ich mir wünsche. Darum bin ich wohl zu nichts nütze.« (Sie haben ins Schwarze getroffen!). Nun liegt Ihr Irrglaube offen zutage.

Innere Haltungen, die den Irrglauben begleiten

Die oben erwähnte Unehrlichkeit wird noch von anderen Verhaltensweisen begleitet, so zum Beispiel von der Einstellung: »Für mein persönliches Glück ist es absolut notwendig, daß ich bekomme, was ich mir wünsche. Unter allen Umständen muß ich bekommen, was ich haben will.« Sie können ganz deutlich die in die Sklaverei führende Beschaffenheit derartiger Aussagen erkennen. Die Folge davon ist in jedem Fall Unglück.

Wir wollen unsere Aufmerksamkeit auf sechs häufig vorkommende irrige Überzeugungen richten und die dabei auftretenden fehlgesteuerten Verhaltensweisen beleuchten. Wenn Sie glauben, Sie müßten alles bekommen, was Sie sich wünschen, um glücklich zu sein, sollten Sie sich Gedanken darüber machen, welche Art von Irrglauben sich parallel dazu in Ihnen entwickelt.

Irrglaube Nr. 1:

Um glücklich zu sein, muß ich bekommen, was ich mir wünsche. (Ich will es unbedingt haben, deswegen sollte ich es auch bekommen.)

Gleichzeitig auftretende innere Haltung:

Es ist schlimm, wenn ich nicht bekomme, was ich haben will.

Meine Bedürfnisse sind das Wichtigste von allem.

Mangelnde Befriedigung meiner Bedürfnisse bedeutet schlimmstes Leid.

Wenn andere haben, was ich mir so sehr wünsche, ist das absolut unfair.

Ich muß alles nur Erdenkliche tun, um das zu bekommen, was ich haben will.

Ich bin glücklich, wenn ich bekommen habe, was ich haben wollte.

Andere Menschen müssen die gleiche Enttäuschung empfinden und genauso unglücklich sein wie ich, wenn sie das nicht bekommen, was sie haben wollen.

Andere müssen das Gleiche haben wollen wie ich. Daher hat es auf mich eine niederdrückende Wirkung mitzuerleben, wenn andere Menschen Bedürfnisse haben.

Wenn ich nicht das habe, was ich haben möchte, muß mit mir als Christ etwas nicht in Ordnung sein.

Alles eben Erwähnte ist nicht wahr.
Die Wahrheit

Wenn ich das nicht habe, was ich mir wünsche, ist es ganz offensichtlich, daß *Gott meine Gebete nicht erhört.*

- Gott liebt mich und erhört immer meine Gebete!
- Die Bibel sagt, daß Gott mich niemals verlassen noch versäumen will. Daher weiß ich, daß alles in meinem Leben unter seiner Kontrolle steht!
- Es ist nicht schlimm, wenn meine jeweilige Laune nicht befriedigt wird.
- Es ist nicht schlimm, wenn meine jeweiligen Bedürfnisse nicht auf die Art und Weise befriedigt werden, wie ich mir das vorgestellt habe.
- Es mag unangenehm und unbequem sein, ohne bestimmte Dinge auskommen zu müssen, doch *ich kann ohne sie auskommen.*
- Es ist innerlich alles in Ordnung mit mir. Ich werde mir selbst die Wahrheit sagen. Ich kann ohne . . . auskommen. Es mag zeitweise sehr lästig und störend für mich sein, doch kann ich im Tiefsten meines Inneren beschließen, trotz allem ausgeglichen zu sein.
- Ich gestehe anderen das Recht zu, erfolgreicher zu sein als ich. Ich gestehe anderen zu, die Dinge zu besitzen, die ich mir wünsche.
- Ich sage aller Habsucht ab und weigere mich, weiterhin neidisch zu sein. Ich bin zufrieden mit dem, wie es ist.
- Ich beschließe willentlich, den Herrn Jesus mehr zu lieben als alle meine Bedürfnisse. Aus diesem Grunde übergebe ich ihm meine Wünsche, damit er sie erfüllen beziehungsweise nicht erfüllen oder auch verändern kann.

Hier folgen nun weitere irrige Überzeugungen, die Ihrem Leben schwere Verletzungen und Wunden zufügen können und die verhindern werden, daß diese Wunden ausheilen.

Irrglaube Nr. 2:	Gleichzeitig auftretende innere Haltung:
Es ist schlimm, wenn meine Gefühle verletzt werden.	Daher muß ich Situationen und Menschen aus dem Wege gehen, die Verletzungen in mir hervorrufen könnten.
	Menschen, die mich verletzen, sind schlecht.

Es fügt meiner Persönlichkeit Schaden zu, wenn meine Gefühle verletzt werden.

Andere Menschen sollten genauso wenig verletzt werden.

Ich muß alles tun, um zu verhindern, daß die Gefühle anderer verletzt werden.

Menschen, die die Gefühle mir Nahestehender verletzen, sind schlecht.

Ich muß die Menschen dazu bringen, daß sie mich freundlich behandeln und mich nicht verletzen.

Ich muß immer versuchen, andere glücklich zu machen und darf niemals irgendwelche Unannehmlichkeiten verursachen, weil sonst jemand verletzt werden könnte.

Ich muß zusehen, daß ich immer »über allem stehe«. Ein Christ sollte keine Verletzungen empfinden.

Sehen Sie, wie unsinnig das alles ist? Welch unglaubliche Niederlage für die eigene Person! Einem Menschen, der den oben genannten irrigen Überzeugungen zum Opfer fällt, könnte es wie Carrie in einem der vorausgegangenen Kapitel ergehen, die ein Sklave von Verpflichtungen und Erwartungen war. »Wenn ich den Forderungen, die an mich gestellt werden, nicht nachkomme, könnte ich Person X enttäuschen und das wäre schrecklich. Die besagte Person könnte etwas Böses zu mir sagen und mich dadurch verletzen. *Das darf nicht geschehen, denn das wäre schrecklich.* Ich sollte lieber auf ›Nummer sicher‹ gehen und versuchen, jedermann zu gefallen.« Auf diese Weise kann der Betreffende eine völlig oberflächliche Haltung des »ich stehe über allem, mich trifft gar nichts« einnehmen. Francis Bacon sagte einmal: »Die Wahrheit wird sich eher aus dem Irrtum herauskristallisieren als aus der Verwirrung«. Die Bibel sagt uns, daß Jesus *sowohl* Verwirrung *als auch* begangene Fehler heilt.

In Wahrheit ist es ganz normal, daß ein Christ sich dann und wann verletzt fühlt. Wenn Ihr Selbstwertgefühl angegriffen wird, mag es sein, daß

Sie Verletzung oder Ärger empfinden, je nach den Begleitumständen. *In Wahrheit* sind diese Reaktionen nichts Schlimmes, denn Sie können mit ihnen dem Worte Gottes entsprechend umgehen und dem falsch gelagerten Selbstgespräch mit Argumenten begegnen wie etwa den folgenden:

Die Wahrheit

- Es ist nicht ungeistlich, gefühlsmäßige Verletzungen zu empfinden. Trotz verletzter Gefühle kann ich ein geistlicher Mensch sein.
- Es ist gut für mich, auf mein Selbstgespräch zu achten und meine eigenen Lügen zu hören, um sie durch die Wahrheit zu ersetzen. Es ist gut für mich, meiner falschen Einstellung, daß es schrecklich sei, verletzte Gefühle zu haben, direkt ins Auge zu sehen. Im Namen Jesu widerstehe ich jetzt dieser Lüge!
- Ich brauche erst gar nicht zu versuchen, über allem zu stehen. Ich bin vom Heiligen Geist erfüllt. Er steht über allem! Ich entschließe mich dazu, mir selber mit Barmherzigkeit zu begegnen, wie Gott es auch tut.
- Der Herr ist mein Fels und mein Erretter. Er ist mein Verteidiger und mein Schild. Ich brauche nichts zu fürchten. Mein Leib, mein Geist, meine Seele, meine Gefühle, alles gehört ihm.
- Ich gestehe anderen das Recht zu, sowohl zu verletzen als auch verletzt zu werden. Ich bin niemandes Retter. Jesus ist der Retter.

Sie können noch weitere Argumente hinzufügen. Nehmen Sie sich ein leeres Blatt und schreiben Sie so viele Aussagen auf, wie Ihnen einfallen, um dieser und den folgenden irrigen Überzeugungen entgegenzutreten.

Irrglaube Nr. 3:	Gleichzeitig auftretende innere Haltung:
Um glücklich zu sein, muß ich von jedermann geliebt werden.	Ich muß mich anstrengen, damit jeder mich mag.
	Ich muß anderen schmeicheln, sie manipulieren und mich mit aller Kraft darum bemühen, das zu tun, was den Menschen gefällt.
	Wenn andere Menschen mich nicht mögen, bin ich nicht glücklich.
	Menschen, die nicht geliebt werden, müssen sehr unglücklich sein.
	Menschen, die von anderen nicht geliebt werden, können nur Versager sein.

Die anderen sind mir ihre Liebe schuldig.

Es ist sehr schlimm, ungeliebt zu sein.

Menschen, die berühmt, beliebt und von anderen hoch angesehen sind, müssen sehr erfolgreich sein.

Wenn ich berühmt und beliebt bin und von anderen geschätzt werde, bin ich in jedem Fall erfolgreich.

Wenn mich niemand liebt, kann ich mir ebensogut einen Strick nehmen. Dann bin ich zu nichts nütze.

Irrglaube Nr. 4:

Es muß immer alles richtig laufen.

Gleichzeitig auftretende innere Haltung:

Ich muß jeden Gedanken verteidigen, den ich für richtig halte.

Wo immer ich hinkomme, muß ich für Gerechtigkeit eintreten, sei es zuhause, bei der Arbeit, in der Gemeinde oder in der Nachbarschaft.

Fehler sind in jedem Fall zu vermeiden, auch von anderen.

Ich darf keine Fehler machen. Wenn ich Fehler mache, ist dies ein Zeichen für meine Dummheit.

Läuft etwas schief, muß jemand dafür zur Verantwortung gezogen werden und die Angelegenheit in Ordnung gebracht werden.

Irrglaube Nr. 5:

Wenn ich überhaupt eine Sache in Angriff nehme, muß es so gut wie irgend möglich geschehen.

Gleichzeitig auftretende innere Haltung:

Eine Sache nur mangelhaft auszuführen, ist schlimm und unverzeihlich.

Ich kann mir selbst nicht vergeben, wenn ich eine Sache nur halb gemacht habe.

Schlechte Arbeit kann ich nicht akzeptieren.

Das Erzielen schlechter Resultate sowie schlechter Noten lassen auf einen Charakterfehler schließen.

Jeder, der nicht hart arbeitet oder gute Erfolge erzielt, ist dumm oder faul.

Mangelnder Erfolg ist ein deutliches Zeichen für Versagen.

Mangelnder Erfolg ist ein Zeichen dafür, daß man sich nicht genug Mühe gegeben hat.

Wenn meine Kinder, meine Freunde und mein Ehepartner kein Verständnis für meine Forderungen nach Erfolg aufbringen, muß bei ihnen etwas nicht in Ordnung sein.

Wenn es dir nicht gelingt, eine Sache absolut perfekt auszuführen, solltest du sie gar nicht erst beginnen.

Jesus erwartet von uns, daß wir unser Äußerstes geben. Mit weniger gibt er sich nicht zufrieden.

Jesus findet keinen Gefallen an uns, wenn wir eine Sache weniger gut ausführen.

Irrglaube Nr. 5:

Ich muß immer glücklich sein, und auch nach außenhin den Anschein des Glücklichseins geben, selbst dann, wenn ich in Not bin.

Gleichzeitig auftretende innere Haltung:

Ein Christ darf sich nicht unglücklich fühlen.

Wenn andere herausbekommen,

daß es mir nicht gut geht und ich in
Not bin, werden sie sehen, daß ich
kein guter Christ bin.

Egal, was geschieht, andere müssen
zu mir aufsehen und mich bewun-
dern.

Ich muß ein vollkommenes Zeugnis
in dieser dunklen und grausamen
Welt ablegen. Versage ich hierin,
findet Gott keinen Gefallen an mir.

Ich muß die Welt mit meinen großartigen Taten und meiner mutigen
Haltung »bekehren«.

Es muß etwas mit mir nicht in Ordnung sein, wenn ich in Not und
Trübsal nicht mehr dankbar bin.

Ich sollte *glücklich* sein, wenn mir
Not begegnet.

Es ist eine Sünde, um meinetwillen
zu weinen oder mich selbst zu be-
dauern. Niemand darf je merken,
daß ich so etwas tue, die anderen
könnten ja schlecht von mir denken.

Keiner darf jemals erfahren, was ich
für ein Sünder bin. Ich muß meine
Gefühle verstecken und ein glückliches Gesicht aufsetzen.

Die hier erwähnten sechs irrigen Überzeugungen sind miteinander insofern
verbunden, weil sie als Resultat immer ein Versklavtsein nachsichziehen. Die
Folgen können sogar derart ausgeprägt sein, daß man schließlich im Krankenhaus Zuflucht sucht und sehr krank wird. (Fluchtverhalten. Die beglei-
tenden Ängste nehmen überhand.) Oder aber die Folgen zeigen sich in Depression, starker Verunsicherung, Selbstmordversuchen, großem Ärger. Sie
enden in wütenden Anschuldigungen und im Zweifel an Gott überhaupt.

Typisch sind dann Aussagen wie »Ich kann das Leben als Christ nicht
länger ertragen! Es ist einfach zu schwer. Ich kann nicht so leben, wie ich
sollte.«

Oder: »Keiner liebt mich. Es würde sich selbst dann niemand um mich kümmern, wenn ich mich heute nacht an einen Gashahn hängen würde. Weshalb sollte das ewig so weitergehen?« Oder: »Was meinen Sie damit, daß Sie bei der Arbeit nicht so richtig in Schwung gekommen sind? Was ist los mit Ihnen? Haben Sie sich vielleicht nicht genug Mühe gegeben?« Oder: »Ich habe nur eine Drei im Examen bekommen. Etwas muß mit mir nicht in Ordnung sein.«

Diese hier propagierten Verhaltensweisen müssen durch die *Wahrheit* ersetzt werden. Die Wahrheit stellt die Einheit dar, in der Jesus Christus Zentrum und handelnde Person ist. Die kleinste Wahrheit im alltäglichen Leben ist Teil der einen großen *Wahrheit*, die das ganze Weltall durch den Einen zusammenhält, der *durch alles, über allem* und *in allem* ist.

Ein Christ wird nicht durch die äußeren Umstände dieser Welt bestimmt. Sein Glück oder Unglück ist nicht abhängig von Situationen, Umständen oder sonstigen Ereignissen. Das Glück eines Christen beruht auf der Kenntnis von Jesus Christus und auf der in ihm wohnenden Macht Gottes. Der innewohnende Heilige Geist durchdringt alle Verhaltensweisen, allen Glauben, alle Träume, Hoffnungen und Gedanken. »In ihm bin ich vollkommen!«, lautet das triumphale und *wahre* Selbstgespräch des Christen.

Das bedeutet jedoch nicht, daß Sie jede unangenehme Situation widerstandslos hinnehmen müßten! Bitte verstehen Sie, daß dieses Buch nicht dazu erziehen möchte, alles Leid und jeden Schmerz passiv über sich ergehen zu lassen, ohne daß der Versuch einer Änderung unternommen wird. Wenn es möglich ist und in Ihrer Macht steht, Schmerz durch die Veränderung einer Situation zu beseitigen, hätte es eine zerstörerische Wirkung und wäre sehr unüberlegt, diese Veränderung *nicht* vorzunehmen. Betrachten Sie folgendes Beispiel: Ein junger Mann mit akademischem Abschluß im Fachbereich Kunst nimmt eine Stelle als Versicherungskaufmann an, obgleich er die Möglichkeit gehabt hätte, in dem von ihm erlernten Beruf eine Stelle zu bekommen. Er hat einfach keine Freude an seiner Versicherungstätigkeit. Er fühlt sich unglücklich und unzufrieden. Statt sich zu verändern, bleibt er bei seiner Tätigkeit und redet sich ein, es sei gut für ihn, zu leiden. Ist das nicht ganz offensichtlich Dummheit?

Sie werden niemals durch einen Glückszufall oder durch ein besonderes Ereignis wirklich glücklich werden und vollste Erfüllung finden. Immerwährende Freude ist nicht ein Zustand, der Sie plötzlich aus heiterem Himmel anfliegt und Frieden und Freude mitsichbringt, weil gerade alles »so gut klappt« oder jemand ein besonders positives Urteil über Sie gefällt hat oder, weil Sie zufällig eine interessante Stelle angeboten bekommen haben.

Als der zweite Weltkrieg in Europa in vollem Gange war, wurden die kleinen Dörfer Jugoslawiens bombardiert, beschossen und von zahlreichen Repressalien und Nöten heimgesucht. Die Nazis warfen Bomben, die Parti-

sanen schossen aus dem Hinterhalt, das Gleiche taten die Italiener, Ustašer*
und Četinjer**. Die Dorfbewohner wußten nicht mehr, wessen Flagge sie
hissen sollten, wenn die Soldaten die vom Krieg zerstörten Straßen entlang-
zogen. Es gab aber dort eine Familie namens Kovac, die an ihrem Glauben
an Gott festhielt, obwohl es so aussah, als würde alles endgültig zerstört
werden. Tod und Zerstörung konnte man überall sehen, eine Wende der
Katastrophe war nicht in Sicht.

Jozeca Kovac war eine junge Frau mit Kindern, die ihr Herz dem Herrn
Jesus ohne Rückhalt übergeben hatte. Sie und ihr Mann hatten ihr Leben
Jesus vollkommen ausgeliefert. Es sah ganz so aus, als würde dieser Krieg an
Brutalität und Grausamkeit alles Frühere in den Schatten stellen, er wütete
weitaus schlimmer als der Erste Weltkrieg. Eines Tages wurde Jozeca mit
einigen anderen Frauen verhaftet und ins Gefängnis gebracht. Wir möchten
Sie an einigen Auszügen aus dem Buch der Familie Kovac mit dem Titel
»Dessen die Welt nicht würdig war« (Dessen die Welt nicht würdig war,
Marie Chapian, Bethany Fellowship, 1978) teilhaben lassen:

»In den Zellen, die kaum groß genug für eine einzige Person waren,
hausten jetzt jeweils acht Frauen. In jeder Zelle gab es zwei Bretter und zwei
Decken zum Schlafen. In die Mitte des Fußbodens war eine Rinne gehauen.
Das Fenster mit Gittern davor befand sich unterhalb der Zellendecke.

›Ich werde keine einzige Träne vergießen‹, schwor sich Jozeca und hielt
sich auch während der nächsten dreißig Tage ihres Zellenlebens an diesen
Eid.

Ihre nächste Mahlzeit bekamen sie erst am darauffolgenden Nachmittag.
Die Wache schleuderte den Topf mit Essen über den Zellenboden entlang
der Rinne, die den Frauen gleichzeitig als Toilette diente. Auf der trüben
Brühe schwammen einige Fischgräten.

›Oh, es gibt Eintopf!‹, rief Jozeca aus. ›Kommt, Mädchen, laßt uns zu-
greifen.‹

Doch der Geruch war so widerlich, daß sie ihre Suppentassen nicht bis zu
den Lippen heben konnten, ohne sich angeekelt abzuwenden. ›Nur vergam-
melter Fisch!‹, sagte eins der Mädchen unter Tränen. ›Die geben uns doch
tatsächlich verdorbenen Fisch zu essen.‹ – ›Und dieses Schweinefutter nennen die Fisch!‹ – ›Das ist der reinste Abfall!‹

Jozecas Augen flammten auf. ›Wir werden jetzt niederknien und Gott
dafür danken!‹ Sie hob ihre Tasse vor ihren Mund und küßte sie. ›Danke,
Herr‹, betete sie, ›denn dieses Essen wird uns am Leben erhalten.‹ Die ande-

---

* Anm. d. Übers.: Ustaša, nationalist. kroat. Kampforganisation, die seit 1941 durch
Deutsche und Italiener an die Macht gebracht wurde.
** Anm. d. Übers.: Četinje, Stadt in Jugoslawien, südöstl. von Kotor; bis 1918 Hauptstadt
von Montenegro.

ren knieten ebenfalls nieder und aßen von der übelriechenden Suppe ohne ein Wort zu sagen.«

Später heißt es, daß Jozeca betete und den Mädchen erzählte, was in der Bibel steht. Wenn das Volk Gottes seinen Geboten gegenüber gehorsam lebe und seinem Weg folge, so sagte sie, würde Gott seinen vollen Segen über seinem Volk ausschütten.

»Eine dünne, grauhaarige Frau wandte sich ärgerlich an sie. ›Was soll das denn heißen, *Segen?*‹, fragte sie voller Skepsis. Jozeca antwortete sehr überzeugt: ›Das heißt ganz einfach, *ihn* zu kennen!‹ ›Es gibt nur einen Segen, und das ist das Wissen um ihn!‹«

Jozecas Freude war weder abhängig von den Umständen noch von der Anerkennung anderer. Der Grund ihrer Freude lag nicht in einer angenehmen Umgebung, im Komfort, in irgendwelchen persönlichen Vorteilen oder gesunden Lebensumständen, ja nicht einmal in erhörten Gebeten!

Glücklichsein ist ein Zustand, den zu leben Sie sich selbst beibringen.

Sie *bringen sich bei*, glücklich zu sein, ganz unabhängig von allen Umständen, Ereignissen oder Situationen in Ihrem Leben. Sie sagen sich, daß Sie zufrieden sind, weil *Sie* sich willentlich sagen, daß Sie ein wertvoller Mensch sind. Sie wissen, daß Sie ein wertvoller Mensch sind, weil *Gott* es so gesagt hat. »Ja, der Herr wird sein Volk nicht verstoßen und niemals sein Erbe verlassen.« (Ps. 94,14) »Der Herr ist dein Hüter, der Herr gibt dir Schatten; er steht dir zur Seite. Bei Tag wird dir die Sonne nicht schaden noch der Mond in der Nacht.« (Ps. 121,5+6)

Fürchte dich nicht, denn ich habe dich erlöst, ich habe dich beim Namen gerufen, du gehörst mir. Wenn du durchs Wasser schreitest, bin ich bei dir, wenn durch Ströme, dann reißen sie dich nicht fort. Wenn du durchs Feuer gehst, wirst du nicht versengt, keine Flamme wird dich verbrennen.« (JES. 43,1+2)

Wer sagt Ihnen, daß Sie wertvoll sind? Gott sagt es Ihnen. (»Ist Gott für uns, wer ist dann gegen uns?« heißt es in Römer 8,31. Wenn Gott *für* Sie ist, dann seien *Sie* nicht *gegen* sich!)

Wie können Sie »gegen sich« sein? Welche der folgenden Aussagen wenden Sie am häufigsten auf sich selbst an? Seien Sie bitte ehrlich.

Ich bin dumm. ☐	Ich danke dir, Herr, daß du mir Intelligenz gegeben hast.☐
Ich bin wenig attraktiv ☐	Danke, Herr, daß du mich attraktiv gemacht hast. ☐
Ich kann – (was auch immer) – nicht. ☐	Mit deiner Hilfe *kann* ich es, Herr! ☐

Die meisten Leute sind glücklicher als ich. ☐	Ich danke dir für das Glück in meinem Leben, Herr. ☐
Ich bin arm dran. ☐	Ich danke dir, Herr, daß du mich versorgst. ☐
Keiner mag mich. ☐	Ich danke dir, Herr, daß du bewirkst, daß andere mich mögen. ☐
Ich habe keinerlei Gaben. ☐	Ich danke dir für die Gaben, die du mir gegeben hast, Herr. ☐
Es geht mir so schlecht. ☐	Ich danke dir, Herr, daß du mir die Kraft zum Überwinden gibst. ☐
Ich bin einsam. ☐	Ich danke dir, Herr, daß du mein liebster und treuester Begleiter bist. ☐

Haben Sie auf der linken Seite mehr angekreuzt als auf der rechten? Die Sätze auf der linken Seite sind in den meisten Fällen bloßes Gerede. Die Sätze auf der rechten Seite beinhalten Worte der Wahrheit. Betrachten Sie die Sätze auf der linken Seite und sagen Sie sich: »Bewahre deine Zunge vor Bösem und deine Lippen vor falscher Rede! Meide das Böse und tue das Gute; suche Frieden und jage ihm nach!« (Ps. 34,14+15).

Jetzt lesen Sie bitte laut die Liste mit den *wahren* Aussagen auf der rechten Seite. Lesen Sie und freuen Sie sich daran. Jesus ist am Kreuz gestorben, um Sie von aller Täuschung und allen falschen Vorstellungen zu befreien. Er ist gestorben, um Sie von den falschen Aussagen der linken Seite zu befreien. Sie können die Liste der Lügen beliebig verlängern. Womit haben Sie sich sonst noch schlechtgemacht?

Die Worte, die Sie sich selbst einreden, haben Macht über Ihr Leben. Wenn Sie sich eine bestimmte Sache nur oft genug einreden, glauben Sie sie am Ende selbst. Sogenannte witzige Bemerkungen über Ihre eigene Dummheit und Unzulänglichkeit sind in Wirklichkeit überhaupt nicht witzig. Sie gleichen vielmehr einem Fluch. Wenn Sie sich oft genug sagen, daß Sie zu nichts wirklich in der Lage sind, werden Sie Ihren eigenen Aussagen bald Glauben schenken. Wenn sich eine Sache entgegen Ihren Vorstellungen entwickelt oder Sie einen Fehler begehen, wird Ihr früheres lügnerisches Selbstgespräch schließlich zu Ihrer Überzeugung werden. Vielleicht sagen Sie: »Es ist ganz typisch, daß ich so etwas Dummes gemacht habe. Ich bin ja auch solch ein Idiot.«

Achten Sie auf Ihre Selbstgespräche. Sind Sie im Begriff, durch Ihre Selbstgespräche Bollwerke einer negativen Welt aufzubauen? Wenn dies so ist, sollten Sie ganz im Gegenteil stark befestigte Burgen im Reich Gottes aufbauen und darin Schätze sammeln. Das tun Sie, wenn Sie die Wahrheit sagen. Halten Sie sich die Verheißungen Gottes in seinem Wort vor Augen.

Sagen Sie sich diese Worte *täglich*!

»Doch all das überwinde (ich) durch den, der (mich) geliebt hat. Denn ich bin gewiß: Weder Tod noch Leben, weder Engel noch Mächte, weder Gegenwärtiges noch Zukünftiges, weder Gewalten der Höhe oder Tiefe noch irgendeine andere Kreatur kann (mich) scheiden von der Liebe Gottes, die in Christus ist, (meinem) Herrn.« (Röm. 8,37–39)

Denken Sie daran: »Eine sanfte Zunge ist ein Lebensbaum, eine falsche Zunge bricht das Herz.« (SPR. 15,4)

Sie sind kein ›Waschlappen‹. Sie sind gegen all die irrigen Überzeugungen vorgegangen, deren Sklave Sie vorher gewesen waren. Jetzt sprechen Sie mit der Zunge der Weisen.

»Die Zunge der Weisen bedeutet Gesundheit.«

Fühlen Sie sich wohl in Ihrem neuen Zuhause!

VIERZEHNTES KAPITEL

Was muß ich tun, um unglücklich zu werden?
Oder
Wenn die Wahrheit uns nicht wirklich frei macht

Von dem Augenblick an, in dem Esther das Wartezimmer betritt, kann man bereits feststellen, daß sie ernsthaft gestört ist. Sie schmiegt sich eng an ihren hochgewachsenen, hageren Ehemann und schaut mit starrem Blick über die Reihen bequemer Sessel hinweg auf die Bilder an der Wand. Auf ihrem Gesicht liegt der maskenhafte Ausdruck, den ein fachlich geschulter Mensch entweder mit Depression oder Schizophrenie in Verbindung bringt.

Hat Jesus uns nicht eine Verheißung gegeben, die ein für allemal Gültigkeit besitzt, als er uns sagte, die Wahrheit habe Macht, die Menschen zu befreien?

Im Beratungsraum spricht sie mit leiser, monotoner Stimme. Sie schaut niemandem direkt in die Augen und macht viele Sprechpausen.

Christliche Seelsorger und Freunde haben Esther verschiedentlich gesagt, daß es für sie keinen Grund zur Depression gäbe. Alles spiele sich lediglich in ihrer Gedankenwelt ab. Man sagte ihr, sie solle lachen und fröhlich sein, da Jesus ihr ja schließlich seine Freude geschenkt habe. Man riet ihr, mehr zu beten, Gott mehr zu loben, sich mehr zu verschenken und sich stärker einzusetzen. Doch diese wohlmeinenden Worte haben ihre Depression nur noch verstärkt. Sie befindet sich jetzt in einem tiefen, schwarzen Loch der Verzweiflung, in das kein Mensch mehr eindringen kann.

Die Ratschläge, die man Esther erteilt hat, waren durchaus richtig, doch haben sie in ihr ein Gefühl der Schuldigkeit und der Verdammnis hervorgerufen. Die Wahrheit hat sie nicht freigemacht. Worin liegt der Grund dafür? Was ist schiefgelaufen?

Während der ersten Fragestunde zeigte sie deutliche Verwirrung, starke Labilität und eine ganze Reihe von Wahnvorstellungen. Der Kampf um ihr Glück wird ein einziger Kampf mit dem Teufel der Lüge sein. Ihr Leiden ist als ernsthafte Depression diagnostiziert worden. Die Behandlung wird ohne Medikamente verlaufen. Als therapeutisches Werkzeug wird die Wahrheit dienen.

Häufig verursachen Menschen, die glauben, Seelsorge sei ja so einfach, in dem zu Beratenden mehr Schuldgefühle und Angst, als sie beabsichtigt hatten. Für Esther hatte die ihr zuteilgewordene Seelsorge eine zerstörende Wirkung, obgleich das, was ihr gesagt wurde, durchaus der Wahrheit entsprach.

Stellen Sie sich vor, Sie seien in folgendem Dialog der Ratsuchende. Sie sind zu einem Menschen gegangen, den Sie als Seelsorger akzeptieren, weil Sie von Ihren Depressionen nicht loskommen.

Sie: Seit nicht allzu langer Zeit leide ich unter Depressionen. Ich kann mich nicht mehr daraus befreien und möchte wissen, was mir fehlt.

Seelsorger: Warum geht es Ihnen denn so schlecht?

Sie: Ich weiß es nicht. Ich kann mir den Grund nicht denken.

Seelsorger: Gibt es in Ihrem Leben noch eine Sünde, die Sie nicht bekannt haben?

Sie: Ich glaube nicht. Doch wenn Sie meinen, ich sollte es tun, dann will ich gern alles bekennen, was nur möglich ist.

Seelsorger: Gibt es jemanden, dem Sie noch nicht vergeben haben?

Sie: Ich glaube nicht. Doch will ich gern wegen dieser Angelegenheit beten, wenn Sie meinen, ich sollte es tun.

Seelsorger: Wir sollten um Heilung Ihrer Erinnerung beten. (Jetzt beten Sie mit Ihrem Seelsorger)
(Nach dem Gebet) Sie wissen, daß Sie ein Kind Gottes sind. Sie sollten sich wegen Ihrer Gefühle schämen. Jesus ist gestorben, um alle Traurigkeit und Dunkelheit von uns zu nehmen. Die Schrift lehrt uns, »uns im Herrn allewege zu freuen«.

Sie: Ich weiß, daß Sie recht haben. Ich habe auch ein schlechtes Gewissen wegen meiner Depressionen. Tatsächlich freue ich mich recht selten.

Seelsorger: Wahrscheinlich preisen Sie den Herrn zu wenig. Tun Sie es täglich?

Sie: Ich glaube, nicht regelmäßig. Besonders dann nicht, wenn ich unter Depressionen leide, wie jetzt gerade . . .

Seelsorger: Wenn ein Christ wirklich im Heiligen Geist lebt, wird er, wie die Bibel sagt, Leben und Frieden erfahren! Ihre Gefühle der Depression sind auf das Fleischliche zurückzuführen und nicht auf den Heiligen Geist. Sie preisen Gott nicht und wandeln auch nicht im Geist.

Sie: Ich weiß, daß Sie recht haben. Meine Frau (mein Mann/meine Freunde) sagen mir das gleiche. Man sagt mir, ich solle ein Überwinder sein. Aber ich bin wirklich so depressiv . . .

Seelsorger: Achten Sie doch bitte auf jedes Wort, das aus Ihrem Munde kommt. Sie wissen ja, was Sie sagen, tritt ein.

Sie: Was ich sage, tritt ein?

164

Seelsorger:	Ja, sicher. Sie *sagen*, Sie seien depressiv, und dann *tritt* die Depression auch *tatsächlich ein.*
Sie:	Soll ich also sagen, ich sei *nicht* depressiv?
Seelsorger:	Das Wort Gottes sagt uns, daß die Zunge Macht über Leben und Tod besitzt. Und, wie Sie wissen, »bittet, so wird euch gegeben«.
Sie:	Also gut, ich habe keine Depressionen, ich habe keine Depressionen.
Seelsorger:	Das klingt schon besser. Jetzt freuen Sie sich einfach am Herrn. Preisen Sie den Herrn, und Sie werden bald von Ihren Depressionen befreit sein.

Wie würden Sie sich nach solch einer Beratung fühlen? Wahrscheinlich wären Sie noch verunsicherter, würden sich noch schuldiger fühlen und unter stärkeren Depressionen leiden als vorher.

Warum hat die Wahrheit Sie nicht freigemacht?

Wir wollen den Dialog näher betrachten und herausfinden, was in dem Seelsorger selbst vor sich ging. Wir können mit Sicherheit sagen, daß er glaubte:

1. Wenn man erst einmal Christ geworden ist, ist es ziemlich einfach, seelsorgerliche Ratschläge zu erteilen. Alles, was man wissen muß, sind einige Bibelverse und einige allgemein bekannte Lehrsprüche.
2. Man braucht dem Ratsuchenden gar nicht erst lange zuzuhören, weil jede Art von Unglücklichsein und alle ungelösten Probleme ihre Ursache in unvergebener Schuld und fehlender Anwendung des Wortes Gottes haben.
3. Das einzige, was ein Seelsorger wirklich können muß, um einem Menschen in Not zu helfen, sind entsprechende Bibelverse. Wenn der Hilfesuchende die Wahrheit jedoch nicht hören will, ist das sehr schlimm.

Nicht alle diese Aussagen sind falsch. Es *ist* wahr, daß das Wort Gottes Heilung und Reinigung bewirkt. (»Ihr seid schon rein durch das Wort, das ich zu euch gesagt habe.« (JOH. 15,3)) Auch *ist* es *wahr,* daß manche Probleme das Ergebnis unvergebener Schuld und mangelnder Umsetzung des Wortes Gottes sind. Doch weshalb haben die Worte des Seelsorgers den Stachel der Depression nicht herausreißen können? Weshalb waren sie keine echte Hilfe?

Esther wurde geraten, nachhause zu gehen und sich von aller Traurigkeit abzuwenden, weil ihre Gefühle Sünde vor Gott und ein Zeichen für ihren Egoismus seien. Ihre Freunde sagten ihr, ihre Depression sei bloße Ichbezogenheit, und wenn sie diese vor dem Herrn bekenne, würde er sie von ihrer

Sünde befreien. Danach sei ihr bestimmt wohler. Man half ihr nicht, die Kräfte in ihr besser zu verstehen. Man riet ihr nicht zu einem bestimmten Verfahren als Hilfe zur Änderung. Das einzige, was sie hörte, war die strikte Forderung, etwas zu tun, was sie doch nicht tun konnte.

Esther sollte mit ihren traurigen Gefühlen einfach aufhören und anfangen, den Herrn zu lieben, so wie es sich gehört; denn der Herr hatte so viel für sie getan. Warum war sie dann nicht dankbarer? Je öfter sie dies hörte, desto größeren Schmerz empfand sie wegen ihres Versagens und ihrer Fehler. Sie begann zu glauben, sie sei wertlos und in jeder Beziehung unzulänglich. Vielleicht war sie gar kein richtiger Christ.

Manchmal wird ein notleidender Mensch wie Esther auch beschuldigt, von einem Dämon besessen zu sein. Wir wissen von einer Frau, die man beschuldigte, einen »Dämon des Nationalstolzes« zu haben. Sie kam aus einem fernen Land. Ihre starke innere Verbindung zu ihrem Heimatland mißfiel ihren Beschuldigern. Eine andere Frau erklärte uns genau, auf welche Weise man sie beschuldigt hatte, besessen zu sein. »Man sagte mir, in meinem Haus lebe ein Geist der Kunst. Ich war schockiert von dem bloßen Gedanken, ein Dämon der Kunst lebe in meinem Hause! Ich habe alle meine Gemälde verbrannt und meine Sammlung antiker Bücher und Zeitschriften weggegeben. Ich wollte nicht dem Willen des Herrn im Wege stehen und habe mich daher von allen Kunstgegenständen getrennt. Auf diese Weise habe ich Tausende von Dollars durch das Weggeben wertvollster Kunstgegenstände verschleudert.«

Wenn die angebotene Hilfe keine wirkliche Hilfe ist und die Wahrheit Menschen nicht zu befreien vermag, kann das an folgendem liegen:

1. Der Seelsorger empfindet keine echte Liebe für die Person, die sich hilfesuchend an ihn wendet.
2. Es liegt eine mangelnde Bereitschaft vor, dem Betreffenden zunächst einmal zuzuhören. Statt auf Hinweise zu achten, die zum eigentlichen Problem geführt haben mögen, wird gleich ein Rezept verabreicht.
3. Der Seelsorger hat kein Interesse, den Ratsuchenden näher kennenzulernen.
4. Das Wort Gottes wird als »Keule« mißbraucht, um dem Fragenden die Wahrheit regelrecht einzubläuen.
5. Der Seelsorger glaubt, auf alles eine Antwort zu wissen und für jedes Problem eine Lösung parat zu haben.
6. Der Irrglaube schleicht sich ein, daß der Seelsorger ein besserer Mensch und eine hochstehendere Persönlichkeit sei als der Ratsuchende, der gerade in Not ist.

Jesus kann das schwierigste Problem lösen, das ein Mensch nur haben mag. Doch ist dazu viel Weisheit und Einsicht auf Seiten des Seelsorgers erforderlich, um herauszufinden, wie Jesus mit der bestimmten Person umgehen möchte. Der Seelsorger sollte um die geistliche Gabe der Erkenntnis und der Weisheit bitten und schließlich auch darum, wie er diese Gabe am wirkungsvollsten einsetzen kann. Menschen zur Gesundung ihres Gemütes zu verhelfen, bedeutet nicht etwa, immer das gleiche Rezept wie für Erkältungen und Halsentzündungen zu verschreiben. Nicht jeder erlebt Angst und Depression auf die gleiche Art. Diese Leiden sind auch nicht immer auf dieselben Ursachen zurückzuführen.

Eine Patentlösung für Gemütsleiden gibt es nicht. Es besteht eine große Anzahl von Theorien. Jeder Theoretiker meint nun, über die einzig wahre Theorie zu verfügen. Nach Meinung einiger Theorien auf dem Gebiet der Psychopathologie liegt der Grund jeder Not in einem Konflikt des Unterbewußtseins, verursacht durch Interaktionen (Psychologischer Fachausdruck für die Wechselbeziehung zwischen aufeinander ansprechender Partner. (Anm. d. Übers.)) in der Kindheit und durch eindrückliche Kindheitserlebnisse. In engem Zusammenhang mit dieser Theorie steht die Vorstellung, daß alle momentanen Schwierigkeiten auf Erinnerungen zurückzuführen seien, und daß die Heilung der Erinnerung alle Probleme beheben würde.

Wieder andere Theorien besagen, daß der Grund aller Verhaltensschwierigkeiten in der genetischen Anlage zu suchen sei. Sie bieten den fragwürdigen Trost, daß diese Verhaltensschwierigkeiten ebenso in kommenden Generationen auftreten werden, vorausgesetzt, daß wir den Vorstellungen der genetischen Wissenschaft entsprechend heiraten oder aber in unser genetisches Material künstlich eingreifen lassen.

Wieder andere Wissenschaftler bestehen darauf, daß alle ungewollten Emotionen auf ein mangelndes chemisches Gleichgewicht zurückzuführen seien und plädieren für die Entwicklung psychopharmakologischer Elexiere, Kapseln und Tabletten, die nach Einnahme eine von Depression und Angst befreite Welt bewirken sollen.

Darüber hinaus gibt es eine Reihe von religiös denkenden Menschen, die darauf bestehen, daß alle Not ihre Ursache in nicht bekannter Schuld und mangelndem Glauben habe.

Viele fromme Menschen mögen die Ursachen im Geist sehen. Sie nehmen an, daß in für sie unverständlichen Fällen, zum Beispiel bei absurden Symptomen oder Schizophrenie, zwangsläufig das Besessensein durch einen bösen Geist vorliegen müsse. Tatsächlich beinhalten alle genannten Theorien ein Stück Wahrheit, doch bietet keine dieser Theorien für sich genommen eine hinreichende Erklärung oder einen Weg zur Heilung für Verhaltensweisen, die aus dem Gleichgewicht geraten sind.

Die Tatsache, daß bei Anwendung dieser Behandlungsmethoden gelegentlich Besserung eintritt, ist kein Beweis dafür, daß jede einzelne dieser Methoden »die Antwort« darstellt.

Gott möchte den ganzen Menschen heilen. Er bedient sich daher verschiedenster Möglichkeiten: des Gebetes, der Handauflegung, der Salbung durch Öl, der Befreiung, der Therapie, der Diät, der Medikamente, der Arbeit, des Spiels, frischer Luft, sportlicher Betätigung, der Freunde, menschlicher Liebe und manchmal auch der Psychotherapie. Wenn der Herr beschlossen hat, eine bestimmte Wirkung durch fachliche Therapie zu erzielen, stellt das keine Alternative zu der Haltung dar, »Gott alles machen zu lassen«. Er bedient sich dann offensichtlich der Therapie als einer Hilfestellung, um sie in einem ganz bestimmten Fall anzuwenden.

Esther lernte, auf ihre eigenen Worte und Gedanken achtzuhaben. Sie hörte auf ihre Selbstgespräche, die ihre negativen Empfindungen noch verstärkten.

»Für mich ist es das Schlimmste, morgens aufstehen zu müssen«, sagte sie in dem lethargischen Ton, den sie sich angewöhnt hatte. »Jeder Morgen hat etwas Furchtbares an sich. Ich hasse den Gedanken an Haushalt, Kinder und Unordnung. Ich hasse es aufzustehen. Genauso schrecklich finde ich es, zu Bett zu gehen. Ich kann nicht schlafen. Ich wache unzählige Male in der Nacht auf. Ich fühle mich niemals wirklich erholt. Alles ist mir zuwider. Ich kann an nichts etwas Positives entdecken.«

»Was ist Ihr erster *Gedanke*, wenn Sie morgens aufwachen und auf Ihrer Bettkante sitzen?« – »Ich bin mir nicht sicher, ob ich überhaupt etwas denke. Ich *fühle* mich einfach elend. Ich wünsche mir dann immer zu sterben.« Sie machte eine Pause, starrte auf die Schreibtischlampe und sagte: »Ich sage mir dann, daß ich mit dem allen einfach nicht fertig werde, daß ich mit überhaupt nichts fertig werde.«

Daraufhin folgte wieder eine lange Sprechpause. Sie verzog ihren Mund und sagte: »Alles, was ich tue, ist falsch. Das sage ich mir.«

Esther glaubte, sowohl Gott als auch das Leben selbst stelle unerfüllbare Forderungen an sie. Sie meinte, den Erwartungen, die an sie gestellt werden, nicht nachkommen zu können. Nun fehlte es ihr an Kraft, ihren eigenen Erwartungen entsprechend zu leben. Sie war gar nicht so weit von der Wahrheit entfernt. Nur war alles viel zu viel für sie.

Sie hatte ihr Leben in die Bahnen gelenkt, in denen sie heute lebt. Sie hatte immer davon geträumt, einmal zu heiraten und eine perfekte Ehefrau zu sein. Sie hatte von dem Tag geträumt, an dem sie einmal lauter süße kleine Kinder haben würde, eines niedlicher als das andere, liebenswert und gehorsam. Sie träumte davon, wie sie sie alle hübsch anziehen und wie ihr die Kinder den ganzen Tag lang Gesellschaft leisten würden. Sie hatte sich ihre Mutterschaft so schön vorgestellt. Sie wollte die *beste* Ehefrau, die *beste* Mutter und die *beste* Christin sein, die es jemals gab.

Auch ihr Mann hatte bestimmte Erwartungen. Er erwartete von Esther, daß sie das Haus in Ordnung hält, den Kindern Gehorsam, Benehmen und

Respekt beibringt; und das alles mit viel Freude und Elan. Wenn er von der Arbeit kam, erwartete er ein gutes Essen. Außerdem sollte sie darauf achten, stets hübsch und attraktiv auszusehen. Sie sollte zu ihm aufschauen und für alles dankbar sein, seine Bedürfnisse besonders berücksichtigen und in allen finanziellen Fragen von ihm allein abhängig sein.

Die Kinder erwarteten von ihr, daß sie ihnen hundertprozentig zur Verfügung steht: für Essen, Körperpflege, Amüsement, Kleidung und Fürsorge. Sie sollte immer ihre Freude an ihnen haben. Esther empfand sich als schuldig, weil sie sich weder an ihren lauten Kindern noch an dem unordentlichen Haushalt erfreuen konnte. Sie konnte nicht verstehen, weshalb sie tagsüber so häufig die Kontrolle über sich verlor.

Sie verglich sich selbst mit ihren christlichen Freundinnen, die nach außen einen geradezu perfekten Eindruck machten. Sie verglich sich gelegentlich auch mit den Frauen aus dem Werbefernsehen, deren Fußböden bereits nach flüchtigem Wischen wunderbar glänzten, deren Kinder adrett aussahen und sich ausgezeichnet benahmen. Sie kannte sich hervorragend in den Fernsehserien aus, in denen die »kleine Frau« offensichtlich alles tadellos schaffte. Sie betrachtete sich selbst und dachte: »Ich hatte mir das Eheleben immer als einen paradiesischen Zustand vorgestellt, doch es erinnert mich vielmehr an das Fegefeuer.«

Alle Erwartungen und Forderungen schienen zu hoch, als daß sie ihnen hätte entsprechen können. Und wo war Gott in dieser ganzen Angelegenheit?

Ihre Gemeinde bot jeden Tag der Woche einen anderen Programmpunkt an. Esther begann mit der Bibelstunde für Frauen am Mittwochmorgen und ging jeden Sonntagmorgen zum Gemeindegottesdienst. Später besuchte sie zusätzlich die Missionsgesellschaft, die sich jeden Freitag traf, außerdem die Fürbittgruppe, die am Donnerstagmorgen zusammenkam, und dann half sie auch noch freiwillig bei der Kinderbetreuung während des Gottesdienstes am Sonntagabend. Einmal im Monat besuchte sie das Gebetsfrühstück aller Mitarbeiter der Sonntagsschule.

Esther war beliebt, man schätzte ihre Hilfsbereitschaft. Sie glaubte, man erwarte von ihr, stets tatkräftig, um andere bemüht, an allem beteiligt und immer bereit zu sein, sich zu verschenken. »Die Welt schaut auf euch«, hatte der Pastor von der Kanzel herunter erklärt. »Ihr müßt euch immer im klaren darüber sein, daß die Welt die Christen genau beobachtet. Es liegt an euch, gute Zeugen zu sein!«

Ein guter Zeuge zu sein, eine gute Ehefrau, eine gute Mutter, ein guter Christ, ein guter Mensch, eine gute Köchin, ein treuer Kirchgänger – Forderungen über Forderungen, Erwartungen und nichts als Druck! Esther kämpfte sich vorwärts, strauchelte, machte einen neuen Versuch und mühte sich ab, »gut«, ja »die Beste« zu sein, bis sie sooft versagt hatte und sich derartig schuldig fühlte, daß sie nach und nach mit Depressionen zu tun bekam.

169

Zusätzlich stellte man noch die Forderung an sie, sich über ihre Depressionen zu erheben. »Du mußt dies alles überwinden« – »Depressionen sind Sünde!« – »Du sollst doch sieghaft leben!«

Esthers Idealvorstellungen von einer Ehefrau, einer Mutter und einem Christen verloren sich im Nu. Sie hatte nichts, was sie an die Stelle ihrer falschen Vorstellungen hätte setzen können und fühlte sich daher wertlos, besiegt, eines Traumes beraubt, nutzlos und voller Sünde.

Dennoch befreit uns die Wahrheit völlig!

Ein häufiger Grund aller fehlgeleiteten Verhaltensweisen ist in dem menschlichen Versäumnis zu suchen, bestimmte Überzeugungen (Verhalten, Vorstellungen, Gedanken, Selbstgespräche) genauestens zu untersuchen. Gleichzeitig tritt die Tendenz auf, diese Überzeugungen nicht in Frage zu stellen, mögen sie auch noch so schmerzhaft, grausam und unwahr sein. Die Ermittlung und genaue Feststellung aller Schmerz verursachenden Lüge und das Erlernen der auf Realität beruhenden Wahrheit wirkte in Esthers Leben als therapeutisches »Wunder«. Das war der Ausgangspunkt für ihre Aufsehen erregende Heilung.

Wir wollen noch einmal das Drei-Punkte-System der Therapie des Irrglaubens herausstellen:

1. *Stellen Sie den Irrglauben in Ihren Gedanken und Selbstgesprächen genau fest.*
   (Esthers Irrglaube sah teilweise folgendermaßen aus: »Ich bin ein Versager, weil ich nicht die Ehefrau und Mutter bin, die ich eigentlich sein sollte. Mein Eheleben ist auch nicht das, was wir uns davon versprochen haben.«)
2. *Stellen Sie Ihren Irrglauben ganz entschieden in Frage.*
   (»Ich bin noch lange kein Versager, nur weil ich gewissen Anforderungen nicht nachgekommen bin, die sowieso unrealistisch waren. Das Eheleben mag ja tatsächlich nicht so sein, wie ich es mir erträumt hatte, aber dennoch kann ich meiner Ehe einiges Positive abgewinnen.«)
3. *Ersetzen Sie Ihren Irrglauben durch die Wahrheit.*
   (»Trotz aller Unannehmlichkeiten, Enttäuschungen und täglichen Mühen *bin ich* dennoch *in der Lage*, weiterzumachen. Die Erwartung, daß ich allezeit fröhlich und tatkräftig sein soll, ist äußerst unrealistisch, und Jesus hat mir durch seinen Tod die Möglichkeit gegeben, ohne Schande der Wirklichkeit entsprechend zu leben. Ich bin kein Versager, wenn ich mich hin und wieder schlecht fühle. Ich bin ein wiedergeborenes Kind Gottes, das einen Retter hat, der mich sowohl von meinen eigenen als auch von fremden Erwartungen befreit.

»Ich kann nicht die Situation verändern, die verändert werden muß und brauche mich nicht davor zu fürchten, etwas falsch zu machen. Ich lasse mich nicht mehr von den Forderungen anderer einschüchtern.«

»Darüber hinaus«, so sagte sich Esther, »bin ich in der Lage, mitten durch unangenehme Gefühle hindurchzugehen und zuzugeben, daß ich zeitweise solche Gefühle habe, auch wenn ich früher dem Märchen geglaubt habe, andere Menschen seien allezeit fröhlich. Ich *kann* zufrieden sein, selbst wenn manches anders aussieht, als ich es gern hätte. Ich *kann* alle schweren Dinge erfolgreich durchleben, *weil ich alles vermag durch den, der mich stark macht, Christus.*« (Phil. 4,13)

Jesus lehrt uns, daß die Wahrheit alle Macht hat, uns zu befreien. Es ist Gottes Anliegen, daß die Wahrheit in unserem Innern gegenwärtig ist. »Siehe, dir gefällt Wahrheit, die im Verborgenen liegt, und im Geheimen tust du mir Weisheit kund.« (Ps. 51,8) So lautet unser Gebet.

Ob wir selber in Not sind oder andern mit unserem Rat zur Seite stehen, wenn sie in Not sind, es wird immer unsere Aufgabe sein, die Wahrheit zu vermitteln. Nur so kann das Innere, die Seele, der Ort unserer Emotionen, Freiheit erfahren.

Von dem Augenblick an, an dem Esther viele ihrer irrigen Überzeugungen klar erkannte, machte sie rasche Fortschritte. Sie brachte sich bei, alle Lüge durch die Wahrheit zu ersetzen. Ebenso lehrte sie sich, barmherzig mit sich selbst umzugehen. Sie lernte es, ihre Gefühle ihrem Mann mitzuteilen und ihn auf diese Weise davon zu unterrichten, wenn seine Erwartungen unrealistisch waren.

Wann immer wir nur nach den Erwartungen anderer leben, werden selbst die Stärksten unter uns Schiffbruch erleiden. Wir werden unser eigenes Selbstwertgefühl zugunsten der alles überragenden Wertskala anderer verlieren.

Durch die Kraft und Vollmacht der Wahrheit finden wir zu unserer eigenen Persönlichkeit und machen diese zum Fundament unseres Lebens. Indem wir uns selbst die Wahrheit sagen, werden wir dazu befreit, ein dynamisches, mit Liebe erfülltes Leben zu führen und zu der ganzheitlich gesunden Persönlichkeit zu werden, die Gott sich ursprünglich gedacht hatte.

Dadurch, daß Sie Christ sind, lebt der gleiche Geist, der Christus von den Toten auferweckt hat, auch in Ihnen. Sie sind sein Kind und werden bis zum Ende Ihres Lebens, ja bis in alle Ewigkeit niemals mehr allein sein, wenn Sie nach der Wahrheit leben.

Literaturhinweise

Im folgenden werden nur Schriften berücksichtigt, die entweder ins Deutsche übersetzt oder von deutschen Autoren verfaßt wurden.

A. GRUNDLEGENDE ARBEITEN ZU KOGNITIVEN THERAPIEN

Beck, A. T.: Wahrnehmung der Wirklichkeit und Neurose. Kognitive Psychotherapie emotionaler Störungen. München: Verlag J. Pfeiffer, 1979.

Ellis, A.: Die rational-emotive Therapie. Das innere Selbstgespräch bei seelischen Problemen und seine Veränderung. München: Verlag J. Pfeiffer, 1977.

Ellis, A. und Grieger, R.: Praxis der rational-emotiven Therapie. München: Urban & Schwarzenberg, 1979.

Hoffmann, N. (Hrsg.): Grundlagen kognitiver Therapie. Theoretische Modelle und praktische Anwendung. Bern: Verlag Hans Huber, 1979.

Keßler, B. H. und Hoellen, B.: Rational-emotive Therapie in der Klinischen Praxis. Weinheim: Beltz-Verlag, 1982.

Lazarus, A. A.: Verhaltenstherapie im Übergang. Breitbandmethoden für die Praxis. Basel/München: Ernst Reinhardt Verlag, 1978.

Lazarus, A. A.: Multimodale Verhaltenstherapie. Frankfurt: Fachbuchhandlung für Psychologie, 1978.

Mahoney, M.: Kognitive Verhaltenstherapie. Neue Entwicklungen und Integrationsschritte. München: Verlag J. Pfeiffer, 1977.

Meichenbaum, D.: Kognitive Verhaltensmodifikation. München: Urban und Schwarzenberg, 1979.

Van Quekelberghe, R.: Systematik der Psychotherapie. Vergleich und kognitiv-psychologische Grundlegung psychologischer Therapien. München: Urban & Schwarzenberg, 1979 (a).

Van Quekelberghe, R. (Hrsg.): Modelle kognitiver Therapien. München: Urban & Schwarzenberg, 1979.

Walen, S. R., Di Guiseppe, R. und Wessler, R. L.: RET-Training. Einführung in die Praxis der rational-emotiven Therapie. München: Verlag J. Pfeiffer, 1982.

B. POPULÄRWISSENSCHAFTLICHE SCHRIFTEN (SELBSTHILFE-BÜCHER) AUF »KOGNITIVER« BASIS

Diekstra, R. F.: Ich kann denken/fühlen, was ich will. Eine Anleitung zum Auflösen emotionaler Probleme durch rationale Selbstanalyse. Lisse (Niederlande): Swets und Zeitlinger, 1979.

Dyer, W. W.: Der wunde Punkt. Die Kunst, nicht unglücklich zu sein. Zwölf Therapieschritte zur Überwindung der seelischen Problemzonen. Reinbek: Rowohlt, 1980.

Dyer, W. W.: Führen Sie in Ihrem Leben selbst Regie. München: mvg, 1979.

Lazarus, A. A. und Fay, A.: Ich kann, wenn ich will. Stuttgart: Klett-Cotta, 1981.

Lazarus, A. A.: Innenbilder. Imagination in der Therapie und als Selbsthilfe. München: Verlag J. Pfeiffer, 1980.

Maultsby, M., Henricks, A. und Diekstra, R. F.: Sie und Ihre Gefühle. Lisse (Niederlande): Swets und Zeitlinger, 1978.

Eine persönliche Notiz von Marie Chapian . . .

Ich freue mich sehr, daß Sie dieses Buch gelesen haben. Die hier dargelegten Prinzipien habe ich bereits vor Tausenden von Menschen überall in den Vereinigten Staaten gelehrt, in christlichen Seminaren und Retraiten, bei Gemeindeversammlungen, im Fernsehen und im Radio sowie in zahlreichen Beratungszentren.

Ich habe erstaunliche Reaktionen erlebt, Lebensveränderungen von Männern, Frauen und Kindern. Heute bin ich mehr denn je davon überzeugt, daß es der ausgesprochene Wunsch unseres Herrn ist, sein Volk in der Wahrheit wandeln zu sehen, als in allen Bereichen ihres Lebens wunderbar gestaltete Persönlichkeiten, die sich aller Lüge und aller irrigen Überzeugungen entledigt haben, und denen so der Weg zum Glück und zu voller Wirksamkeit offensteht.

Ich mußte es lernen, trotz Sorgen und körperlichem Schmerz ein glücklicher und tatkräftiger Mensch zu werden. Daher bin ich sehr zuversichtlich, daß Sie dabei genauso erfolgreich sein werden wie ich.

Der Lernprozeß, ein glücklicher Mensch zu werden, ist mir nicht leichtgefallen. Ich war immer der Meinung, daß der Zustand des Glücks von den äußeren Umständen abhängig sei. Doch Gott sei Dank haben wir die Möglichkeit, in der Wahrheit zu leben! Der Heilige Geist wird uns helfen und leiten und uns in alle Wahrheit führen. Doch wir müssen seine Hilfe ergreifen, sein Wirken zulassen und das Aufgezeigte *ausleben*.

Dr. Bill Backus, mein persönlicher Freund, Kollege und Mitautor dieses Buches, ist ein Experte auf dem Gebiet der Psychotherapie. Er arbeitet in St. Paul an der Minnesota-Klinik und steht täglich im Dienst an Menschen mit geistigen und seelischen Leiden. Bevor ich nach Südkalifornien zog, habe ich an dieser Klinik unter seiner Leitung während meiner Anerkennung als Psychotherapeutin im Ärzteteam gearbeitet. Es war für mich eine große Ehre, mit diesem Mann zusammenzuarbeiten, der nicht nur ein brillanter Arzt, sondern auch ein lebendiger Christ ist. Er und seine Frau Candy sind ein leuchtendes Beispiel für die Freiheit und Freude, die das Resultat eines Lebens in der Wahrheit sind.

Wir beten fortwährend für alle, die dieses Buch lesen, daß Sie großartige Siege und tiefe Freude erleben mögen, wenn Sie sich darin üben, mit sich selbst die Wahrheit zu reden. Sie werden die ganze Fülle des Lebens in Jesus Christus finden, der Sie liebt.

In herzlicher Verbundenheit   *Marie Chapian*

Über die Autoren

WILLIAM BACKUS ist der Begründer des Christlichen Psychologischen Bera-
tungszentrums (Center for Christian Psychological Services) und gleichzeitig
ordinierter Geistlicher in der Lutherischen Kirche von St. Paul, Minnesota.
Darüber hinaus ist er diplomierter Psychologe. Er hat am Concordia Semi-
nar in St. Louis seinen Magister Artium in Theologie erlangt und an der
Universität von Minnesota in Klinischer Psychologie promoviert. Im Vergleich zu einer Erfolgsquote von 67% aufgrund anderer therapeutischer Methoden kann Dr. Backus bei seinen Patienten einen Besserungsquotienten
von 95% nachweisen. Dies belegt er durch Studien, die im Anschluß an die
Behandlung bei seinen Patienten durchgeführt wurden. Dr. Backus sieht den
Grund hierfür »in der Wahrheit Gottes, die uns durch sein Wort offenbart
wird«.

MARIE CHAPIAN ist uns als Autorin zahlreicher christlicher Bücher bekannt.
Unter anderem hat sie die Bestseller *Free To Be Thin, In the Morning of My
Life*, die Geschichte des Sängers Tom Netherton und *The Emancipation of
Robert Sadler* geschrieben. Sie ist von Beruf Psychotherapeutin und arbeitete
in den Jahren 1973–1979 am Christlichen Psychologischen Beratungszentrum in St. Paul, Minnesota, bevor sie nach Südkalifornien zog. Heute un-
ternimmt sie viele Reisen mit dem Ziel biblischer Unterweisung. Sie ist bekannt als Rednerin auf Tagungen und Konferenzen.

Weitere Veröffentlichungen aus dem PJ-Verlag